Java 面向对象程序设计与实践应用

范洪辉　常玉慧　刘天霁　编著

電子工業出版社·

Publishing House of Electronics Industry

北京·BEIJING

内 容 简 介

本书是一本以产教融合为核心、以企业真实项目为载体的 Java 编程实战教材。本书共 12 章，以"云医院"系统开发为主线，将 Java 语言的核心知识点融入实际应用场景，通过理论与实践相结合的方式，帮助读者系统掌握 Java 编程技能，并培养其解决复杂工程问题的能力。本书从 Java 基础语法入手，逐步深入讲解程序流程控制、数组与字符串、面向对象编程、继承与多态、异常处理、集合框架、文件操作、多线程与并发编程等核心内容，并结合 Java 新特性拓展技术视野。本书内容由浅入深，从基础语法到综合项目开发循序渐进，配合配套实验指导，确保读者能够真正学以致用。

图书在版编目（CIP）数据

Java 面向对象程序设计与实践应用 / 范洪辉，常玉慧，刘天霁编著. -- 北京 ： 电子工业出版社，2025. 7.

ISBN 978-7-121-50448-8

Ⅰ．TP312.8

中国国家版本馆 CIP 数据核字第 2025ZX3251 号

责任编辑：石会敏　　文字编辑：曹　旭
印　　刷：天津画中画印刷有限公司
装　　订：天津画中画印刷有限公司
出版发行：电子工业出版社
　　　　　北京市海淀区万寿路 173 信箱　邮编 100036
开　　本：787×1 092　1/16　印张：15.75　字数：403 千字
版　　次：2025 年 7 月第 1 版
印　　次：2025 年 7 月第 1 次印刷
定　　价：59.00 元

前　言

在漫长的人类文明史中，知识与智慧的传承始终是推动社会进步的重要力量。从古老的象形文字到现代的电子编码，信息的记录与传播方式经历了翻天覆地的变化。而今，我们站在数字化时代的潮头，编程已成为连接现实与虚拟、创造无限可能的桥梁。Java，这门诞生于 20 世纪 90 年代的编程语言，凭借其跨平台、面向对象、安全性高等特性，在全球范围内赢得了广泛的认可与应用。本书就是一部引领读者深入 Java 编程世界的指南，而云医院则是我们精心挑选的实践舞台，用以展示 Java 技术的强大魅力与广泛应用。

一、Java：编程世界的璀璨明珠

Java 自其诞生之日起，就注定了它的不平凡。作为一门面向对象的编程语言，Java 不仅继承了 C++等的优点，更在跨平台性、安全性等方面实现了质的飞跃。它允许开发者编写的程序在任何支持 Java 的平台上运行，无须进行烦琐的移植工作，极大地降低了开发成本，提高了程序的复用性。同时，Java 的安全机制也为网络应用提供了坚实的保障，使得 Java 成为企业级应用开发的首选语言之一。

二、Java 与生活中的产业

在信息技术飞速发展的今天，软件开发已经成为推动社会进步的重要力量。互联网、大数据、人工智能等技术的迅猛发展，使得各行各业对高质量软件的需求愈发迫切。

在医疗行业，随着人们对健康服务需求的不断提升，传统医疗模式逐渐向智慧医疗转变。通过信息化手段，提高医疗服务效率，改善患者体验，已成为医疗行业的重要发展方向。通过互联网和云计算技术，在线医疗平台能够为患者提供便捷的医疗服务，减少看病排队时间，提高医疗资源利用率。

在这样的时代与市场背景下，"云医院"作为一个领先的在线医疗平台应运而生。"云医院"项目利用云计算和大数据技术，提供了一个集成多种医疗服务的云平台，旨在为患者提供高效、便捷的医疗服务。通过"云医院"，患者可以实现在线预约挂号、远程问诊、医药购买、健康档案管理、医疗费用在线支付等操作，不仅提高了患者的满意度，也为医疗机构带来了显著的效益，减少了人工成本，提高了工作效率。

三、Java 的产教融合教学

本书采用源自企业真实案例的"云医院"作为教学主线，旨在通过产教融合的思想，将理论与实践紧密结合，为读者呈现一个生动、实用的 Java 编程学习之旅。

本书通过精心设计的"云医院"案例，将 Java 的各大知识点融入其中，从基础知识到进阶技能，每一步都紧密围绕实际应用的需求展开。在学习过程中，读者将仿佛置身于一个真实的开发环境，跟随作者的引导，逐步掌握 Java 编程的精髓。

当读者完成本书的学习后，不仅可以熟练掌握 Java 的基础语法及其使用规范，更能够运用所学，独立解决"云医院"案例中所涉及的各种实际问题。同时，读者能够了解系统架构原理，提升软件设计及数据库应用能力。这种基于产教融合的教学模式，不仅让读者在学习过程中获得更加直观、深刻的理解，更为其未来的职业发展奠定了坚实的基础。

四、教材结构

（一）章节概览与思维导图

本书分为 12 章，每章都围绕 Java 编程的一个核心领域展开，同时结合云医院系统的构建过程，将理论知识与实践应用紧密结合。接下来将通过思维导图的形式介绍每一章的知识点模块。

1. 第 1 章　初识 Java——走进编程的新世界

在本章中，我们将带你认识 Java，了解它的历史背景、语言特点以及在企业级应用中的重要性。同时，我们还会探讨 Java 在医疗信息化领域的应用现状，特别是在云医院系统的构建中 Java 所扮演的角色。通过本章的学习，你将对 Java 有一个初步的认识，为后续的学习打下基础。

思维导图：

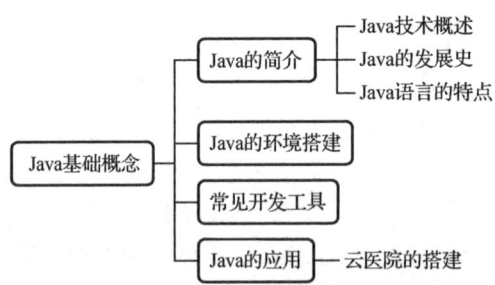

2. 第 2 章　Java 的基本数据类型与操作——构建云医院信息的基石

在本章中，我们将学习 Java 的基本数据类型和操作，包括整型、浮点型、字符型等数据类型以及它们之间的转换和运算。这些基础知识将为你后续构建云医院系统中的患者信息记录、处理等功能提供坚实的支撑。

思维导图：

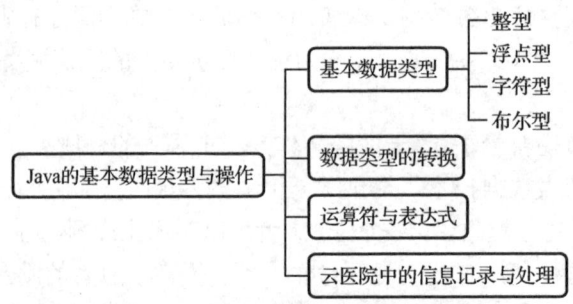

3. 第 3 章　流程控制——让云医院系统更加"聪明"

在本章中，我们将学习 Java 的流程控制语句，包括顺序结构、分支结构和循环结构。通过掌握这些语句，你将能够编写出更加复杂、更加智能的程序，实现云医院系统中的业务逻辑处理，如患者挂号、科室分配等功能。

思维导图：

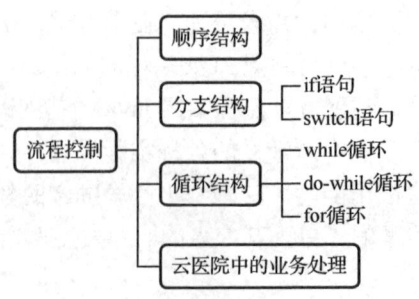

4．第4章　数组与字符串——整理与阅读云医院信息的利器

在本章中，我们将学习 Java 的数组和字符串处理。数组能够高效管理大量患者信息（如编号、年龄、科室分配等结构化数据），而字符串用于处理患者的体温记录、病历文本等非结构化信息，二者的结合使云医院系统更加完善。

思维导图：

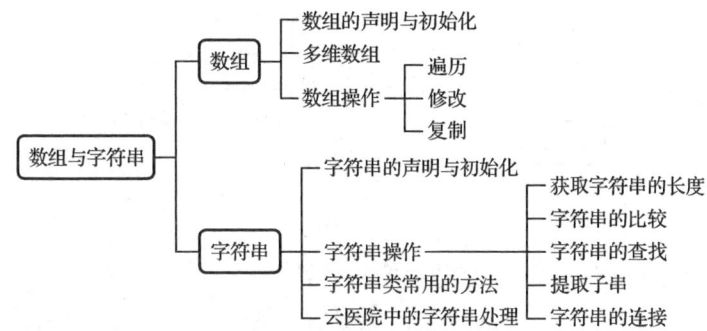

5．第5章　面向对象编程——构建云医院系统的核心模块

在本章中，我们将学习面向对象编程的基本概念，包括类、对象、常见关键字、包的概念、封装等。通过本章的学习，你将学会如何通过创建自己的类来定义云医院系统中的功能模块，如患者管理、医生管理等。你还将学会如何通过封装来对这些模块进行安全性处理，使你的系统更加可靠与稳定。

思维导图：

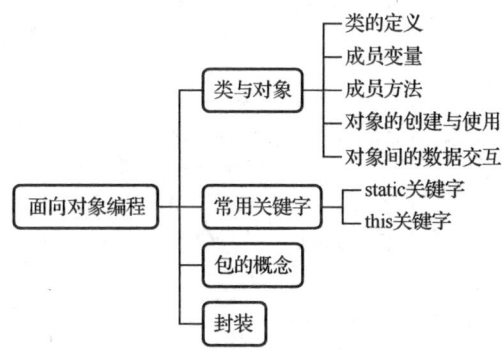

6．第6章　继承与多态——云医院系统的扩展与维护

在本章中，我们将继续深入学习类的相关特性，包括类的继承与多态、接口、抽象类等。通过本章的学习，你将学会如何使用这些特性来进一步扩展和优化你的云医院系统。例如，你可以通过接口来定义医生、护士等角色的共同行为，通过内部类来实现一些辅助功能等。

思维导图：

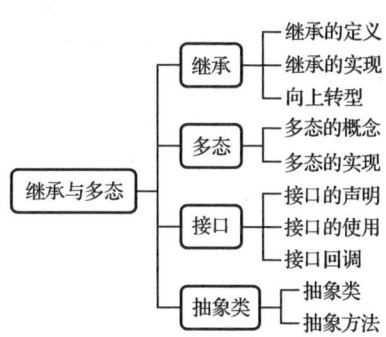

7．第7章　异常处理——让云医院系统更加稳健

在 Java 编程中，异常处理是非常重要的。通过捕获和处理异常，你可以避免程序因为一些小问题而崩溃。在本章中，你将学会如何捕获和处理异常，以及如何编写健壮的代码来应对潜在的错误情况。这些技能将使你的云医院系统更加稳定可靠。

思维导图：

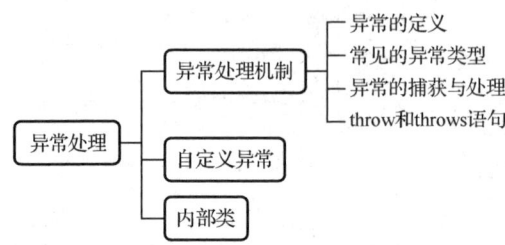

8．第8章　集合框架——云医院数据的高效管理

Java 的集合框架提供了一系列用于管理大量数据的接口和实现类。在本章中，你将学会如何使用这些集合来高效地管理云医院中的患者信息列表、医生排班表等数据。这些技能将使你的云医院系统更加高效和易于维护。

思维导图：

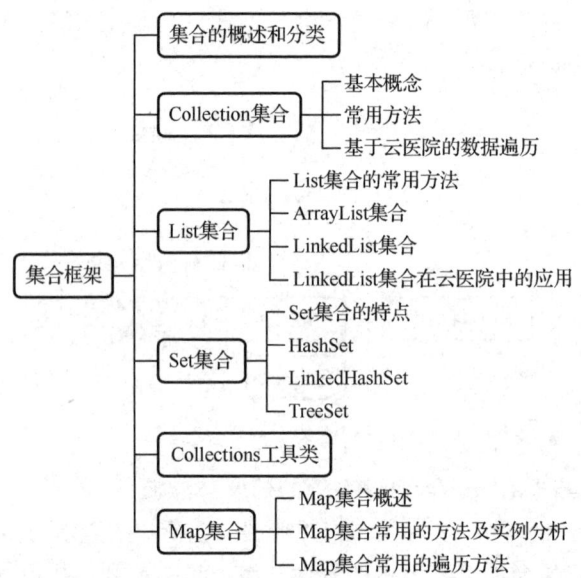

9．第9章　文件操作——云医院数据的备份与恢复

在 Java 中，你可以通过读取和写入文件来处理字节流和字符流。在本章中，你将学会如何使用 Java 的 API 手册来备份和恢复云医院系统中的数据。这些技能将使你的系统更加安全，并能够应对数据丢失或损坏等紧急情况。

思维导图：

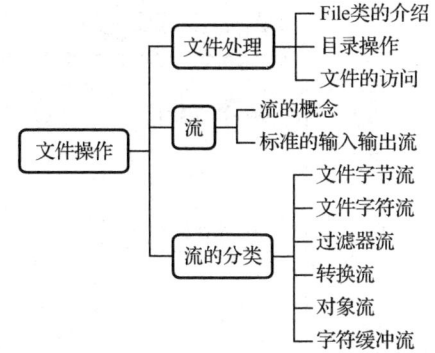

10．第 10 章　多线程与并发编程——提升云医院系统的响应速度

多线程与并发编程是 Java 编程中的重要组成部分。在本章中，你将学会如何创建和管理线程，如何保证线程安全，以及如何使用线程。

思维导图：

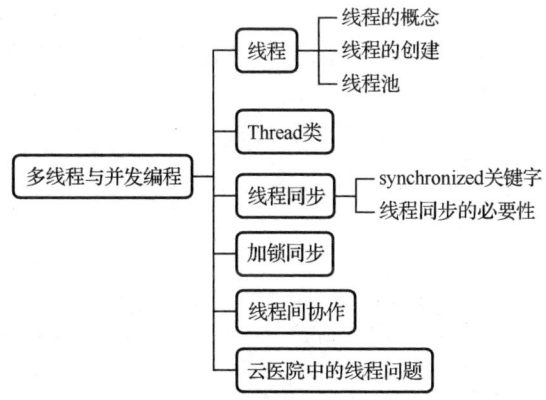

11．第 11 章　Java 的新特性

Java 的新特性是 Java 在发展的历程中，版本不断更迭所产生的新的技术与方法。在本章中，你将了解 Java 不同版本所提供的特色技术。

思维导图：

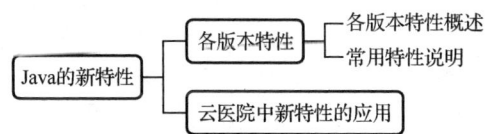

12．第 12 章　综合项目——餐饮后台管理系统

Java SE 凭借其面向对象、跨平台及多线程特性，为餐饮后台管理系统提供了稳定高效的核心能力，支持订单处理、商品管理及权限控制等关键业务逻辑的模块化开发。在本章中，你将学会如何设计并编码实现简易的餐饮后台管理系统。

思维导图：

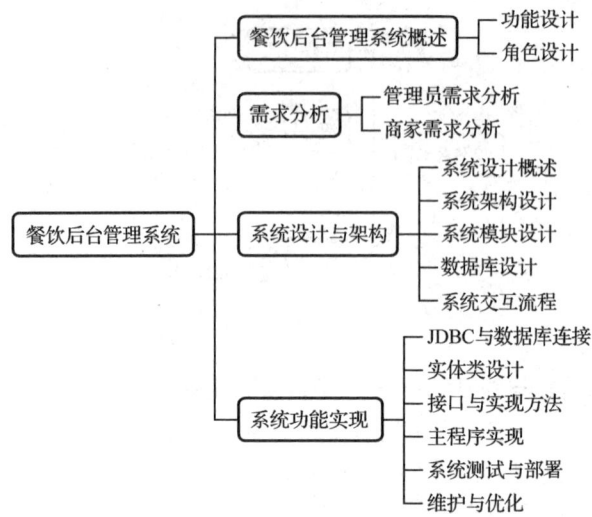

（二）任务场景表

章	知识点	学习目标和场景描述	云医院应用实例
第 1 章	Java 的发展史、语言特点、在企业级应用中的重要性	了解 Java 的发展史、语言特点及其在企业级应用中的核心价值，同时探索 Java 在医疗信息化领域的广泛应用，特别是云医院系统的构建与运营	（1）介绍 Java 在医疗信息化中的应用； （2）介绍 Java 的环境搭建与工具的安装使用
第 2 章	Java 的基本数据类型与操作	学习 Java 的基本数据类型与操作，掌握如何在 Java 中处理和转换患者信息，如姓名、年龄、病情等，为后续的医疗信息处理打下基础	（1）云医院系统常见数据的声明定义； （2）药品信息参数的常量定义与体温变化的变量声明； （3）挂号费用的计算与运算符的使用
第 3 章	流程控制	掌握 Java 的流程控制语句，如顺序、分支和循环，以实现云医院中的复杂业务逻辑，如根据病情分配科室、管理医院任务等	（1）云医院中挂号流程的处理； （2）患者数据的自动化监测与信息采集
第 4 章	数组与字符串	学习数组和字符串的使用，以高效地管理患者信息，如体温记录、病历信息等，并处理医疗文本数据	（1）患者信息的存储与管理； （2）复杂信息——病历信息的处理
第 5 章	面向对象编程	掌握面向对象编程的概念，如类、对象、包、封装，设计和实现云医院中的各种功能模块，提高系统的可维护性和可扩展性	（1）医院系统中监测报告单的具化； （2）如何使用封装确保患者信息安全
第 6 章	继承与多态	通过继承与多态机制，实现代码复用，降低开发成本，同时提高云医院系统的灵活性和可扩展性，以应对不断变化的医疗业务需求	（1）病因与病理库的继承关系； （2）遗传中的多态性
第 7 章	异常处理	学习 Java 的异常处理机制，以捕获和处理云医院系统运行过程中可能出现的异常，确保系统的稳定可靠，改善用户体验	云医院中内内存溢出与信息存储异常的处理

章	知识点	学习目标和场景描述	云医院应用实例
第 8 章	集合框架	掌握 Java 集合框架的使用，以高效地管理云医院系统中的大量数据，如患者信息列表、医生排班表等，提高数据处理效率	患者就诊挂号排序与患者信息的遍历筛选
第 9 章	文件操作	学习 Java 的文件操作，以实现云医院系统中数据的备份和恢复功能，确保数据的安全性和可靠性	医护信息的读取与录入
第 10 章	多线程与并发编程	掌握 Java 的多线程与并发编程技术，以实现云医院系统同时处理多个请求的能力，如多个患者同时挂号、多个医生同时查看病历等，提升系统响应速度和用户体验	线程对云医院系统的优化方案
第 11 章	Java 的新特性	学习 Java 的新特性，如 Lambda 表达式、Stream API 和模块化等，以更简洁、高效的方式编写代码，为云医院系统提供更丰富的功能支持	Java 的新特性对云医院系统的支持
第 12 章	综合项目	综合应用实例，结合现实生活中餐饮平台的设计与实现，模拟完成餐饮后台管理系统的设计	无

五、结束语

通过对本书的学习，你将从基础到进阶，从理论到实践，逐步掌握 Java 编程的精髓。每一章节的学习都将为你打开一扇新的大门，让你在 Java 的世界里畅游得更加自如。最终，当你完成本书的学习时，你将能够熟练地运用 Java 技术模拟构建云医院系统的部分模块，对医疗信息的数字化管理有深刻的认识。同时，本书将外卖点餐系统脱敏后进行教学案例转化，分解为课后实验供你进行练习，从而进一步提升实操能力。这不仅能为你的职业发展增添竞争力，更能让你在数字化时代成为一位真正的技术先锋。

让我们一起用 Java 编程创造更加美好的未来！

目　　录

第1章 初识 Java——走进编程的新世界

【知识要点】
- Java 发展史和语言特点
- 什么是 JDK
- Java 开发环境的搭建（安装 JDK 和配置环境变量）
- 第一个 Java 程序（Hello World）
- Java 程序的基本结构（类、方法、语句）

【简介】

本章介绍 Java 的发展史和语言特点，指导读者搭建开发环境，并编写第一个简单的 Java 程序。通过对 Java 程序基本结构和注释的讲解，帮助读者养成良好的编程习惯。

【场景】

Java 编程语言在医院管理系统中扮演了重要的角色。Java 作为一种广泛应用于企业级应用开发的编程语言，特别适合构建复杂的医院管理系统。本章将探讨互联网技术如何在医疗行业中推动医院管理系统的现代化，并且详细介绍 Java 编程语言作为首选技术的原因。

1.1 Java 简介与云医院系统开发基础

1.1.1 Java 技术概述

Java 是一种广泛使用的编程语言，具有面向对象、跨平台、多线程和安全性高等特点。它由詹姆斯·高斯林（James Gosling）领导的团队于 1991 年开发，最初用于为消费电子产品开发一种能够在不同设备上运行的软件平台。1995 年，Java 作为 Sun Microsystems 的产品正式推出，随即在互联网浪潮中迅速流行。

Java 的开发始于一个名为"Green Project"的项目，目标是创建一种能够嵌入消费电子设备中的平台无关软件。最初的版本被称为"Oak"，后来因商标问题更名为 Java。这个名字来源于咖啡，因为团队成员经常在附近的一家咖啡馆讨论项目进展。

Java 的设计初衷是解决 C++语言的复杂性问题，提供一种简洁、安全且便于学习和使用的编程语言。"编写一次，到处运行"的跨平台特性，使得 Java 应用程序可以在不同的操作系统上运行，而无须修改代码。这一特性大大提高了开发效率和软件的可移植性。

随着互联网的普及，Java 凭借其强大的网络编程能力和跨平台特性，迅速成为开发网络应用的首选语言。Sun Microsystems 于 1995 年发布了 Java 的第一个公开版本——Java 1.0，标志着 Java 正式进入市场。此后，Java 不断发展和完善，推出了多个版本，如 Java 2（也称为 J2SE 1.2）、Java 5、Java 8 等，每个版本都引入了新的特性和优化。

在 2009 年，Oracle 公司收购了 Sun Microsystems，成为 Java 的新的管理者和维护者。Oracle 对 Java 进行了大量的投资和开发，继续推动 Java 在企业级应用、移动开发和大数据等领域的发展。2017 年，Oracle 宣布 Java EE（企业版）移交给 Eclipse 基金会，重新命名为 Jakarta EE，以推动其开源社区的发展。

如今，Java 已经成为全球最流行的编程语言之一，被广泛应用于 Web 开发、企业级应用、大数据处理、移动应用开发等领域。Java 生态系统丰富，包括大量的开源框架和库，如 Spring、Hibernate、Apache Struts 等，进一步提升了开发效率和代码质量。

Java 平台由三大版本组成，分别适用于不同的开发需求和应用场景。

1．Java SE（Java Standard Edition）

Java SE 是 Java 平台的核心，提供了开发和运行 Java 应用程序的基本功能和 API。Java SE 包含了 Java 编程语言的基础类库，如集合框架、输入/输出、网络编程、多线程等。开发者可以使用 Java SE 开发桌面应用、工具、库以及各种通用应用。

Java SE 还包括 JDK（Java Development Kit），提供了编译器（javac）、运行时环境（JRE）、调试工具和文档等开发工具。常见的 Java SE 版本有 Java 6、Java 7、Java 8、Java 11 和 Java 17 等，每个版本都引入了新的特性。

2．Java ME（Java Micro Edition）

Java ME 是为嵌入式设备和移动设备设计的 Java 平台，提供了一组适用于资源受限设备的 API 和运行环境。Java ME 包含 Java SE 的一个子集，并且添加了一些特定于移动和嵌入式开发的功能，如 MIDP（Mobile Information Device Profile）和 CLDC（Connected Limited Device Configuration）。

Java ME 广泛应用于移动电话、嵌入式系统、智能卡和物联网设备的开发。

3．Java EE（Java Enterprise Edition）

Java EE 是针对企业级应用开发的 Java 平台，提供了一整套用于构建大规模、分布式、多层次应用的 API 和运行环境。Java EE 扩展了 Java SE 的功能，增加了许多企业级特性，如 Servlet、JSP、EJB、JMS、JPA 等。

Java EE 的主要特点如下。

组件模型：支持可重用的组件开发，如 EJB（Enterprise JavaBeans）和 Web 组件（Servlet、JSP）。

服务支持：提供事务管理、安全性、并发处理等企业级服务。

分布式计算：支持远程方法调用（RMI）、Web 服务和消息驱动的架构。

持久化：通过 JPA（Java Persistence API）提供对象关系映射（ORM）功能，简化数据库访问。

Java EE 适用于开发大型企业级应用，如企业资源规划（ERP）、客户关系管理（CRM）、供应链管理（SCM）系统等。

通过以上对 Java SE、Java EE 和 Java ME 的介绍，可以看到 Java 平台的全面性和灵活性，它能够满足不同开发需求和应用场景。从桌面应用到企业级应用，再到移动和嵌入式设备应用，Java 平台为开发者提供了强大的工具和技术支持。

1.1.2　Java 的发展史

Java 于 1995 年诞生。

1996 年 1 月，第一个 JDK——JDK 1.0 诞生。

1998 年 12 月 8 日，Java 2 企业版 J2EE 发布。

1999 年 6 月，Sun Microsystems 发布 Java 的三个版本：标准版（J2SE）、企业版（J2EE）和微型版（J2ME）。

2000 年 5 月 8 日，JDK 1.3 发布。

2001 年 9 月 24 日，J2EE 1.3 发布。

2002 年 2 月 26 日，J2SE 1.4 发布，自此 Java 的计算能力有了大幅提升。

2004 年 9 月 30 日，J2SE 1.5 发布，这成为 Java 语言发展史上的又一里程碑。为了表示该版本的重要性，J2SE 1.5 被更名为 Java SE 5.0。

2005 年 6 月，JavaOne 大会召开，Sun Microsystems 发布 Java SE 6。此时，Java 的各种版本已经更名，取消其中的数字 "2"：J2EE 更名为 Java EE，J2SE 更名为 Java SE，J2ME 更名为 Java ME。

2006 年 12 月，Sun Microsystems 发布 JRE 6.0。

2011 年 7 月，JDK 7.0 发布，增加了简单闭包功能。

2014 年 3 月，Oracle 发布了 Java SE 8，这是一个重要的版本更新，它引入了 Lambda 表达式、Stream API 等现代编程特性。

2017 年 9 月，Oracle 发布了 Java SE 9，其中包含了模块化系统（Project Jigsaw）的实现，使得 Java 的结构更加模块化和可扩展。

2018 年 9 月，Oracle 发布了 Java SE 11，这是自 Java SE 6 以来的第一个长期支持（LTS）版本，去除了 Java EE 和 Corba 模块，加强了安全性和性能优化。

2021 年 3 月，Oracle 发布了 Java SE 16，主要包括新的语言特性和增强的开发者工具，如 Records、Pattern Matching for instanceof 等。

2022 年 9 月，Oracle 发布了 Java SE 17，引入了多项重要功能和改进，如本地模式、垃圾回收器的现代化、嵌入式语言支持等。

1.1.3　Java 语言的特点

随着互联网技术的普及，医院管理系统不再局限于简单的数据存储和处理。它们需要能够支持大规模数据管理、实时信息更新、安全性保障以及多方面的集成，以提高医院内部的运行效率和患者服务质量。

那么 Java 到底是一种什么样的语言呢？为什么要学习 Java 呢？Java 是如何应对医院管理系统的复杂需求的呢？看完下面 Java 的几个特点，读者就有答案了。

1. 应用广泛

Java 是目前使用最为广泛的网络编程语言之一。它具有简单、面向对象、稳定、与平台无关、解释型、多线程、动态等特点。

2. 简单

Java 语言简单是指这门语言既易学又好用，不要误解为这门语言很干瘪。如果你学习过

C++语言，你就会感觉 Java 很眼熟，因为 Java 中许多基本语句的语法和 C++一样，像常用的循环语句、控制语句等和 C++几乎一样，但不要误解为 Java 是 C++的增强版，Java 和 C++是两种完全不同的语言，它们各有各的优势，将会长期并存下去。如果从语言的简单性方面看，Java 要比 C++简单，C++中许多容易混淆的概念，Java 或者弃之不用，或者以一种更清楚、更容易理解的方式实现，例如，Java 中不再有指针的概念。

3．面向对象

基于对象的编程更符合人的思维模式，使人们更容易编写程序。在实际生活中，我们每时每刻都在与对象打交道：日常用的钢笔、骑的自行车、乘坐的公共汽车等。而大家经常见到的卡车、公共汽车、轿车等都会涉及以下几个重要的物理量，如可乘载的人数、运行速度、发动机的功率、耗油量、自重、轮子数目等。另外，还有几个重要的功能，如加速、减速、刹车、转弯等，可以把这些功能称作其具有的方法，而物理量是它们的状态描述。在现实生活中，将这些共有的属性和功能给出一个概念：机动车类。一个具体的轿车就是机动车类的一个实例对象。Java 语言与其他面向对象语言一样，引入了类的概念，类是用来创建对象的模板，它包含被创建的对象的状态描述和方法的定义。

4．与平台无关

与平台无关是 Java 语言最大的优势。其他语言编写的程序面临的主要问题是：操作系统的变化、处理器升级以及核心系统资源的变化等都可能导致程序出现错误或无法运行。Java 的虚拟机成功地解决了这个问题，Java 编写的程序可以在任何安装了 Java 虚拟机（JVM）的计算机上正确运行，Sun Microsystems 实现了自己的目标"编写一次，到处运行"。

5．解释型

大家所熟知的 C、C++等语言，都只能对特定的 CPU 芯片进行编译，生成机器代码，代码的运行和特定的 CPU 有关。例如，在 C 语言中，会经常碰到类似下面的问题：int 型变量 x 的值是 10，那么代码 printf("%d, %d",x,x=x+1)的输出结果是什么呢？如果上述语句的计算顺序是从左到右，那么结果是"10,11"。但是，有些机器会从右到左计算，那么结果就是"11,11"。Java 不像 C++，它不针对特定的 CPU 芯片进行编译，而是把程序编译为称作字节码的"中间代码"。字节码是很接近机器码的文件，可以在提供 Java 虚拟机的任何系统上被解释执行。Java 被设计成为解释执行的程序，即翻译一句，执行一句，不产生整个的机器代码程序。翻译过程如果不出现错误，就一直进行到执行完毕，否则将在错误处停止执行。同一个程序，如果是解释执行的，那么它的运行速度通常比编译为可执行的机器代码的运行速度慢一些。但是，对 Java 来说，二者的差别不太大，Java 的字节码经过仔细设计，很容易能够使用 JIT 即时编译方式将字节码直接转化成高性能的本地机器码，Sun Microsystems 在 Java 2 发行版中提供了这样一个字节码编译器——JIT（Just In Time），它是 Java 虚拟机的一部分。Java 运行系统在提供 JIT 的同时仍具有平台独立性，因而"高效且跨平台"对 Java 来说并不矛盾。如果把 Java 程序比作"汉语"的话，字节码就相当于世界语，世界语不和具体的国家相关，只要这个国家提供"翻译"，就可以快速地把世界语翻译成本地语言。

6．多线程

Java 的特点之一就是内置对多线程的支持。多线程允许同时完成多个任务。实际上，多线程使人产生多个任务在同时执行的错觉，这是因为，目前的计算机处理器在同一时刻只能执行一个线程，但处理器可以在不同的线程之间快速切换，由于处理器的速度非常快，远远超过了人接收信息的速度，所以给人的感觉好像多个任务在同时执行。C++没有内置的多线程机制，因此必须调用操作系统的多线程功能来进行多线程程序的设计。

7．安全

当你准备从网络上下载一个程序时，你最大的担心是程序中含有恶意的代码，试图读取或删除本地机上的一些重要文件，甚至该程序是一个病毒程序等。当你使用支持 Java 的浏览器时，你可以放心地运行 Java 小应用程序 Java Applet，而不必担心病毒程序的感染和恶意的企图，Java 小应用程序将被限制在 Java 环境中运行，不允许访问计算机的其他部分。

8．动态

Java 程序的基本组成单元是类，有些类是自己编写的，有些类是从类库中引入的，而类又是运行时动态装载的，这就使得 Java 可以在分布环境中动态地维护程序及类库，而不像 C++那样，每当其类库升级后，相应的程序都必须重新修改、编译。

所以说，Java 是一种简单的面向对象的、分布式的、解释的、健壮的、安全的、结构中立的、可移植的、性能优异的多线程的、动态的语言。

1.1.4　云医院系统对 Java 的需求

云医院系统，特别是基于 Java 开发的云 HIS（Hospital Information System）系统，在现代医疗行业信息化和数字化进程中扮演着重要角色。下面具体介绍云医院系统对 Java 的需求。

1．Java 的适用性

Java 作为一种广泛使用的编程语言，具有跨平台性、安全性、稳定性和可扩展性等特点，非常适用于开发云医院系统。Java 的这些特性使得云医院系统能够在不同的操作系统和硬件环境中稳定运行，同时保证数据的安全性和系统的可扩展性。

2．Java 在云医院系统中的具体应用

（1）系统架构。

云医院系统通常采用 B/S（Browser/Server）架构，这种架构将应用程序的业务逻辑和用户界面分别部署在不同的层次中。Java 语言在 B/S 架构中有着广泛的应用，因为 Java 具有良好的跨平台性，可以轻松地实现跨平台的访问和交互。

在 B/S 架构中，客户端只需安装一个浏览器即可访问系统，而后端则采用 Java 语言开发，负责处理业务逻辑和数据存储。

（2）功能模块开发。

电子病历管理：云医院系统需要实现患者的电子病历管理，包括患者信息、病史、检查报告、药物处方、医疗费用等内容的记录和管理。Java 语言可以用于开发这些功能模块，确保数据的准确性和安全性。

医嘱管理：医生可以通过系统对患者的医嘱进行管理和记录，医嘱内容包括药物、诊断、治疗方案等。Java 语言能够支持这些功能的实现，并提供良好的用户体验。

预约和排班管理：云医院系统需要实现预约和排班管理功能，以方便患者预约医生和医生安排工作时间。Java 语言可以用于开发这些功能模块，提高医疗服务的效率和质量。

数据分析和决策支持：云医院系统还需要对医疗数据进行分析和挖掘，以帮助医院进行决策支持和管理优化。Java 语言在数据处理和分析方面有着强大的能力，可以满足这些需求。

（3）系统集成与接口开发。

云医院系统需要与医保系统、其他医疗机构的信息系统等进行集成和对接。Java 语言在接口开发和系统集成方面有着丰富的经验和强大的功能，可以确保系统之间的顺畅交互和数据共享。

通过使用 Java 进行接口开发，云医院系统可以实现与医保系统的有效对接，实现医疗费用的自动结算和报销等功能，为患者和医疗机构提供更加便捷、高效的服务。

（4）安全性与稳定性保障。

Java 语言提供了强大的安全机制和异常处理机制，可以确保云医院系统的安全性和稳定性。通过使用 Java 进行开发，可以有效地防止数据泄露、系统崩溃等安全问题的发生。

同时，Java 还提供了丰富的调试和检测工具，可以帮助开发人员及时发现和修复系统中的问题，确保系统的正常运行。

综上所述，Java 在云医院系统中具有广泛的应用。通过使用 Java 进行开发，可以构建出高效、稳定、安全、可扩展的云医院系统，为医疗行业提供全面的信息化支持和服务。

1.2　Java 的开发和执行环境

JDK 是 Sun Microsystems 提供的基础 Java 语言开发工具软件包，其中包含 Java 语言的编译工具、运行工具以及类库。Sun Microsystems 是 Java 的开创者，它的开发工具和运行环境都是免费的。下面详细介绍 JDK 17 的下载、安装和配置过程。

1.2.1　JDK 的下载与安装

（1）在 Oracle 公司网站首页中单击"Resources"菜单，如图 1-1 所示，选择"Java Downloads"选项。

图 1-1　JDK 下载界面

（2）在弹出的界面上，找到 JDK Development Kit 17.0.12 downloads 对应的下载内容，并根据自己的设备选择 Windows 或者其他操作系统，找到压缩包版本 x64 Compressed Archive

并单击下载，如图 1-2 所示。

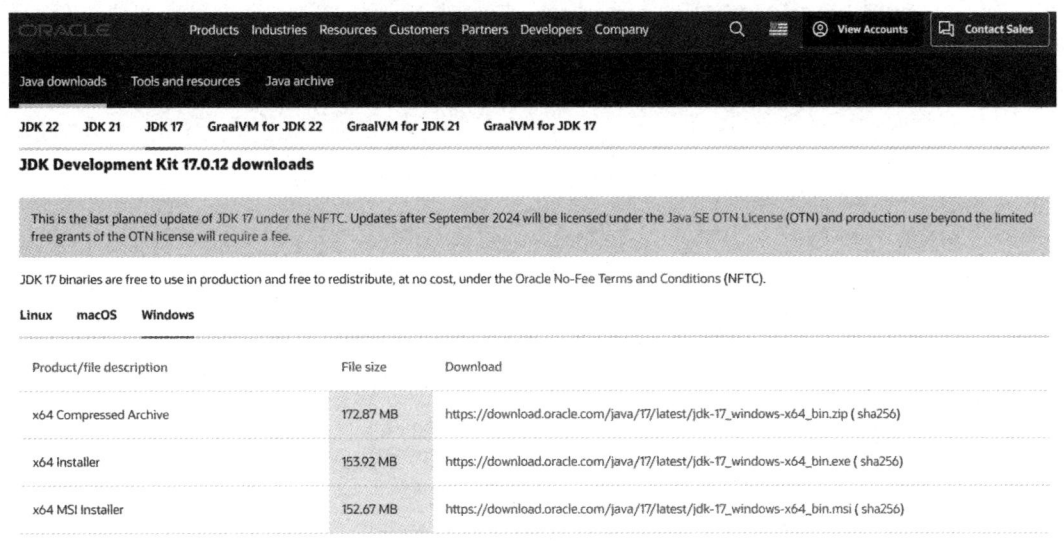

图 1-2   Java 运行平台选择下载界面

（3）下面介绍 JDK 17 的安装方法。

JDK 17 无须采用传统的安装方式，通过快捷安装工具 MSI 安装，直接将下载好的压缩包解压到本地即可，其解压后文件目录界面如图 1-3 所示。

图 1-3   JDK 解压后文件目录界面

1.2.2   Java 的环境搭建

JDK 安装完成后，还需要进行 Java 运行环境的配置。配置的主要工作是设置操作系统的 Path 和 Classpath 两个环境变量，把 JDK 中的命令程序路径和 Java 的标准类库加入系统的环境变量中。下面介绍如何在 Windows 下设置 JDK 相关的环境变量。

（1）右击"我的电脑"，选择"属性"命令，弹出"系统属性"对话框，打开"高级"选项卡，如图 1-4 所示，单击"环境变量"按钮。

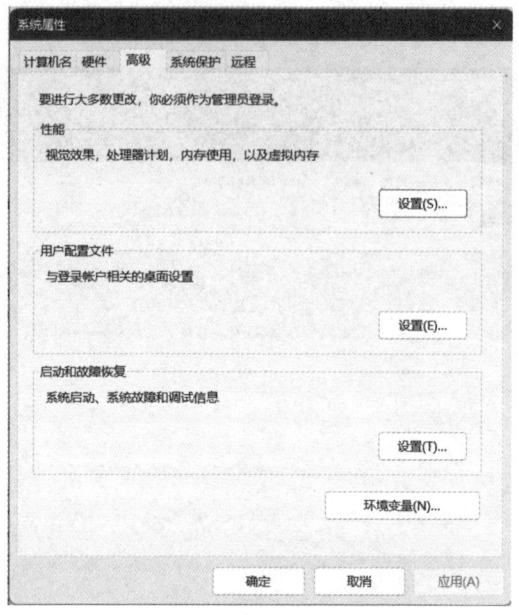

图 1-4 "高级"选项卡

（2）在打开的对话框中新建一项系统变量"JAVA_HOME"，值为 JDK 的安装路径，如图 1-5 所示，单击"确定"按钮。

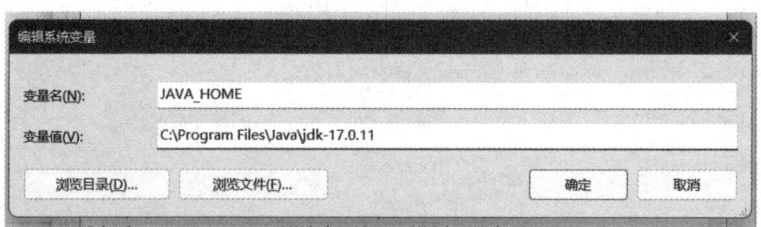

图 1-5 设置系统变量"JAVA_HOME"

（3）配置系统变量，双击"path"，单击"新建"按钮，弹出"编辑系统变量"对话框，填入"%JAVA_HOME%\bin"，最后单击"确定"按钮，如图 1-6 所示。

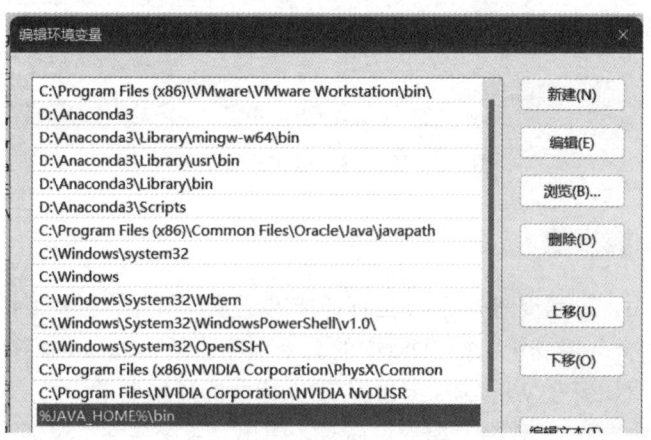

图 1-6 "编辑系统变量"对话框

完成所有的变量设置后，JDK 的运行环境即可生效。至此，我们便完成了 Java 运行环境的设置。

1.2.3　Java 项目结构初识

Java 如何做到让机器理解想要做的东西？下面用图 1-7 来描述这个过程。

图 1-7　Java 程序执行过程

首先编写一个后缀为.java 的源文件，然后通过 Java 编译器（javac.exe）把源文件编译成后缀为.class 的字节码文件，最后通过 Java 解释器（java.exe）运行这个程序。

1. 编写代码

编写代码是指在 Java 开发环境中进行程序代码的输入，最终形成后缀为.java 的 Java 源文件。

【例 1-1】用记事本编写一个简单的医院登录入口的 HisMenu.java 程序。

```
/* HisMenu.java */
    public class HisMenu{              //一个 Java 应用程序
        public static void main(String args[ ]) {
            System.out.println("云医院后台员工登录入口");
        System.out.println(" 1.挂号收费员");
        System.out.println(" 2.门诊医生");
            System.out.println(" 3.退出系统");
        }
    }
```

2. 编译

写完 Java 代码后，机器并不认识所写的 Java 代码，需要编译为字节码文件。使用命令行在控制台调用 JDK，输入如下命令：

javac HisMenu.java

将 HisMenu.java 文件编译成 HisMenu.class 文件。编译是指使用 Java 编译器对源文件进行错误排查的过程，编译后生成后缀为.class 的字节码文件。字节码文件是一种与任何具体机器环境及操作系统无关的中间代码，它是一种二进制文件。

3. 运行

运行是指使用 Java 解释器将字节码文件翻译成机器代码，执行并显示结果。解释器是 Java 虚拟机的一部分，在运行 Java 程序时，在命令行输入如下命令：

java HisMenu

这时 JDK 会启动 JVM，然后由它来负责解释执行 HisMenu.class 字节码文件。

例 1-1 的 HisMenu.java 源文件的运行结果如图 1-8 所示。

云医院后台员工登录入口
1. 挂号收费员
2. 门诊医生
3. 退出系统

图 1-8　例 1-1 运行结果

Java 程序可以分为 Java Application（Java 应用程序）和 Java Applet（Java 小应用程序）。其中，Java Application 必须通过 Java 解释器来解释执行其字节码文件，Java Applet 必须使用支持它的浏览器运行。两者的区别如表 1-1 所示。

表 1-1　Java Application 和 Java Applet 的区别

特性	Java Application	Java Applet
执行环境	本地 JVM	浏览器的 Java 插件（已不再支持）
使用场景	桌面应用、服务器应用、命令行工具	Web 浏览器内的交互式小程序（现已淘汰）
独立性	独立运行，支持全面的 Java 功能	依赖于浏览器插件，功能有限且受限于安全性
典型应用	桌面软件、Web 服务器、游戏、数据库管理软件等	早期的 Web 小游戏、动画、交互式表单
安全性	完全访问系统资源	受限于"沙盒"环境，访问权限受限
发展现状	仍在广泛使用	已被淘汰，现代浏览器不再支持

Java Application 仍然是现代开发中非常重要的一部分，而 Java Applet 由于安全性问题和技术更新，已逐步退出历史舞台，本书将使用 Java Application 进行介绍。

1.3　Java 开发工具 IntelliJ IDEA

Java 的开发除了使用命令行方式外，也支持集成开发环境。这些开发工具集成了编译器和解释器，方便使用。最具代表性的开发工具是 IntelliJ IDEA 和 Eclipse，前者的功能强大，能胜任各种企业级 Java 程序的开发，也是近几年来 Java 开发的首选工具。本书后面所有的例题都是在此环境下运行调试的，下面简单介绍如何在 IntelliJ IDEA 环境下开发、运行相关的程序。

1.3.1　IntelliJ IDEA 简介

IntelliJ IDEA 是由 JetBrains 开发的一款强大的集成开发环境（IDE），主要用于 Java 开发，同时也支持 Kotlin、Scala、JavaScript 等多种语言。凭借其智能代码编辑功能、强大的调试工具和丰富的插件，IntelliJ IDEA 成为开发者中广受欢迎的工具。

1. 主要特点

（1）智能代码编辑功能：提供智能代码补全、重构和错误检测，帮助快速编写和优化代码。

（2）强大的调试工具：内置调试器支持断点调试和变量监控，集成 JUnit、TestNG 等测试框架，方便测试和分析代码。

（3）支持版本控制集成：支持 Git、SVN 等版本控制系统，简化了代码管理和团队协作。

（4）多语言和框架支持：除了 Java，还支持 Kotlin、Scala、JavaScript 等语言，并且集成了 Spring、Hibernate 等常用框架。

下面讲解如何安装与使用 IntelliJ IDEA。

2．下载 IntelliJ IDEA

访问 JetBrains 官方网站，在"IntelliJ IDEA"界面中，单击"Download"按钮。这里可以看到两个版本：Community Edition（社区版）和 Ultimate Edition（旗舰版）。如果只是进行一般的 Java 开发或学习，社区版已经足够。若需要高级功能，如对 Web、企业级开发的支持，则可以选择旗舰版，如图 1-9 所示。

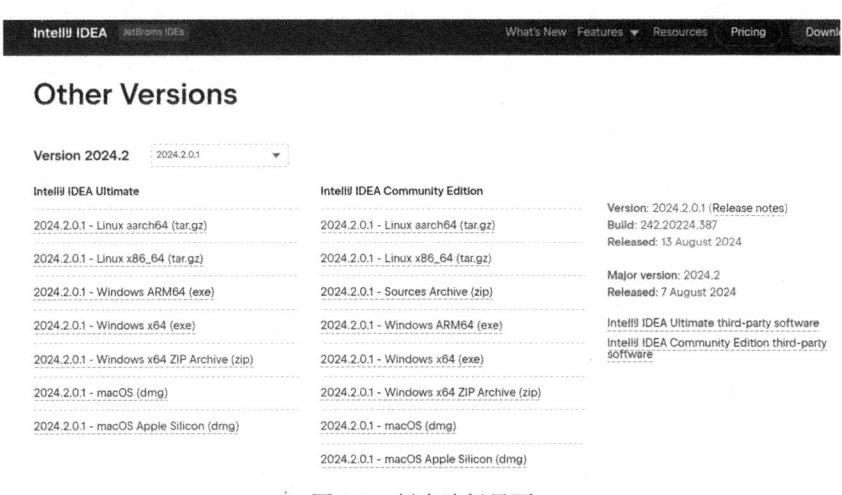

图 1-9　版本选择界面

根据需要选择适合的版本（Windows、macOS、Linux），然后单击"Download"按钮，下载对应的安装文件。

3．安装运行

运行下载的安装文件，开始进行安装。该软件的安装步骤简单，按照以下流程进行即可，如图 1-10～图 1-13 所示。

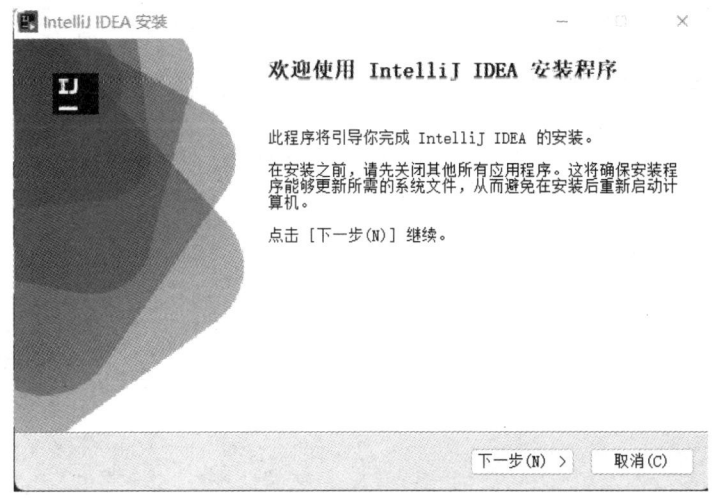

图 1-10　安装开始界面

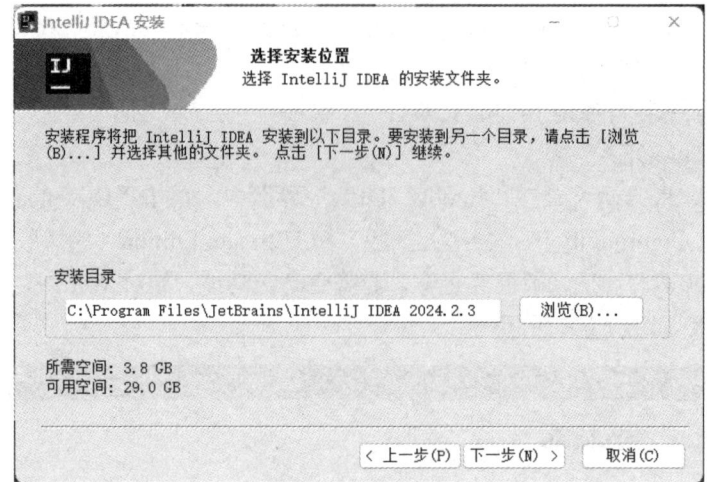

图 1-11 选择安装目录

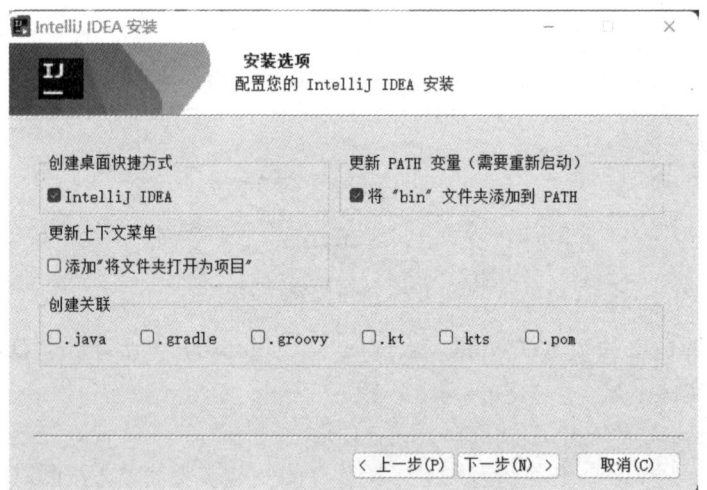

图 1-12 设置软件的基本配置

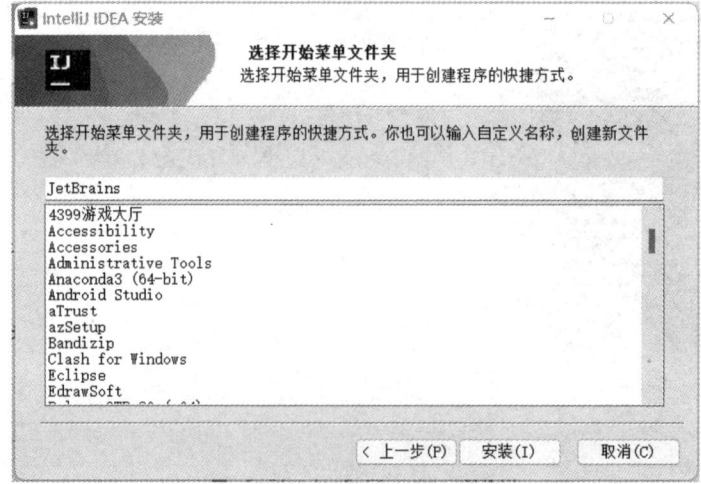

图 1-13 完成软件的安装

1.3.2 IntelliJ IDEA 开发 Java 程序

本小节通过例 1-1 的程序，介绍使用 IntelliJ IDEA 开发 Java 程序的过程及相关操作细节。

（1）单击"Projects"|"New Projects"，弹出相应的子菜单，输入自定义的项目名称"Demo"，并选择指定的开发语言"Java"和已经搭建好的 JDK 环境，如图 1-14 所示。

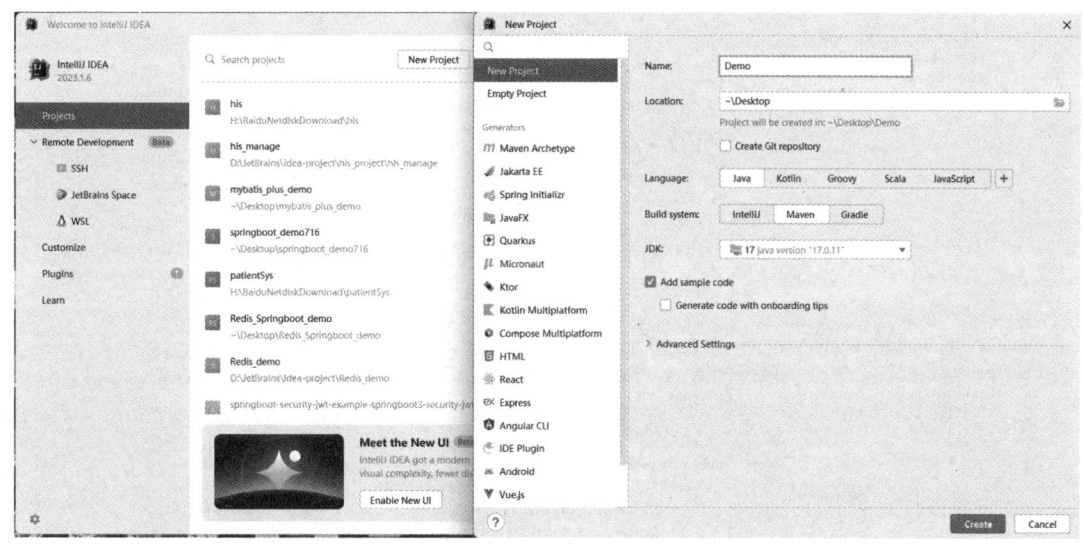

图 1-14 创建项目界面

（2）单击图 1-14 中的"Create"按钮即可完成项目创建，出现如图 1-15 所示的界面。

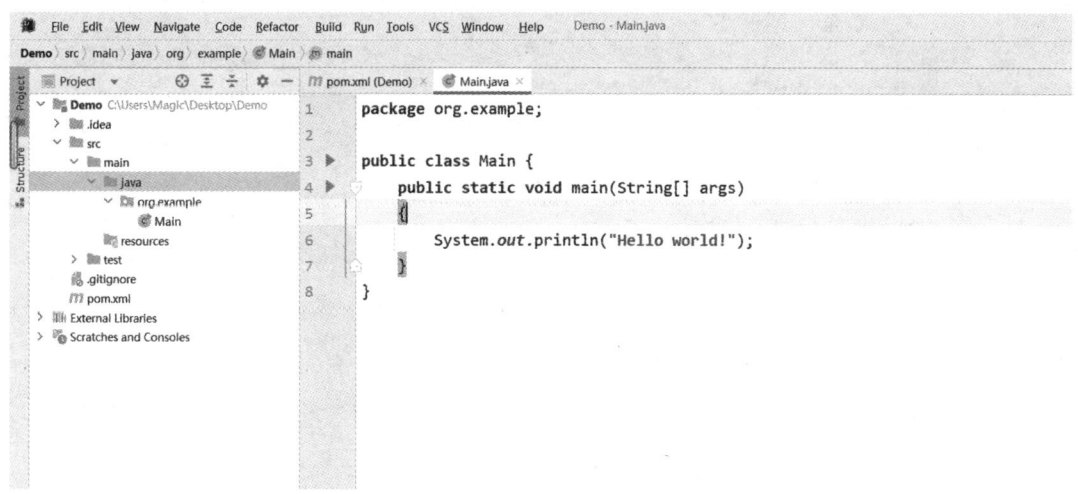

图 1-15 项目初始界面

（3）在该初始的"Main.java"文件中进行编辑并保存，或者创建一个新的文件，选择"org.example"目录，右击选择"New"|"Java Class"，创建一个新的文件"HisMenu.java"，效果如图 1-16 所示。

（4）创建完毕后，即可在对应的文件中进行编辑并保存，然后右击选择"Run HisMenu.main()"运行文件，如图 1-17 所示。

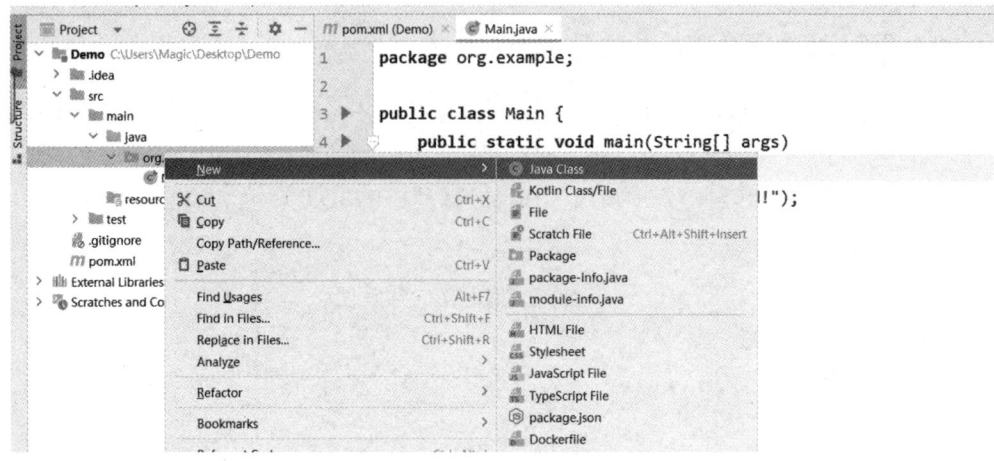

图 1-16　新建一个文件

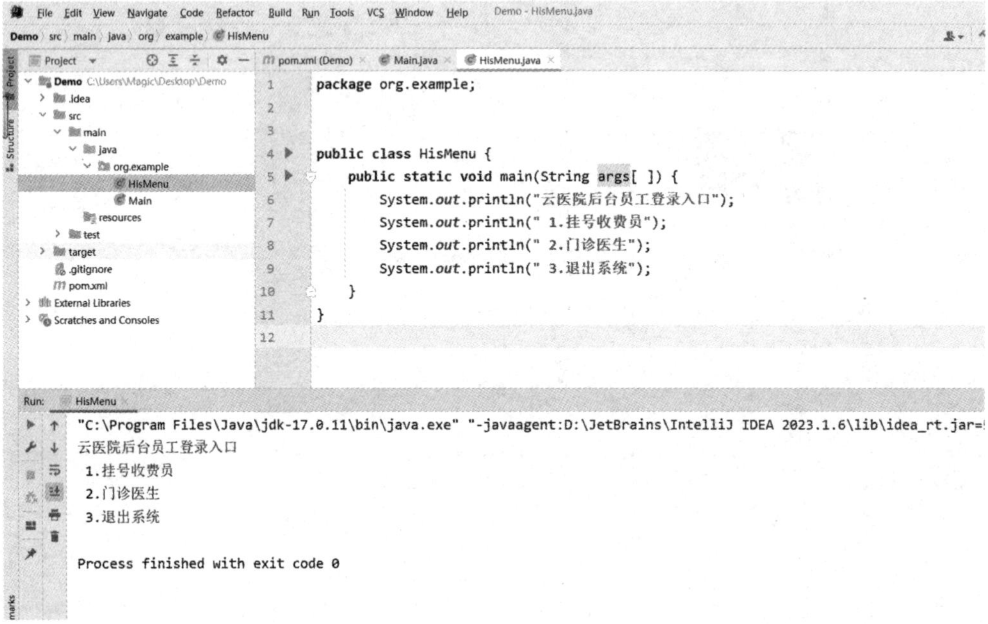

图 1-17　运行效果

通过上述操作步骤，就可以实现使用 IntelliJ IDEA 对一个 Java 文件从创建到编译运行的过程。由于篇幅有限，这里对该开发工具不再赘述，若读者有兴趣，可以参看其他相关的参考资料。

1.4　云医院项目的初步搭建

1.4.1　项目技术选型

在设计云医院系统时，技术选型是一个至关重要的环节，它直接关系到系统的性能、稳定性、安全性以及未来的可扩展性。以下是一些关键的技术选型考虑因素，以及针对云医院系统的具体建议。

1．编程语言——Java

优势：Java 是一种广泛使用的编程语言，具有跨平台性、安全性、稳定性和可扩展性。它拥有强大的生态系统，包括丰富的开源库和框架，如 Spring Boot 等，这些都可以为云医院系统的开发提供有力支持。

应用：Java 可用于开发云医院系统的后端服务，如用户管理、预约挂号、在线问诊、健康档案管理等核心功能模块。

2．数据库——关系型数据库 MySQL

优势：MySQL 等关系型数据库具有数据一致性强、事务处理能力强等特点，适合存储和管理结构化数据。

应用：在云医院系统中，MySQL 可用于存储患者信息、病历资料、预约记录等关键数据。

3．前端技术——Vue.js

优势：React.js 和 Vue.js 等现代前端框架具有组件化开发、响应式设计、高效的数据绑定等特点，能够提升用户界面的交互体验和性能。

应用：这些前端框架可用于开发云医院系统的用户界面，如患者端 App、医生工作站等。

4．微服务架构——Spring Cloud

优势：微服务架构将系统拆分为多个独立的服务模块，每个模块通过 API 进行通信。这种架构具有高度的可扩展性、灵活性和可维护性。

应用：在云医院系统中，可采用微服务架构来实现系统的模块化设计，如将用户服务、问诊服务、预约服务等拆分为独立的服务模块。

5．实时通信技术——WebSocket

优势：WebSocket 是一种在单个 TCP 连接上进行全双工通信的技术，能够实现实时的数据传输和通信。

应用：在云医院系统中，WebSocket 可用于实现在线问诊、远程医疗咨询等实时通信功能。

6．云服务与容器化技术

（1）云服务

优势：云服务提供商如阿里云、腾讯云等提供了丰富的云计算资源和服务，如服务器、存储空间、数据库、CDN 等，能够降低系统的运维成本和复杂度。

应用：在云医院系统中，可利用云服务来部署和运维系统，提高系统的可用性和可扩展性。

（2）容器化技术——Docker

优势：Docker 等容器化技术能够实现应用程序的打包、分发和部署，提高系统的可移植性和部署效率。

应用：在云医院系统中，可采用 Docker 来打包和部署各个服务模块，实现系统的快速部署和扩展。

7．安全性与隐私保护措施——数据加密技术

重要性：云医院系统涉及大量敏感数据，如患者身份信息、病历资料等，必须高度重视数据安全和隐私保护。

应用：应采用先进的数据加密技术，如 AES、RSA 等，确保用户数据在传输和存储过程中的安全性。

综上所述，在设计云医院系统时，应根据系统的实际需求和特点进行技术选型。通过合理地选择编程语言、数据库、前端技术、微服务架构、实时通信技术、云服务与容器化技术以及安全性与隐私保护措施，可以构建出一个高效、稳定、安全、可扩展的云医院系统。

1.4.2 项目结构规划

使用 Java 开发云医院系统时，通常会采用一种或多种现代且高效的开发模式，以确保系统的稳定性、可扩展性和易用性，以下是一些常见的开发模式。

1．微服务架构（Microservices Architecture）

微服务架构是一种将大型应用拆分成一系列小的、自治的服务的方法，每个服务运行在其独立的进程中，并使用轻量级通信机制（如 HTTP REST API）进行通信。对云医院系统而言，微服务架构可以帮助其实现以下性能。

- 高可用性：通过负载均衡和容错机制，确保系统的高可用性。
- 可扩展性：根据业务需求，可以轻松地增加或减少服务的实例数量。
- 技术多样性：不同的服务可以使用最适合其需求的技术栈进行开发。

2．前后端分离（Frontend-Backend Separation）

前后端分离是一种将前端（用户界面）和后端（业务逻辑和数据存储）的开发和维护工作分离的开发模式。这种模式在云医院系统的开发中非常常见，它带来了以下好处。

- 提高开发效率：前端和后端开发人员可以并行工作，互不影响。
- 降低耦合度：前端和后端通过 API 进行通信，降低了系统各部分的耦合度。
- 更好的用户体验：前端可以专注于提供更好的用户体验，而后端则专注于提供稳定、高效的数据服务。

3．敏捷开发（Agile Development）

敏捷开发是一种以人为核心、迭代、循序渐进的开发方法。在云医院系统的开发中，敏捷开发可以帮助团队快速响应变化，确保系统始终满足用户需求。敏捷开发强调以下原则。

- 快速迭代：通过短周期的迭代，快速交付可用的软件产品。
- 持续反馈：在开发过程中不断收集用户反馈，及时调整开发计划。
- 团队协作：鼓励团队成员之间的紧密协作和有效沟通。

4．DevOps（Development and Operations）

DevOps 是一种强调开发（Dev）和运维（Ops）之间沟通与合作的文化、实践和工具集。在云医院系统的开发中，DevOps 可以帮助团队实现自动化部署、持续集成和持续监控，从而提高系统的稳定性和可靠性。

5．云服务集成（Cloud Service Integration）

由于云医院系统是基于云计算的，因此会大量使用云服务（如 AWS、Azure、阿里云等）。在开发过程中，需要集成这些云服务以提供数据存储、计算资源、安全保护等功能。云服务集成可以帮助团队快速构建稳定、可扩展的系统，并降低运维成本。

小　　结

本章介绍了 Java 编程语言的基本概念及其发展历程。Java 以其"编写一次，到处运行"的特性，在各平台上得到了广泛的应用，包括 Web 开发、移动应用和企业级应用等。

本章同时还讲解了如何搭建 Java 开发环境，包括安装 JDK（Java 开发工具包）和选择适合的 IDE（如 IntelliJ IDEA、Eclipse）。通过了解 Java 程序的基本结构及其主要组件的相关知识，能够为后续章节的学习奠定基础。

本章的内容为后续深入理解 Java 编程打下了坚实的基础，为接下来的学习提供了必要的背景支持。

习　　题

1-1　解释 Java 的"编写一次，到处运行"特性是如何实现的？

1-2　以下哪项不是 Java 的主要特点。

A．自动垃圾回收　　　　B．强类型语言　　　　　C．编译器和解释器　　D．多线程支持

1-3　操作题：在 IDE（如 IntelliJ IDEA 或 Eclipse）中创建一个新的 Java 项目，编写一个简单的 Java 程序，输出"Hello, World!"。

1-4　选择题：下列哪项是 Java 的典型应用场景？（　　　）

A．系统底层开发　　　　　　　　　　B．硬件驱动程序

C．Android 应用开发　　　　　　　　D．嵌入式系统开发

1-5　描述 Java 在企业级应用开发中的作用，并举例说明 Java 的企业级框架或技术。

第2章 Java的基本数据类型与操作——构建云医院信息的基石

【知识要点】

- 编程规范（命名规范、代码格式）
- 基本数据类型（byte、short、int、long、float、double、char、boolean）
- 变量的声明与初始化
- 常量的定义（final 关键字）
- 数据类型转换（自动类型转换和强制类型转换）
- 算术运算符（+、−、*、/、%）
- 关系运算符（==、!=、>、<、>=、<=）
- 逻辑运算符（&&、||、!）
- 位运算符（&、|、^、~、<<、>>、>>>）
- 赋值运算符（=、+=、−=、*=、/=、%=、&=、|=、^=、<<=、>>=、>>>=）
- 注释的使用（单行注释、多行注释、文档注释）

【简介】

本章详细介绍 Java 的基本数据类型和操作符。通过具体的实例，读者将学习如何声明变量和常量，进行数据类型转换，以及使用各种操作符进行运算。

【场景】

在云医院系统中，必然需要存储医生、患者的基本信息，如年龄、体重、病房号等。通过本章的学习，读者将学会如何声明和使用这些变量，并通过各种操作符对数据进行计算和比较，如计算患者的 BMI（身体质量指数）。

2.1 数据的基石：Java 的基本数据类型

2.1.1 数据的声明与定义

在 Java 语言中，数据的声明与定义是编程的基础，它们涉及变量的创建、类型的指定以及初始值的设定。以下是关于 Java 中数据声明与定义的详细阐述。

1. 变量声明

变量声明是指在代码中首次提及一个变量，并指定其数据类型。在 Java 中，每个变量都必须先声明后使用。声明的格式通常为：

数据类型　变量名；

例如，声明一个整数类型的变量 age，可以写作：

int age;

2．变量定义

变量定义是在声明的基础上，为变量分配内存并赋予初始值。定义的格式通常为：

数据类型　变量名 = 初始值；

例如，定义一个整数类型的变量 age，并赋予初始值 25，可以写作：

int age = 25;

在 Java 中，变量定义可以同时完成声明和赋值两个步骤。

2.1.2　标识符与关键字：数据声明的规范

1．标识符

标识符（Identifier）是程序中用来标识变量、方法、类、接口等命名元素的名称。在 Java 中，标识符用于命名各种程序实体，如类名、方法名、变量名和接口名。

标识符命名需要遵守命名规则，Java 语言采用的是 Unicode 字符集，Java 标识符由此字符集中的部分字符组成，其命名规则如下。

（1）标识符必须以字母（大写或小写）、美元符号（$）或下画线（_）开头，后续字符可以是字母、美元符号、下画线或数字（0～9）。

（2）标识符不能以数字开头。不能使用 Java 的保留字或关键字（如 int、class、public 等）作为标识符。

（3）Java 是区分大小写的语言，如定义 myVariable 和 myvariable 是两个不同的标识符。

（4）标识符的长度没有限制，但为了可读性和维护性，建议使用简洁且有意义的名称。

【例 2-1】一些合法的标识符。

```
int age;
String $name;
double _salary;
boolean isActive;
float accountBalance1;
```

在例 2-1 中可以看到一些合法的标识符，其实在实际生产和应用开发的过程中，存在一套最佳实践的方案。

（1）变量和方法名

一般采用驼峰命名法（camelCase），即第一个单词小写，后续单词首字母大写。示例：firstName、calculateTotal、isActive。

（2）类名和接口名

采用帕斯卡命名法（PascalCase），即每个单词首字母大写。示例：Person、EmployeeDetails、DataProcessor。

（3）常量名

使用全大写字母，单词之间使用下画线分隔。示例：MAX_VALUE、MIN_SCORE、DEFAULT_TIMEOUT。

由此可见，标识符在 Java 编程中起着至关重要的作用，因为它们是代码中命名各种元素的基础。正确使用和命名标识符不仅可以提高代码的可读性，还能使代码更易于维护和理解。

2．关键字

关键字（Keyword）是 Java 语言中预定义的、具有特殊含义的保留字。这些关键字由 Java 编译器保留，用于表示特定的操作或数据类型，因此不能用作变量名、方法名、类名或任何其他标识符。表 2-1 中给出了 Java 语言中的关键字（50 个）。

表 2-1　Java 语言中的关键字

abstract	continue	for	new	switch
assert	default	if	package	synchronized
boolean	do	goto	private	this
break	double	implements	protected	throw
byte	else	import	public	throws
case	enum	instanceof	return	transient
catch	extends	int	short	try
char	final	interface	static	void
class	finally	long	strictfp	volatile
const	float	native	super	while

每个关键字都有特定的含义，要根据对应的语法结构进行筛选使用，在一些特定的环境下，也常常会存在关键字组合使用的情况，本书后面会陆续向读者介绍各个关键字的含义和用法。

2.1.3　数据类型的分类

Java 是强类型语言，所以 Java 对于数据类型的规范会相对严格。数据类型是语言的抽象原子概念，可以说是语言中最基本的单元定义，在 Java 中，将数据类型分为两种：基本类型（简单类型）和引用类型，如图 2-1 所示。

基本类型：基本类型是不能简化的、内置的数据类型，由编程语言本身定义，它表示了真实的数字、字符和整数。

引用类型：Java 语言本身不支持 C++中的结构（struct）或联合（union）数据类型，它的引用类型一般是通过类或接口进行构造的。类提供了捆绑数据和方法的方式，同时可以针对程序外部进行信息隐藏。

```
          ┌ 整型
     ┌ 基本类型 ┤ 浮点型
     │        │ 字符型
     │        └ 布尔型
数据类型 ┤
     │        ┌ 类
     └ 引用类型 ┤ 接口
              │ 数组
              └ 枚举
```

图 2-1　Java 的数据类型

Java 的基本类型又可以分为四种：整型、浮点型、字符型、布尔型，分别代表不同形式的数据。而每种类型内部还进行了更细的划分，如表 2-2 所示。

表 2-2　基本类型

整型	byte、short、int、long
浮点型	double、float
字符型	char
布尔型	boolean

基本类型的数据是对程序能处理的最基本的数据，不同类型的数据特点不同。

（1）数据类型确定了此类数据支持的操作。

（2）数据类型确定了此类数据在内存中占的存储空间大小、采取的存储形式、支持的取值范围。

程序中的任何数据都会属于一种特定的数据类型，也只能属于一种数据类型。在介绍面向对象知识之前，先来了解一下基本类型。

1. 整型

Java 语言中有四种整型，可使用关键字 byte、short、int 和 long 中的任意一个进行声明。

整型数据可使用十进制、八进制和十六进制表示，例如：

2　　　　　　　十进制数值 2

047　　　　　　首位的 0 表示这是一个八进制的数值

0xBBAC　　　　前缀 0x 表示这是一个十六进制的数值

整型表示的范围如表 2-3 所示。

表 2-3　整型表示的范围

数据类型	所占字节	取值范围
byte	1 字节（8 位）	$-2^7 \sim 2^7-1$，即 $-128 \sim 127$
short	2 字节（16 位）	$-2^{15} \sim 2^{15}-1$，即 $-32768 \sim 32767$
int	4 字节（32 位）	$-2^{31} \sim 2^{31}-1$，即 $-2147483648 \sim 2147483647$
long	8 字节（64 位）	$-2^{63} \sim 2^{63}-1$，即 $-9223372036854775808 \sim 9223372036854775807$

int 是最常用的整型。但是如果要表达很大的数，如在地理信息系统中表示地图上点的坐标，或者表示国家财政预算，就需要用到长整型 long。长整型需要在其后直接跟着一个字母"L"。L 表示一个 long 值。注意，在 Java 语言中使用大写或小写 L 同样都是有效的，但由于小写 l 与数字 1 容易混淆，因此，使用小写字母不是一个明智的选择。例如：

2L　　　　　这是一个十进制的 long 型数值

077L　　　　这是一个八进制的 long 型数值

0xBAACL　　这是一个十六进制的 long 型数值

而短整型 short 和字节型 byte 常常用来处理一些底层的文件操作、网络传输，或者定义大数组。

Java 的整型不依赖于具体的系统，每种类型在任何一种机器上占用同样的存储空间，比如，int 总是 32 位，long 总是 64 位。在 C++中，整型的大小是和具体的机器有关的，但在 Java 中，这个问题不存在了，因为 Java 的整型不依赖于具体的系统。

在变量初始化时，整型的默认值为 0。

2．浮点型

通常意义上说的实数或小数就是此种类型。浮点型又分为两种类型：float（单精度）、double（双精度）。浮点型数在内存中的存储格式为 IEEE 754 标准规定的格式，浮点型数在内存中采用指数形式表示，用首位表示正负，并用一部分位数表示小数部分，一部分位数表示指数部分，如图 2-2 所示。

符号位	指数部分	小数部分
（1 位）	（决定大小范围）	（决定有效数字）

图 2-2　浮点型数存储格式

而 float 与 double 类型的区别在于其数据在内存中所占长度不同，因而指数部分与小数部分的长度也不同，造成取值范围和浮点型数的有效数字位数不同，如表 2-4 所示。

表 2-4　浮点型表示的范围

数 据 类 型	所 占 字 节	取值范围 （正值的范围）	有效数字位数
float	4 字节	1.40e-45～3.4028235e38（十进制） 0.000002P-126～1.fffffeP+127（十六进制）	十进制约 7 位 （二进制 23 位）
double	8 字节	4.9e-324～1.7976931348623157e308（十进制） 0x0.0000000000001P-1022～0x1.fffffffffffffP+1023（十六进制）	十进制约 15 位 （二进制 52 位）

如果一个数字包括小数点或指数部分，或者在数字后带有字母 F 或 f（float）、D 或 d（double），则该数字为浮点型数。

例如：

3.14　　　　　　　一个简单的浮点值

3.02E23　　　　　　一个大浮点值

2.718F　　　　　　一个简单的 float 值

123.4E+306D　　　　一个大的带冗余的 double 值

注意，浮点型数除非明确声明为 float，否则为 double。如果希望速度快一些，或者占用的空间少一些，可以选择 float。

在变量初始化时，浮点型的默认值为 0.0。

3．字符型

char 属于字符型，在存储时用 2 字节来存储，因为 Java 本身的字符集不是用 ASCII 码来进行存储的，使用的是 16 位 Unicode 字符集，所以对应编码是 Unicode 编码。这是一个大字符集，其中收录了各种符号，包括全世界各种语言文字中的字符。Unicode 编码是一种 2 字节（16 位）编码，编码范围为 0～65535（通常用十六进制形式写为 U+0000～U+FFFF），可以表示 65536 个字符。

一个 char 型的数据必须包含在一对单引号内。例如：

'a'　　　　　　　　一个字符 a

'\t'　　　　　　　　一个制表符

'\u????'　　　　　　一个特殊的 Unicode 字符，????应严格按照四个十六进制数进行替换和 C 语言一样，Java 也支持转义字符。Java 中使用 "\" 将转义字符与一般的字符区分开来。Java 中的转义字符如表 2-5 所示。

表 2-5　Java 中的转义字符

转 义 字 符	含　　义
\b	退格
\t	制表符
\n	换行
\f	换页
\r	回车
\"	双引号
\'	单引号
\\	反斜杠

在变量初始化时，char 型的默认值为'u0000'。

4．布尔型

与 C 语言不同，Java 定义了专门的布尔型。布尔型变量的值只有两个，它们是 true 和 false。布尔型变量使用关键字 boolean 来定义。布尔型变量常常被用在条件判断语句中。

注意：在 Java 中，布尔型变量不是数值型变量，它不能被转换成任意一种类型。数值型变量也不能被当作布尔型变量使用。这一点和 C 语言完全不同。

以下是一个布尔型变量的声明和初始化：

```
boolean truth = true;
```

布尔型变量在初始化时的默认值为 false。

2.1.4　数据类型的转换

在对多个基本数据类型的数据进行混合运算时，如果这几个数据并不属于同一基本数据类型，例如在一个表达式中同时包含整型、浮点型和字符型的数据，则需要先将它们转换为统一的数据类型，然后才能进行计算。

基本数据类型之间的相互转换分为两种情况，分别是自动类型转换和强制类型转换。

1．自动类型转换

在 Java 中，整型、实型、字符型被视为简单数据类型，这些类型按精度由低到高分别为 (byte,short,char)→int→long→float→double，自动类型转换图如图 2-3 所示。

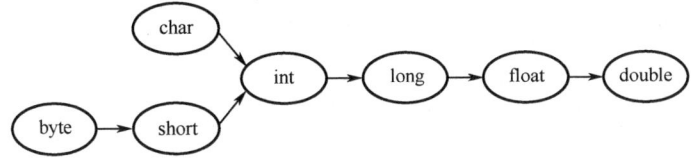

图 2-3　自动类型转换图

不同数据类型的算术运算可以分以下三种情况考虑。

（1）在算术表达式中含有 int、long、float 或 double 型的数据。

　　在这种情况下，Java 首先会将所有数据类型精度相对较低的变量自动转换为表达式中数据类型精度高的变量，然后再进行运算，最终计算结果的数据类型精度也为表达式中数据类型精度最高的那个。

【例 2-2】自动类型转换示例 1。

```
public class Convert1 {
    public static void main(String[] args) {
        int a=5;
        long b=3;
        float c=8.0F;
        double z=a+b+c;
        System.out.println(z);
    }
}
```

　　程序运行结果：16.0

　　表达式 z=a+b+c 中精度最高的数据类型是 double 类型，其实在 a、b、c 的运算过程中，它们的运算结果为 float 类型，但由于将 z 赋值为 double 类型的值，因此最终结果为 double 类型。

【例 2-3】自动类型转换示例 2。

```
package org.example.chapter2;
public class Convert2 {
    public static void main(String[] args) {
        short a=1;
        byte b=2;
        char c='a';
        int z=a+b+c; //a、b、c 的类型自动转换为 int 型再进行运算
        System.out.println(z);
    }
}
```

　　程序运行结果：100。

　　（2）在算术表达式中只含有 byte、short 或 char 类型的数据，这种情况下，Java 首先会将所有变量的类型自动转换为 int，然后再进行计算，并且计算结果的数据类型也为 int。

　　（3）任何基本类型的值和字符串值进行连接运算。

　　当对任何基本类型的值和字符串值进行连接运算时，基本类型的值将自动转换为字符串类型，虽然字符串类型在 Java 中不是基本类型，而是引用类型。

　　例如，下面的语句输出一段自我介绍。

```
System.out.println("我叫"+str+",今年"+age+"岁,来自"+str1+",我的爱好是"+str2);
```

　　这里的整型数据 age 就转换成了字符串类型。

2．强制类型转换

　　将高级变量转换为低级变量时，情况会复杂一些，可以使用强制类型转换。强制类型转换采用以下语法格式：

```
(<类型>) <表达式>
```

可以想象，这种转换可能会导致溢出或精度的下降，因此我们并不推荐使用这种转换。

【例 2-4】强制类型转换示例。

```
package org.example.chapter2;
public class Convert3 {
    public static void main(String args[])
    {
        double a = 42763.5;
        float b = (float)a;
        long c = (long)b;
        int d = (int)c;
        short e = (short)d;
        byte f = (byte)e;
        System.out.println("a = " + a);
        System.out.println("b = " + b);
        System.out.println("c = " + c);
        System.out.println("d = " + d);
        System.out.println("e = " + e);
        System.out.println("f = " + f);
    }
}
```

例 2-4 程序运行结果如图 2-4 所示。

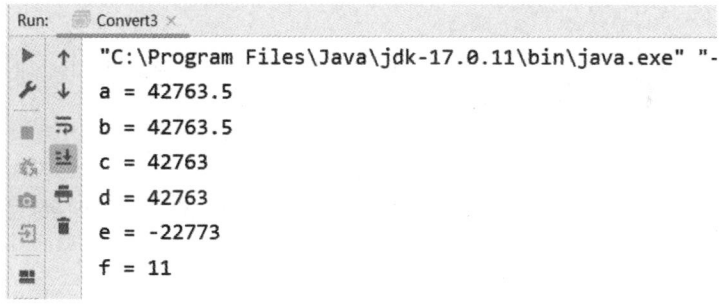

图 2-4　例 2-4 程序运行结果

2.1.5　数据类型在云医院中与患者信息的结合

在前面的章节中，已经详细介绍了 Java 中的数据类型及其声明和使用方式，在云医院系统中，Java 通常被用作后端开发的主要语言之一，因为它提供了强大的功能、丰富的库支持，并具有跨平台性。云医院系统可能涉及多个方面的数据处理，包括但不限于医生信息、患者信息、病历信息、药品信息、预约挂号信息、医生排班信息、问诊信息等。

【思考】

在创建这些数据结构时，如何确定使用哪种数据类型？怎么使用才能更加合理且准确？

【例 2-5】使用合理的数据类型创建患者、门诊医生等具有的属性。

```
//患者信息
    private String name;//姓名
    private String gender;//性别
```

```
        private String idCard;//身份证号
        private String age;//年龄

//医生信息
        String id; //医生唯一标识
        String name; //医生姓名
        String username; //登录用户名
        String password; //登录密码（实际应用中应加密存储）
        String title; //职称，如主治医师、副主任医师等
        Department department; //所属部门
        List<WorkSchedule> workSchedules; //工作排班列表
        int appointmentCount; //挂号数量（可能需要定期更新或计算）
```

在例 2-5 中，可以观察到医生所具有的属性看似多于患者，但仔细思考后会发现其实不然，这里只是患者的一小部分基础信息。当患者预约挂号、进行诊断之后，患者的信息会进一步扩充，如挂号信息、诊断信息、诊疗信息，以及后续进行药物辅助治疗时所伴随的药品信息，这些信息都应当和患者信息进行关联，因此在设计数据结构及其类型的过程中一定要考虑周全。

2.1.6　Java 的代码结构

任何开发语言都有自己独立的语法和开发标准，Java 也不例外，Java 是一种面向对象的编程语言，具有丰富的内部结构和语法规则。理解这些结构和规则对于编写高效、可维护的 Java 程序至关重要。下面对 Java 的结构和语法规则进行详细介绍。

1. 包

包是 Java 类的集合，用于组织类和接口，避免类名冲突并提供访问控制。包通过 package 关键字声明，位于源代码文件的顶部。

2. 类

类是 Java 的基本构建块，用于定义对象的属性和行为。每个 Java 程序至少包含一个类。类的定义包括类名、成员变量、方法、构造方法等。

3. 接口

接口定义了一组方法，但不提供方法的实现。类通过实现接口来获得接口定义的行为。接口用于定义类之间的契约。

4. 抽象类

抽象类是一种不能实例化的类，它可以包含抽象方法（没有实现的方法）和具体方法（已实现的方法）。抽象类用于作为其他类的基类。

5. 方法

方法是类的行为定义。方法包括方法名、参数列表、返回类型和方法体。方法可以是实例方法（操作对象的状态）或静态方法（属于类本身）。

6. 构造方法

构造方法用于初始化类的对象。当创建对象时，构造方法被自动调用。构造方法的名称与类名相同，没有返回类型。

7. 成员变量

成员变量是类的属性，用于存储对象的状态。成员变量可以有不同的访问修饰符（如

private、protected、public)。

8. 静态变量

静态变量是类级别的变量,所有实例共享一个静态变量。静态变量由 static 关键字修饰。

9. 静态方法

静态方法是属于类的方法,而不是某个实例。静态方法由 static 关键字修饰,可以通过类名直接调用。

【例 2-6】编程实现输出医师的账号与密码。

```
package com.neusoft.patient.po;
//实体类所在的包目录,具体个人的包目录名称存在差异

public class Doctor {      //实体类
    private String doctorName;      //成员变量:医生账号
    private String doctorPassword;      //登录密码
    public Doctor() {      //构造方法
    }
    public Doctor(String doctorName, String doctorPassword) {      //带参构造方法
        this.doctorName = doctorName;
        this.doctorPassword = doctorPassword;
    }

    //main 程序,主要的运行方法
    public static void main(String[] args) {
        //使用 new 关键字实例化对象,此处调用了带两个参数的构造方法
        Doctor doctor = new Doctor("DoctorWang","123456");
        System.out.println("医生账号: " + doctor.doctorName);
        System.out.println("登录密码: " + doctor.doctorPassword);
    }
}
```

例 2-6 程序运行结果如图 2-5 所示。

医生账号:DoctorWang
登录密码:123456

图 2-5　例 2-6 程序运行结果

上述程序中,直接使用 main()方法完成了对医生信息(包含账号与密码)的输出,读者也可以在使用 new 关键字实例化对象时,对医生的信息进行修改并查看新的运行结果。

2.2　数据值的设定:云医院中的常量与变量

程序中存在大量的数据来代表程序的状态,其中有些数据在程序的运行过程中值会发生改变,有些数据在程序运行过程中值不能发生改变,这些数据在程序中分别被叫作变量和常量。

在实际的程序中,可以根据数据在程序运行中值是否发生改变来选择应该使用变量还是常量。

2.2.1　常量与药品信息参数设定

常量代表程序运行过程中不能改变的值。常量在程序运行过程中主要有两个作用：一是代表常数，便于程序的修改（如圆周率的值）；二是增强程序的可读性（如常量 UP、DOWN、LEFT 和 RIGHT 分别代表上、下、左和右，其数值分别是 1、2、3 和 4）。

如果要声明一个常量，就必须用关键字 final 修饰，常量的语法格式如下：

final 数据类型 常量标识符 = 值；
final 数据类型 常量名称 1 = 值 1， 常量名称 2 = 值 2，…，常量名称 n = 值 n；

例如：使用常量来表示药品的固定属性，如药品名称、药品类型和药品规格。

```
public static final String DRUG_NAME = "Paracetamol"; //药品名称
public static final String DRUG_TYPE = "Analgesic"; //药品类型
public static final String DRUG_SPECIFICATION = "500mg"; //药品规格
```

在 Java 程序中，常量也可以先声明，然后再进行赋值，但是只能赋值一次，示例代码如下：

```
final int UP;
UP = 1;
```

2.2.2　变量与患者体温特征的变化

变量代表程序的状态。程序通过改变变量的值来改变整个程序的状态，或者更进一步说，就是实现程序的功能逻辑。为了方便引用变量的值，在程序中需要为变量设定一个名称，这就是变量名。例如在 2D 游戏程序中，表示人物的位置，需要两个变量，一个是 x（表示坐标），一个是 y（表示坐标），在程序运行过程中，这两个变量的值会发生改变。

由于 Java 语言是一种强类型的语言，所以变量在使用前必须先声明，在程序中声明变量的语法格式如下：

数据类型 变量名称；

例如：

```
int x;
```

也可以在声明变量的同时，设定该变量的值，语法格式如下：

数据类型 变量名称 = 值；

例如：

```
int x = 10;
```

在云医院系统中，使用变量来表示患者的体温随时间的变化。
例如：

```
private double patientTemperature; //患者体温
private String time; //测温时间
```

在程序中，变量的值代表程序的状态，可以通过变量名称来引用变量中存储的值。变量与常量的区别是，变量的值允许被改变，也可以为变量重新赋值。例如：

```
double patientTemperature = 39.2;
String time = "10:01";
```

2.3　运算符与表达式：云医院中的逻辑处理

在程序设计中，各种基本操作一般都需要通过运算来实现，Java 语言提供了很多运算符，支持各种运算。Java 的运算符按功能分为：算术运算符、关系运算符、逻辑运算符、位运算符、赋值运算符、条件运算符，以及几个特殊运算符。

参与运算的数据称为操作数，操作数可以是常量、变量或方法调用等。

由运算符、操作数、括号组成的式子就是表达式。表达式对操作数进行运算符指定的操作，会产生一个确定的结果值，这便是表达式的值。

2.3.1　运算符：挂号费用计算

1. 算术运算符

Java 支持的算术运算符包括两种。

（1）单目算术运算符，如表 2-6 所示。

表 2-6　单目算术运算符

运　算　符	运　　算	例	例 子 说 明
+	正	+5	单目正号（通常省略，用于显式类型转换场景）
-	负	-5	单目负号（数值取反操作）
++	自增	int i=5；i++	i 的值为 6
--	自减	int i=5；i--	i 的值为 4

注意：自增和自减运算符可以放在操作数之前，也可以放在操作数之后。其作用是使变量的值增 1 或减 1。++i（--i）表示在使用 i 之前，先使 i 的值加（减）1。i++（i--）表示在使用 i 之后，使 i 的值加（减）1。

例如：若 i 的值是 5，执行 j= ++i 后，i 的值是 6，j 的值为 6；若 i 的值是 5，执行 j= --i 后，i 的值是 4，j 的值为 4；若 i 的值是 5，执行 j= i++ 后，i 的值是 6，j 的值为 5；若 i 的值是 5，执行 j= i-- 后，i 的值是 4，j 的值为 5。

（2）双目算术运算符，如表 2-7 所示。

参与算术运算的操作数必须是数据类型的数据（常量、变量）。

Java 的数据类型包括整型、浮点型、字符型。注意，这里的字符型也属于数据类型，因为字符的 Unicode 码是个整数值，字符在内存中的表示就是其 Unicode 码，所以 Java 允许将字符看作其 Unicode 码对应的整数值。Java 语言认为字符型也是整型的一种，相当于两字节的无符号整型。

所以字符型数据可以参与算术运算，它是通过其 Unicode 码的数值来参数算术运算的。如'a'+'b'所得结果为 195。

表 2-7　双目算术运算符

运 算 符	运 算	例	例 子 说 明
+	加	5+3	数值加法（支持整数、浮点及字符串连接），结果为 8
−	减	5−3	数值减法，结果为 2
*	乘	5*3	操作数 5 和 3 相乘，结果为 15
/	除	5/3	操作数 5 和 3 相除，结果为 1
%	取余	5%3	操作数 5 和 3 取余，结果为 2

还有以下几点需要特别注意。

（1）两个整数相除，值仍为整数（小数舍弃），如 5/3 的运算结果为 1。

（2）%运算符除支持通常的整数取余操作外，也支持浮点数的取余操作。如 0.5%0.3 的运算结果为 0.2。

（3）浮点数除法和取余运算会产生精度问题，有些运算不能获得准确的结果。

【例 2-7】在云医院系统中，将使用基本的算术运算符来计算挂号费用。假设挂号费由基础费用和额外费用（如专家号费用）组成。

```java
public class RegistrationFeeCalculator {
    public static void main(String[] args) {
        //定义基础费用和额外费用
        double baseFee = 50.0; //基础挂号费
        double extraFee = 30.0; //专家号费用

        //计算总费用
        double totalFee = baseFee + extraFee; //使用加法运算符

        //输出结果
        System.out.println("挂号总费用: " + totalFee + "元");
    }
}
```

例 2-7 程序运行结果如图 2-6 所示。

```
"C:\Program Files\Java\jdk-17.0.11\bir
挂号总费用: 80.0元
```

图 2-6　例 2-7 程序运行结果

2. 位运算符

位运算会对数据的二进制位进行操作，Java 支持的位运算符如下。

（1）单目位运算符，如表 2-8 所示。

表 2-8　单目位运算符

运 算 符	运 算	例	例 子 说 明
~	位反	~5	对操作数 5 的每个二进制位取反，结果为 -6

（2）双目位运算符，如表 2-9 所示。

表 2-9　双目位运算符

运　算　符	运　　算	例	例　子　说　明
&	位与	5&3	对 5 和 3 对应的二进制位进行与操作，结果为 1
|	位或	5|3	对 5 和 3 对应的二进制位进行或操作，结果为 7
^	位异或	5^3	对 5 和 3 对应的二进制位进行异或操作，结果为 6
<<	左移	5<<3	将 5 的各二进制位左移 3 位，结果为 40
>>	右移	5>>3	将 5 的各二进制位右移 3 位，结果为 0
>>>	算术右移	5>>>3	对 5 的各二进制位算术右移 3 位（不考虑符号位），结果为 0

位运算符的操作数必须是整型值，包括 int、long、short、byte、char 类型（前面说过 char 类型也相当于整型）。

说明：<<（左移运算符）表示将左操作数的二进制位按位左移，移动的位数为右操作数的值，低位空位补 0，结果为左操作数的类型。左移操作若无溢出，则等价于乘以 2^n，n 为右操作数。若有溢出，就不满足这个规律了，还可能会产生符号的改变。对于 >> 与 >>> 运算符，左操作数的二进制位按位右移，移动的位数为右操作数的值，结果为右操作数的类型。而 >> 与 >>> 的区别在于，>> 运算中高位空位补符号位，而 >>> 运算中高位空位始终补 0。所以若是正整数，则两个运算符没有区别，若是负数，则两者会有区别。>> 操作等价于除以 2^n，n 为右操作数。若不能整除，则正整数移位等价于除以 2^n 结果向下取整；负整数移位等价于除以 2^n 结果向上取整。而 >>> 只在正整数时才满足这个规律。

注意：移位运算符会约减右侧的操作数，若左侧是 int 型，则右侧以 32 取模；若左侧是 long 型，则右侧以 64 取模。如 a<<33 等价于 a<<1。

3．赋值运算符

（1）赋值运算符。

Java 的赋值运算符为 "="，前面的程序中已经用到了。赋值运算符是一个双目运算符，需要两个操作数，如：

```
double d;
d=3.45;
```

（2）复合赋值运算符。

Java 还提供了一套复合赋值运算符，其将赋值运算符与双目算术运算符、位运算符组合使用。形式为：

+=、-=、*=、/=、%=、&=、|=、^=、<<=、>>=、>>>=

复合赋值运算符的左操作数必须为变量，右操作数是与左操作数相同的数据值，复合赋值运算符的结果为左操作数的值。下面以 *= 为例：

```
int a=10;
a*=20; 等价于   a=a*20;
```

注意：复合赋值运算符右侧为一个整体，例如，a*=20+30 等价于 a = a * (20+30) 而不是 a= a * 20+30。

4．关系运算符

Java 的关系运算符都为双目运算符，用于对两个操作数进行各种比较。其操作数应为可以进行比较的数据，即数据类型（整型、浮点型、字符型）。

关系运算的运算结果为布尔值，即 true 或 false。

Java 提供的关系运算符如表 2-10 所示。

表 2-10　关系运算符

运　算　符	运　　算	例	例　子　说　明
>	大于	5>3	判断 5 是否大于 3，结果为 true
>=	大于或等于	5>=3	判断 5 是否大于或等于 3，结果为 true
<	小于	5<3	判断 5 是否小于 3，结果为 false
<=	小于或等于	5<=3	判断 5 是否小于或等于 3，结果为 false
==	等于	5==3	判断 5 是否等于 3，结果为 false
!=	不等于	5!=3	判断 5 是否不等于 3，结果为 true

例如：已知 a 为整型变量。

判断 a 是否大于 0：

```
a>0
```

判断 a 是否是偶数：

```
a%2==0
```

5．逻辑运算符

逻辑运算符用于对布尔值（真 true、假 false）进行各种逻辑运算，包括与、或、非、异或。接下来看一下逻辑运算符的运算方式。

Java 提供的逻辑运算符如下。

（1）单目逻辑运算符，如表 2-11 所示。

表 2-11　单目逻辑运算符

运　算　符	运　　算	例	例　子　说　明
!	非	!true	非 true 为 false

（2）双目逻辑运算符，如表 2-12 所示。

表 2-12　双目逻辑运算符

运　算　符	运　　算	例	例　子　说　明
&&	与	true && false	true 与 false 为 false
||	或	true || false	true 或 false 为 true
&	与	true & false	true 与 false 为 false
|	或	true | false	true 或 false 为 true
^	异或	true ^ true	true 异或 true 为 false

例如：已知 a 为一个整型变量，表达下面的判断。

① a 是一个合法的月份：

```
(a>=1) && (a<=12)
```

② a 是大于 0 的偶数：

```
(a>0) && ( a % 2= =0)
```

③ a 是闰年：

```
( a % 100 != 0 && a % 4= =0) || (a % 400 = =0)
```

其中，&&和&都表示与运算，而||和|都表示或运算，它们之间有什么区别呢？

&&和||的特点是：若运算符左侧数值已经可以确定表达式的结果，则不必考虑右操作数，若是表达式也不需要计算。相反，&和|无论如何都会将两侧的数值计算出来。

例如：已知 int a= -1，辨析(a>0) && (a <100)和(a>0) & (a <100)的执行方式。

对于表达式 (a>0) && (a<100)，当计算出左操作数为 false 时，此运算的结果已确定为 false，因此不会再计算 a<100。而若是(a>0) & (a <100)，则必须将两侧的操作数都计算出来，然后再进行&运算。

一般情况下两者的效果是相同的，但在某些特定情况下，就会产生不同的效果。

例如：已知 int a= -1,b=5，辨析(a>0) && (++b<10)与(a>0) & (++b<10)的区别。

(a>0) && (++b<10)：(++b<10)不会被执行，因此 b 的值不变。

(a>0) & (++b<10)：无论如何(++b<10)一定会被执行，因此当表达式执行完，b 的值已变为 6。

6. 条件运算符

条件运算符（？:）是 Java 语言中唯一的一个三目运算符。其使用形式为：

```
操作数 1 ？操作数 2 ：操作数 3
```

其中，操作数 1 为一个布尔值，操作数 2 与操作数 3 应为类型相同的值（若类型不同则启动自动类型转换流程）。其运算方式为：若操作数 1 为 true，则操作数 2 的值为运算结果；若操作数 1 为 false，则操作数 3 为运算结果。例如：

```
int a=2,b=3;
a>b ? a : b
```

此表达式能将 a、b 中较大的值计算出来。

7. 对象运算符（instanceof）

对象运算符用来判断一个对象是否为一个指定类的实例，运算结果为布尔型，如果是则返回 true，否则返回 false，对象运算符的关键字为"instanceof"，它的用法为：

```
对象标识符 instanceof 类型标识符
```

例如：在例 2-6 中，doctor 是 Doctor 类的一个实例，执行如下语句：

```
System.out.println(doctor  instanceof  Doctor);
```

结果为 true。

2.3.2 表达式：诊断信息确认

由运算符、操作数、括号组成的式子就是表达式。Java 的表达式包含以下几种。

（1）算术表达式：由算术运算符以及位运算符形成的表达式。

（2）关系表达式：由关系运算符形成的表达式。

（3）逻辑表达式：由逻辑运算符形成的表达式。

（4）条件表达式：由条件运算符形成的表达式。

（5）赋值表达式：由赋值运算形成的表达式。

这些表达式可以组合，正如前面所说的，表达式的值可以作为操作数继续参与运算，形成更复杂的复合表达式。例如，算术表达式的值可以作为关系表达式的操作数，关系表达式的值可以作为逻辑表达式的操作数，而这些表达式的值都可以作为赋值表达式的操作数。

包含各种运算符的复杂表达式，由一定的运算规则来决定表达式的执行顺序。这个规则就是依据运算符的优先级与结合性，因此了解所有运算符的优先级与结合性非常重要。

从优先级来看，在 Java 语言中，单目运算符的优先级高于双目运算符，赋值运算符的优先级是最低的，一般总在最后执行。从结合性来看，右结合的运算符较少，包括单目运算符、条件运算符和赋值运算符，双目运算符都为左结合。前文所述的所有运算符的优先级与结合性如表 2-13 所示。当然，小括号可以改变运算顺序，提升子表达式内部运算的优先级。例如：

```
int a,b,c;
a=b=c=100;
```

由于赋值运算符为右结合，所以运算从右向左，100 先赋值给 c，c 的结果为运算的结果，将 c 赋值给 b，b 的结果为运算的结果，以此类推。

表 2-13　运算符的优先级和结合性

优　先　级		运　算　符	结　合　性
高		++ -- ! ~ + -	右结合（++，--的后缀形式为左结合）
		* / %	左结合
		+ -	左结合
		>> >>> <<	左结合
		> < >= <=	左结合
		== !=	左结合
		&	左结合
		^	左结合
		|	左结合
		&&	左结合
低		||	左结合
		?:	右结合
		= += -= *= /= %= ^= &= |= <<= >>= >>>=	右结合

例如，表达式 3+5*6/2>6*4 的执行顺序如图 2-7 所示。

```
原式: 3 + 5*6/2 > 6*4
步骤:
   3 + (5*6)/2 > (6*4)     // 先算乘法
→ 3 + 30/2 > 24            // 再算除法
→ 3 + 15 > 24             // 算左侧加法
→ 18 > 24                 // 最终比较
→ false
```

图 2-7　执行顺序

结果为布尔值 false。

【例 2-8】在云医院中，将使用逻辑表达式来确认诊断信息是否满足某些条件。假设有两个诊断结果，一个是血液检测结果，另一个是影像检测结果，则需要确认两者是否都为阳性。

```java
public class DiagnosisConfirmation {
    public static void main(String[] args) {
        //模拟诊断结果
        boolean bloodTestPositive = true; //血液检测结果为阳性
        boolean imagingTestPositive = true; //影像检测结果为阳性

        //使用逻辑与运算符确认两个结果都为阳性
        boolean confirmedDiagnosis = bloodTestPositive && imagingTestPositive;

        //输出结果
        if (confirmedDiagnosis) {
            System.out.println("诊断确认: 阳性");
        } else {
            System.out.println("诊断未确认: 存在阴性结果");
        }
    }
}
```

例 2-8 程序运行结果如图 2-8 所示。

```
"C:\Program Files\Java\jdk-17.0.11\bin\java.exe"
诊断确认: 阳性

Process finished with exit code 0
```

图 2-8　例 2-8 程序运行结果

2.4　注释

与其他编程语言一样，Java 的源代码中也允许出现注释，注释不会影响程序的运行，但却是十分重要的程序组成部分。恰当地书写注释可以增强程序的可读性，提高理解程序的效率，降低维护程序的代价。程序员必须养成良好的书写注释的习惯。

在 Java 中，有 3 种不同功能的注释，分别为单行注释、多行注释和文档注释。

1．单行注释

单行注释用于为代码中的单个行添加注释。语法格式如下：

```
//需要注释的内容
```

当单行注释写在一行的前端时，用于说明后面语句的功能逻辑等。如果单行注释跟在一个语句的后面，则用于说明该语句。单行注释可以多次出现在程序中的任何地方，如果需要注释多行代码，也可以在每行的注释前面使用"//"。例如，下面的代码使用了单行注释。

```
public   double   getArea()     //定义求面积的方法
```

2．多行注释

对于长度为几行的注释，可以使用多行注释。语法格式如下：

```
/*需要注释的内容*/
```

此方法允许创建很长的注释，即先在注释内容的行开头处添加/*，最后在注释内容的末尾添加*/，而无须在每一行的开头都添加//。例如：

```
/*这是一个多行注释的例子
程序员是一份高收入与高风险并存的职业
*/
```

3．文档注释

文档注释用于描述 Java 的类、接口、构造器、方法以及字段，该注释应位于声明之前。语法格式如下：

```
/**
*这里是文档注释
*/
```

文档注释是 Java 所特有的，Java 文档生成器（javadoc 命令）可以读取 Java 语言程序并提取其中的文档注释，生成 HTML 文件形式的 API 文档，作为该程序的 Java 帮助文档使用。例如，在 IDEA 环境下编写 HelloJava.java：

```java
public class HelloJava {
    /**
     * This is My First Project
     */
    public static void main(String[] args) {
        System.out.println("Hello!Java!");
    }
}
```

可以在该文件对应的目录下打开命令行程序，输入以下指令：

```
javadoc -d docs HelloJava.java
```

该命令将在当前目录下生成一个 docs 文件夹，里面包含 HelloJava.java 中文档注释生成的 HTML 文件，打开其中的 index.html 文件，并单击进入 HelloJava 中，看到的 HelloJava.html 页面如图 2-9 所示。

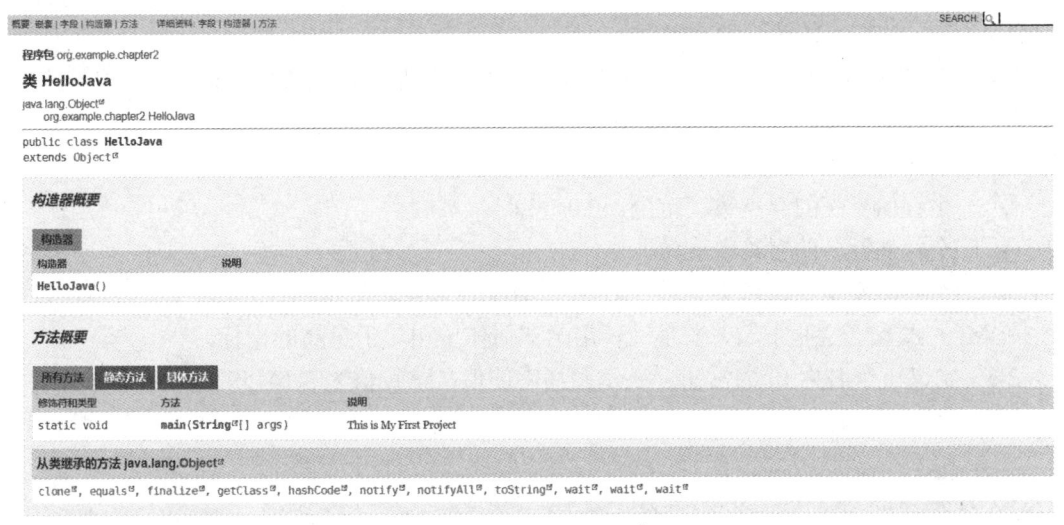

图 2-9　HelloJava.html 页面

小　　结

本章讲解了程序包的引用方式及其作用，并深入探讨了 Java 中的基本数据类型和运算符的使用，介绍了数据类型之间的转换规则。理解这些基本概念对于编写高效、准确的 Java 程序至关重要。

Java 提供了 8 种基本数据类型，包括整型（byte、short、int、long）、浮点型（float、double）、字符型（char）和布尔型（boolean）。这些类型直接存储值，并且有固定的内存大小。

本章讲述了变量、常量的声明与初始化。变量是程序存储数据的基本单位。在 Java 中，在声明变量时必须指定类型，并且可以在声明时进行初始化。

常量则通过使用 final 关键字进行定义，一旦赋值后无法再修改，这对于需要固定值的场景非常有用。

数据类型转换包含自动类型转换和强制类型转换，在算术运算中，精度较低的数据类型会自动转换为精度较高的数据类型以保证计算的精度；当需要将高精度的数据类型转换为低精度的数据类型时，必须进行强制类型转换。

同时，本章探讨了各种运算符的使用，包括算术运算符、关系运算符、逻辑运算符、位运算符和赋值运算符。这些运算符是 Java 编程的基础，广泛应用于各种逻辑和数学运算中。

通过本章的学习，读者应该已经掌握了 Java 中处理数据的基本方法。无论是在简单的计算还是复杂的逻辑处理中，这些知识点都是必不可少的。接下来，读者可以将这些知识应用到更高级的编程实践中，以构建功能丰富的 Java 应用程序，同时也不要忘记养成良好的注释习惯，熟练使用 Java 语言中不同方式的注释语句。

习　　题

2-1　Java 的基本数据类型有哪些?

2-2　请声明并初始化以下变量,选择适当的数据类型并输出它们的值。

① 一个存储年龄的整数(范围:0～120)。

② 一个存储体重的浮点数(范围:0.0～300.0)。

③ 一个存储身高的浮点数(范围:0.0～3.0)。

④ 一个存储姓名的字符串变量。

⑤ 一个布尔变量,表示该成员的 BMI 质数是否符合正常指标。

(BMI= 体重(千克)/身高(米)^2 是一种用于评估体重相对于身高的指标)

2-3　定义一个名为 PI 的常量,表示圆周率的值,常量值为 3.14159。使用 final 关键字,并尝试修改常量的值以验证其不可变性。

```java
public class ConstantsExample {
    public static void main(String[] args) {
        //代码实现
    }
}
```

2-4　声明两个整数变量 int1 和 int2,并计算它们的和,将结果存储在 float 类型的变量中。请输出计算结果,解释为什么自动类型转换是必要的。

```java
public class AutoTypeConversionExample {
    public static void main(String[] args) {
        //代码实现
    }
}
```

2-5　声明一个 double 类型的变量,存储一个浮点数值(如 9.99),将其强制转换为 int 类型,并输出转换前后的值。

```java
public class ExplicitTypeConversionExample {
    public static void main(String[] args) {
        //代码实现
    }
}
```

2-6　编写一个程序,接收用户在习题 2-2 中的数据输入,计算用户的 BMI 指数,并分析其属于哪种类型,具体数值参考下表。请确保处理除数为零的情况,并使用适当的运算符进行计算。

BMI 范围	体 重 分 类
<18.5	体重过轻
18.5～24.9	正常体重
25～29.9	体重过重
≥30	肥胖

补充代码：

```java
import java.util.Scanner;

public class OperatorsExample {
    public static void main(String[] args) {
        Scanner scanner = new Scanner(System.in);
        //代码实现

    }
}
```

实验一　餐饮后台管理系统——基本数据类型和运算符

实验目标

提升系统的稳定性和可靠性，通过合理使用基本数据类型和运算符避免数据溢出、类型不匹配等错误，确保餐饮后台管理系统正常运行。

实验任务

1．实验 1

实验内容：

创建餐饮后台管理系统中的菜品信息表，使用合适的基本数据类型存储菜品名称（字符型）、价格（浮点型）、库存数量（整型）等信息。

编写代码实现当顾客下单时，根据订单中的菜品数量减少相应菜品的库存数量，并计算订单总价（考虑可能的折扣等因素）。

利用关系运算符判断库存数量是否低于预警值，如果是，则发出补货提醒。

实验难点：

选择合适的数据类型准确表示菜品信息，避免数据溢出或精度损失。

处理不同折扣情况下的订单总价计算，涉及算术操作符和逻辑运算符的组合。

确定合理的库存预警值，并准确判断何时触发补货提醒。

实验提示：

对于菜品价格，可以使用双精度浮点型以保证精度。对于库存数量，考虑使用无符号整型以避免负数。

在计算订单总价时，可以先根据折扣率计算出折扣后的价格，再乘以订单中的菜品数量。

设定库存预警值时，可以根据历史销售数据和补货周期来确定。

2．实验 2

实验内容：

在餐饮后台管理系统中建立员工信息表，包含员工编号（整型）、姓名（字符型）、工资（浮点型）等字段。

实现根据员工的工作时长和绩效系数计算当月工资，其中工作时长为整型，绩效系数为浮点型。

使用关系运算符比较不同员工的工资高低，输出工资最高的员工信息。

实验难点：

准确计算员工工资，涉及不同数据类型的运算和逻辑判断。

高效地比较多个员工的工资并找出最高者。

处理可能出现的异常情况，如工作时长为负数或绩效系数不合理。

实验提示：

计算工资时，可以先确定基本工资与工作时长和绩效系数的关系公式，再进行计算。

可以使用运算符进行操作。

第3章 流程控制——让云医院系统更加"聪明"

【知识要点】

● 条件语句（if、if-else、if-else-if-else、switch-case）
● 循环语句（for、while、do-while）
● 跳转语句（break、continue、return）

【简介】

本章介绍 Java 中的控制流语句，通过这些语句，程序可以根据不同的条件执行不同的代码块，或者重复执行某些代码块。读者将学习如何使用条件语句、循环语句和跳转语句来控制程序的执行流程。

【场景】

在医院管理系统中，经常需要根据患者的病情变化以及各种生命体征的检测结果进行判断，来决定治疗方案，通过本章的学习，读者将学会如何使用条件语句来实现这一功能。同时，还可以使用循环语句来遍历所有患者的信息，统计某种病症的患者数量。

3.1 顺序结构：处理挂号流程

任何编程语言中最常见的程序结构就是顺序结构。顺序结构是指程序从上到下逐行执行，中间没有任何判断和跳转。也就是说，如果没有任何流程控制，Java 方法里的语句是一个顺序执行流，从上向下依次执行每条语句。

例如，使用顺序结构输出患者到医院就诊的流程表：预约，排队，挂号，叫号，诊断，缴费，治疗，开药，回家。

【例 3-1】输出到医院就诊的时间表。

```java
package org.example.chapter3;

public class Schedule {
    public static void main(String[] args) {
        System.out.println("8:00 排队挂号");
        System.out.println("8:10 挂号成功");
        System.out.println("8:20 医生叫号");
```

```
        System.out.println("8:25 医生诊断");
        System.out.println("8:30 医院缴费");
        System.out.println("8:40 接受治疗");
        System.out.println("9:30 开设药方，进行取药");
        System.out.println("10:00 回家养病");
    }
}
```

通过上面的代码可以清楚地看到患者就诊的流程，需要按照自上而下的步骤依次进行，这样的执行步骤就称为顺序结构。

3.2　分支结构：决策在云医院中的应用

Java 提供了两种常见的分支控制结构，if 语句和 switch 语句，其中 if 语句使用布尔表达式作为分支条件来进行分支控制，而 switch 语句则用于对多个整型值进行匹配，从而实现分支控制。

3.2.1　If 应对预约挂号问题

在日常的就医过程中，专家号往往最具权威性，因此很多人都会提前在线上预约专家号就诊，当然如果未能成功约上专家号，则只能预约普通号（一般情况下普通号到医院即可直接排队挂号）。如果患者预约成功，程序则会提醒患者前往挂号窗口办理挂号手续；如果没有预约或者预约失败，程序则提示患者先进行预约再来医院。这种设计用于确保患者在前往医院之前已经完成了必要的预约步骤，避免了因无预约而造成的就诊延误。

【例 3-2】用 Java 语言编程来完成预约就诊的问题，根据患者的预约结果来决定是否能够进行挂号就诊。

```java
package org.example.chapter3;

import java.util.Scanner;

public class AppointmentCheck {
    public static void main(String[] args) {
        Scanner scanner = new Scanner(System.in);
        //提示用户输入是否有预约
        System.out.print("您是否有预约？(输入 'yes' 或 'no'): ");
        String hasAppointment = scanner.nextLine();
        //检查预约状态
        if (hasAppointment.equalsIgnoreCase("yes")) {
            System.out.println("请前往挂号窗口办理挂号手续。");
        } else {
            System.out.println("请先预约，然后再来医院。");
        }
        scanner.close();
    }
}
```

例 3-2 程序运行结果如图 3-1 所示。

您是否有预约？(输入 'yes' 或 'no'): *yes*
请前往挂号窗口办理挂号手续。

图 3-1　例 3-2 程序运行结果

下面结合预约过程中可能出现的不同情况学习 if 语句用法。

1．if 语句

（1）最简单的 if 语句格式见表 3-1。

表 3-1　最简单的 if 语句格式

最简单的 if 语句格式	示　例
if(表达式) 语句 1	如果成功预约，请前往挂号窗口办理挂号手续

其语义是：如果表达式的值为真，则执行其后的语句，否则不执行该语句，其执行过程如图 3-2 所示。

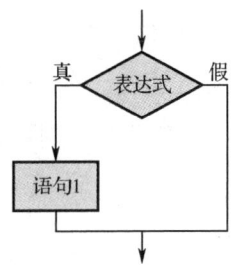

图 3-2　if 语句执行过程

（2）if-else 语句格式见表 3-2。

表 3-2　if-else 语句格式

if-else 语句格式	示　例
if(表达式) 　语句 1；	如果我预约成功 　　前往挂号窗口办理挂号手续
else 　语句 2；	合则 　　我将重新预约专家号后，再到医院进行挂号就诊

其语义是：如果表达式的值为真，则执行语句 1，否则执行语句 2，其执行过程如图 3-3 所示。

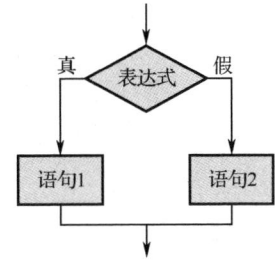

图 3-3　if-else 语句执行过程

2. 多分支与 if 语句嵌套

if 语句根据条件的真假可以处理两个分支,若特定问题需要多个分支,则可以通过 if 语句的嵌套来处理:可以将 if 语句的内嵌语句再设计为 if 语句,根据不同的组合,可以形成多种分支情形。

一种情形是 if 主语句中搭配一组 if 的子语句分支,else 分支的子语句中也同样添加 if 子语句,将两条分支分成了 4 条分支,在第二层 if 语句的子语句中可以根据实际需要继续设计 if 语句,而且由于 else 语句可以省略,所以可以形成各种需要的分支情形,其格式见表 3-3。

表 3-3　if 语句嵌套格式

if 语句嵌套格式	示　　例

if(表达式 1)
　　if(表达式 2)
　　语句 1;
　　else 语句 2;
else
　　if(表达式 3)
　　　　语句 3;
　　else 语句 4;
	如果预约成功
	　　如果预约的为专家号
	　　　　前往挂号窗口挂专家号就诊
	　　否则 只能挂普通号
	否则
	　　如果专家号预约未满
	　　　　可以进行重新预约
	　　否则 退出预约程序

其语义是:首先判断表达式 1 的值,若为真,则还有两种情况,即表达式 2 的值为真,执行语句 1,否则执行语句 2;若表达式 1 为假,又分为两种情况,即表达式 3 的值为真,执行语句 3,否则执行语句 4。

还有一种常用的情形,即将 else 分支继续扩展为 if 语句,其书写格式为 if-else-if-else,见表 3-4。

表 3-4　if-else-if-else 语句格式

if-else-if-else 语句格式	示　　例

if(表达式 1)
　语句 1;
else if(表达式 2)
　　语句 2;
　　else if(表达式 3)
　　　语句 3;
　　　……
　　else
　　语句 n;
	如果我成功预约专家号
	　　我挂专家号就诊
	否则 如果我成功预约了普通号
	　　我挂普通号就诊
	　　否则 如果专家号未满
	　　　我可以重新预约专家号
	　　　……
	　　否则 预约已满
	　　我无法预约,退出预约

其语义是:依次判断表达式的值,当出现某个值为真时,则执行其对应的语句,然后跳到整个 if 语句之外继续执行程序。 如果所有的表达式均为假,则执行语句 n,然后继续执行后续程序。

读者可以试着完成上述两种情形的程序。

3.2.2　switch 与患者挂号科室的选择

if-else-if-else 语句看起来比较复杂,如果能够根据不同的情况,直接执行相应的任务,则一目了然。Java 语言还提供了另一种用于多分支选择的 switch 语句。

一般形式为：

```
switch(表达式)
{
    case 常量表达式 1: 语句 1;
    case 常量表达式 2: 语句 2;
    …
    case 常量表达式 n: 语句 n;
    default:　语句 n+1;
    }
```

其语义是：计算表达式的值，并逐个与其后的常量表达式值相比较，当表达式的值与某个常量表达式的值相等时，就执行其后的语句，然后不再进行判断，继续执行后面所有 case 后的语句。如表达式的值与所有 case 后的常量表达式均不相同时，则执行 default 后的语句。

【例 3-3】在实际的预约挂号过程中，存在不同科室专家号的预约，因此预约挂号前科室选择的源程序如下。

```java
package org.example.chapter3;

import java.util.Scanner;

public class AppointmentSystem {

    public static void main(String[] args) {
        Scanner scanner = new Scanner(System.in);
        //提示用户输入要挂号的科室
        System.out.println("请选择您要挂号的科室：");
        int departmentChoice = scanner.nextInt();
        //根据用户的选择执行不同的操作
        switch (departmentChoice) {
            case 1: System.out.println("您选择了内科，请稍等...");
            case 2: System.out.println("您选择了外科，请稍等...");
            case 3: System.out.println("您选择了儿科，请稍等...");
            case 4: System.out.println("您选择了妇产科，请稍等...");
            case 5: System.out.println("您选择了眼科，请稍等...");
            case 6: System.out.println("您选择了皮肤科，请稍等...");
            default: System.out.println("无效的科室编号，请重新选择。");
        }
        scanner.close();
    }
}
```

当输入 3 时，例 3-3 程序运行结果如图 3-4 所示。

显然，这种结果不是用户想得到的。为了避免上述情况，Java 还提供了一种 break 语句，专用于跳出 switch 语句，break 语句只有关键字 break，没有参数。这在后面详细介绍。

请选择您要挂号的科室：

3

您选择了儿科，请稍等...

您选择了妇产科，请稍等...

您选择了眼科，请稍等...

您选择了皮肤科，请稍等...

无效的科室编号，请重新选择。

图 3-4　例 3-3 程序运行结果

修改例 3-3 的 switch 语句如下：

```
switch (departmentChoice) {
    case 1: System.out.println("您选择了内科，请稍等...");     break;
    case 2: System.out.println("您选择了外科，请稍等...");     break;
    case 3: System.out.println("您选择了儿科，请稍等...");     break;
    case 4: System.out.println("您选择了妇产科，请稍等...");     break;
    case 5: System.out.println("您选择了眼科，请稍等...");     break;
    case 6: System.out.println("您选择了皮肤科，请稍等...");     break;
    default: System.out.println("无效的科室编号，请重新选择。");     break;
}
```

再次输入 3 时，程序运行结果如图 3-5 所示。

请选择您要挂号的科室：

3

您选择了儿科，请稍等...

图 3-5　例 3-3 程序修改后的运行结果

在使用 switch 语句时，需注意如下事项。

（1）在 case 后的各常量表达式的值不能相同，否则会出现错误。

（2）在 case 后，允许有多个语句，可以不用{}括起来。

（3）各 case 和 default 子句的先后顺序可以变动，而不会影响程序执行结果。

（4）default 子句可以省略不用。

（5）若 case 后几个分支的操作相同，则可以把这些分支写在一起，相同的操作只写一次。

3.3　循环结构：自动化处理云医院任务

Java 提供了 while、do while 和 for 三种基础循环语句，除此之外，还提供了一种新的循环：for-each 循环，用于遍历数组或集合，能够简化遍历操作，避免索引操作的复杂性。除此之外，Java 还提供了 break 和 continue 来控制程序的循环结构。

3.3.1　while 与定时检查患者体温

在医院的住院部，医生每天都会带着护士对患者的病情进行跟踪了解。除了详细询问患者的症状变化，医生和护士还会进行必要的体检，其中包括测量体温，以实时监控患者的身体状况。这一过程对于及时发现病情变化、调整治疗方案至关重要。

下面使用 while 循环来帮助护士完成体温的录入工作，假设其管辖的区域有 50 名患者。while 语句格式见表 3-5。

表 3-5　while 语句格式

while 语句格式	示　　例

while(表达式)
{
语句;
 	
}
	while(患者的数量是否小于或等于 50)
	{
	　输入每个患者的体温;
	　患者数量加 1;
	}

首先，while 语句计算花括号中的表达式，它将返回一个 boolean 的值，如果为 true，则执行花括号中的语句。然后 while 语句继续测试表达式来确定是否执行循环体，直到该表达式返回 false。

【例 3-4】输入每位患者体温。

```
package org.example.chapter3;

import java.util.Scanner;

public class HospitalTemperatureTracking {
    public static void main(String[] args) {
        Scanner scanner = new Scanner(System.in);
        final int TOTAL_PATIENTS = 50;
        int i = 0;
        //使用 while 循环录入 50 名患者的体温
        while (i < TOTAL_PATIENTS) {
            System.out.print("请输入第 " + (i + 1) + " 名患者的体温（摄氏度）: ");
            double temp = scanner.nextDouble();
            i++;
        }
    }
}
```

3.3.2　do-while 与 while 的差异

近期医院要求组织对医师团队进行考核，要求每个部门中所有医生以及护士团队的考核成绩不得低于 90 分，如果考核成绩低于 90 分，那么现场重新考核，直到达标为止。

下面使用 do-while 语句来描述这件事情。

do-while 语句格式见表 3-6。

表 3-6　do-while 语句格式

do-while 语句格式	示　　例
do 　语句; while(表达式);	do 　参与考核; while(未达标 90 分);

与 while 语句不同的是，do-while 语句先执行循环体中的语句后再计算表达式，所以 do-while 语句至少执行一次循环体。

【例 3-5】用 do-while 语句模拟员工考核的场景。

```java
package org.example.chapter3;
import java.util.Scanner;

public class DepartmentEvaluation {
    public static void main(String[] args) {
        Scanner scanner = new Scanner(System.in);
        int score;
        do {
            System.out.print("请输入员工的考核成绩：");
            score = scanner.nextInt();
            if (score < 90) {
                System.out.println("考核成绩未达标，需要重新考核！");
            }
        } while (score < 90);
        System.out.println("考核通过，成绩为：" + score + "分。");
        scanner.close();
    }
}
```

例 3-5 程序运行结果如图 3-6 所示。

请输入员工的考核成绩：

85
考核成绩未达标，需要重新考核！
请输入员工的考核成绩：*92*
考核通过，成绩为：**92**分。

图 3-6　例 3-5 程序运行结果

3.3.3　for 循环与多位患者信息采集

for 语句格式见表 3-7。

表 3-7　for 语句格式

for 语句格式	示　　例

for(循环变量赋初值；循环条件；循环变量增量)
{
　语句；
}
	for(从第 1 位患者开始；判断患者总数是否小于或等于 50；患者数加 1)
	{
	　输入每位患者的体温；
	}

【例 3-6】用 for 语句来解决例 3-4 的问题。

```java
package org.example.chapter3;
```

```java
import java.util.Scanner;

public class HospitalTemperatureTracking2 {
    public static void main(String[] args) {
        Scanner scanner = new Scanner(System.in);
        final int TOTAL_PATIENTS = 50;

        //使用 for 循环录入 50 名患者的体温
        for (int i = 0; i < TOTAL_PATIENTS; i++) {
            System.out.print("请输入第 " + (i + 1) + " 名患者的体温（摄氏度）: ");
            scanner.nextDouble();
        }
    }
}
```

3.3.4　患者监测中的 break 与 continue

生命体征是临床上用来评估患者健康状况的基本指标。通过定期监测这些生命体征，医疗专业人员能够早期发现潜在的健康问题，并采取相应的治疗措施。例如，体温的升高可能是感染的早期信号，而异常的血压可能表明心血管疾病的风险增加。

在医院的日常护理中，护士和医生会定期监测患者的生命体征，特别是在重症监护室（ICU）、术后护理或急诊科等关键科室。通过监测这些生命体征的变化，医护人员能够迅速做出反应，调整治疗方案，确保患者的生命安全，最典型的就是脉搏、体温、呼吸频率、血压、血氧饱和度等，当脉搏低于一定频次后，将会出现生命危险，需要及时救治。

1．break 语句

break 语句的作用是从该语句所在的分支或循环体中直接跳转出来，执行其后继语句。在前面在分支结构中我们已经讲解了它的用法。

某患者在经过化疗之后，生命体征经常出现波动，医生对其进行监护，当脉搏频次低于每分钟 60 次时，需要对其进行及时救治。

【例 3-7】下面使用 break 语句来模仿监护的过程。

```java
package org.example.chapter3;

public class PatientMonitoring {
    public static void main(String[] args) {
        int pulseRate = 65;   //初始脉搏频次
        final int MINIMUM_PULSE_RATE = 60;   //脉搏频次的最低警戒值
        //模拟连续监测（如 10 次）
        for (int i = 0; i < 10; i++) {
            System.out.println("当前脉搏频次: "+ pulseRate + "次/分钟");
            //检查脉搏频次是否低于警戒值
            if (pulseRate < MINIMUM_PULSE_RATE) {
                //需要及时救治
                System.out.println("警告：脉搏频次低于" + MINIMUM_PULSE_RATE + "次/分钟，需要及时救治！ ");

                break;   //退出循环，停止后续监测
```

```
        }
        //每分钟脉搏频次降低 1 次
        pulseRate--;
      }
    }
}
```

例 3-7 程序运行结果如图 3-7 所示。

```
当前脉搏频次：65次/分钟
当前脉搏频次：64次/分钟
当前脉搏频次：63次/分钟
当前脉搏频次：62次/分钟
当前脉搏频次：61次/分钟
当前脉搏频次：60次/分钟
当前脉搏频次：59次/分钟
警告：脉搏频次低于60次/分钟，需要及时救治！
```

图 3-7　例 3-7 程序运行结果

2．continue 语句

continue 语句用于跳过当前循环的剩余部分，并判断循环条件，决定是否进入下一轮循环。

在对患者进行监护的过程中，有时需要对患者的血糖浓度进行实时监控，以防患者误食高甜度的食品，或者因其他原因导致患者的血糖浓度升高，此时需要对其注射胰岛素或采取其他治疗手段来防止患者出现病变。

【例 3-8】下面使用 continue 语句来模仿检测的过程。

```java
package org.example.chapter3;
public class BloodSugarMonitoring {
    public static void main(String[] args) {
        double[] bloodSugarLevels = {75.0, 80.0, 100.0, 60.0, 130.0, 85.0, 65.0};    //模拟的血糖数据
        final double LOW_THRESHOLD = 70.0;    //低血糖阈值
        final double HIGH_THRESHOLD = 120.0;    //高血糖阈值
        for (int i = 0; i < bloodSugarLevels.length; i++) {
            double level = bloodSugarLevels[i];
            if (level >= LOW_THRESHOLD && level <= HIGH_THRESHOLD)            {
                continue;    }
            System.out.println("警告：血糖水平异常，当前血糖为：" + level + " mg/dL");
        }
}}
```

例 3-8 程序运行结果如图 3-8 所示。

```
警告：血糖水平异常，当前血糖为：60.0 mg/dL
警告：血糖水平异常，当前血糖为：130.0 mg/dL
警告：血糖水平异常，当前血糖为：65.0 mg/dL
```

图 3-8　例 3-8 程序运行结果

小　结

本章深入探讨了 Java 的控制结构，包括分支结构（if 和 switch 等）和循环结构（for、while 和 do-while）。分支结构用于根据不同的条件执行不同的代码块，而循环结构则能够帮助程序重复执行任务，直到满足特定条件。通过实际的医疗管理系统案例，讲解了如何使用这些语句处理患者体温录入、预约挂号等实际应用场景。

这些控制结构和流程控制语句在实际应用中的价值在于能够帮助开发者实现复杂的业务逻辑，提升程序的可读性和维护性。在医院管理等系统中，条件判断和循环操作可以有效管理数据流程，做出实时决策，从而优化系统的性能和用户体验。

习　题

3-1　输入 3 个数，按从大到小的顺序输出。

3-2　计算 $1 + 1/2! + 1/3! + 1/4! + \cdots + 1/20!$ 的值。

3-3　5 位评委给一个候选人打分，采用一票否决制，即只要有一个评委给了零分，此候选人就被淘汰。编写程序，输入评委的分数，计算总分数，对于被淘汰的候选人，只显示"你被淘汰了！"。

3-4　使用 break 和 continue 语句计算并输出 10 以内奇数的和以及 50 以内的素数。

3-5　编写程序，实现成绩管理菜单的显示和选择，效果如下。

```
*****成绩管理系统*****
*****1、成绩查询******
*****2、成绩删除******
*****3、成绩修改******
*****4、退出系统******
```

3-6　随机产生 100 个学生的成绩（学生的成绩按照 5 级打分制，即成绩为 A、B、C、D、E）。统计每个等级的人数，若 A 表示 4 分、B 表示 3 分、C 表示 2 分、D 表示 1 分、E 表示 0 分，计算他们的平均成绩并输出。

3-7　编写猜数游戏程序。计算机随机产生 0～4 之间的整数，用户从键盘猜，一共猜 3 次，统计有几次猜中。若猜中 2～3 次，则输出"你太有才了！"，猜中 1 次输出"很聪明呀！"，未猜中输出"多努力！"。

提示：使用 Math.random() 可以产生 0～1 之间的随机数。

```
int number=(int)(Math.random()*5); //产生 0～4 之间的随机整数
```

实验二　餐饮后台管理系统——控制流语句

实验目标

深入理解各种控制流语句（如条件判断语句、循环语句等）的语法和功能，能够准确地在餐饮后台管理系统的开发中运用这些语句。掌握如何使用条件判断语句（如 if-else、switch-case 等）根据不同的业务场景进行决策，如判断订单状态、库存水平、员工权限等。熟悉不同类型的循环语句（如 for 循环、while 循环、do-while 循环），并能够根据实际需求选择合适的循环结构来处理重复性任务，如遍历订单列表、更新库存数量等。

实验任务

1. 实验 1

实验内容：

在餐饮后台管理系统中，编写代码实现根据订单金额判断是否满足优惠条件。如果订单金额大于或等于一定值，给予折扣优惠，并输出优惠后的订单总价。

对于新用户的首次订单，额外给予特定的优惠，并在控制台输出相应的提示信息。

实验难点：

准确判断订单金额是否满足不同的优惠条件，涉及多个条件判断的嵌套。

区分新用户和老用户，需要设计合理的数据结构来存储用户信息和订单历史。处理优惠计算过程中的精度问题，确保订单总价计算准确。

实验提示：

使用 if-else 语句进行条件判断，可以根据订单金额的不同范围设置不同的优惠策略。

可以通过设置一个标志位或者查询数据库来判断用户是否为新用户。

在进行浮点数计算时，注意精度误差，可以使用特定的数据类型来处理。

2. 实验 2

实验内容：

设计一个库存管理模块，当库存数量低于某个阈值时，自动生成采购订单。同时，根据不同的菜品类别，设置不同的采购数量。

每隔一段时间（模拟时间间隔）检查库存状态，如果库存数量连续多次低于阈值，则提高采购数量。

实验难点：

确定合理的库存阈值和采购数量，需要考虑菜品的销售速度、采购周期等因素。

处理不同菜品类别的采购数量计算，需要使用多分支判断或者数据结构来存储不同类别的参数。

实验提示：

可以通过分析历史销售数据和供应商的交货时间来确定库存阈值和采购数量。

使用 if-else 语句进行条件判断，从而进行订单生成。

同时，在后续学习中了解工具类的使用，例如，可以使用定时器库（java.util.Timer）或者在循环中模拟时间间隔来实现定时检查库存。

也可以使用字典（java.util.HashMap）来存储不同菜品类别的参数，以便在计算采购数量时进行查询。

第4章 数组与字符串——整理与阅读云医院信息的利器

【知识要点】
- 一维数组的声明与初始化
- 多维数组的声明与初始化
- Arrays 类的常用方法
- 字符串的声明与初始化
- 字符串的常用方法
- String 类和 StringBuffer 类

【简介】

本章介绍数组和字符串的基本概念和常用操作。通过实例，读者将学习如何创建和操作数组，以及如何使用字符串类的方法来处理文本数据。

【场景】

在医院管理系统中，需要存储和处理大量的患者信息，如姓名、年龄、身份信息、病情描述、诊疗记录等。通过本章的学习，读者将学会如何使用数组来存储患者信息，并且使用字符串的方法来处理患者的姓名和病情描述。

4.1 数组在云医院中的应用：患者信息管理

数组是相同类型变量的集合，可以使用共同的名字对它进行引用。在 Java 中，数组是对象，Object 类中定义的方法都可以用于数组。数组可被定义为任何有效数据类型，也就是说，数组元素可以是基本类型，也可以是对象或者数组。在数组中，每个元素的数据类型都相同，可以通过数组名和下标来确定每个元素，每个元素又可以是复合数据类型。建立 Java 数组需要以下三个步骤。

（1）声明数组。

（2）创建数组空间。

（3）初始化数组元素。

4.1.1　一维数组：体温记录

在医护人员的护理工作中，每天需要定时检测患者的体温等信息，如某患者每天 6 时到 10 时每小时需要测量一次体温，在这里，每次的测量结果都是相同的数据类型，所以可以使用用数组来定义患者当天所有测量的体温值。

【例 4-1】用数组模拟处理上述问题。

```java
package org.example.chapter4;

public class TemperaturesTest {
    public static void main(String[] args) {
        double temperatures[] = {36.1, 37.8, 37.9, 38.1, 37.2};
        int count = 0;
        for (int i = 0; i < temperatures.length; i++) {
            System.out.println((i + 6) + "点测量的体温为：" + temperatures[i]);
            if (temperatures[i] > 38.0) count = count + 1;
        }
        System.out.println("一共有" + count + "个时段测量的体温过高！");
    }
}
```

例 4-1 程序运行结果如图 4-1 所示。

```
6点测量的体温为：36.1
7点测量的体温为：37.8
8点测量的体温为：37.9
9点测量的体温为：38.1
10点测量的体温为：37.2
一共有1个时段测量的体温过高！
```

图 4-1　例 4-1 程序运行结果

1．一维数组的定义
语法格式：

type arrayName[ ];

其中类型（type）可以为 Java 中任意的数据类型，包括简单类型、组合类型，数组名 arrayName 为一个合法的标识符，[ ]指明该变量是一个数组类型变量。

例 4-1 中声明了一个 double 型数组：double temperatures[ ]，数组中的每个元素为 double 型数据。

2．创建数组空间
与 C、C++不同，Java 在数组的定义中并不为数组元素分配内存，因此[ ]中不用指出数组中元素的个数，即数组长度，而且对于如上定义的一个数组是不能访问它的任何元素的，必须为它分配内存空间，这时要用到运算符 new，其格式如下：

arrayName=new type[arraySize]

其中，arraySize 指明数组的长度。

如例 4-1 中的 temperatures 对象，我们可以对其分配空间：temperatures=new double[20]; 表示为一个浮点型数组分配 20 个 double 型整数所占据的内存空间。

通常，这两部分可以合在一起，格式如下：

type arrayName[ ]=new type[arraySize]

例如：

```
double temperatures[ ]=new double[20];
```

定义了一个数组，并用运算符 new 为它分配了内存空间，然后就可以引用数组中的每一个元素了。数组元素的引用方式为：

arrayName[index]

其中，index 为数组下标，它可以为整型常数或表达式。如 a[3]，b[i](i 为整型)，c[6*I] 等。下标从 0 开始，一直到数组的长度减 1。对上面例子中的 score 数组来说，它有 20 个元素，分别为：temp[0],temp[1],…,temp[19]。注意，这里没有 temp[20]。

另外，与 C、C++不同，Java 对数组元素要进行越界检查以保证安全性。同时，对于每个数组都有一个属性 length 指明它的长度，如 score.length 指明数组 score 的长度。

3．一维数组的初始化

对数组元素可以单独进行赋值，如：

```
temperatures[0]=36.1;
temperatures[1]=37.8;
…
temperatures[4]=37.2;
```

也可以在定义数组的同时进行初始化。

在例 4-1 中：

```
double temperatures[] = {36.1, 37.8, 37.9, 38.1, 37.2};
```

其中，用逗号(，)分隔数组的各个元素，系统自动为数组分配一定的空间。

4.1.2　二维数组：记录时刻与信息的绑定

在上一次的体温监测中，医护人员监测并大致记录了患者某一天的温度信息，如果需要对患者治疗期间的体温进行监测的同时准确记录其测量时间，则需要同时对两组数据进行管理，那么应该如何处理这样的问题呢？

【例 4-2】用二维数组解决上述问题（为了简便，假设记录了 5 次测量信息）。

```
package org.example.chapter4;

public class TemperaturesTime {
    public static void main(String[] args) {
        Object temperatures[][] = {{"6:21",36.1}, {"7:19",37.8}, {"8:20",37.9}, {"9:22",38.1}, {"10:30",37.2}};
        int count = 0;
```

```
        for (int i = 0; i < temperatures.length; i++) {
            System.out.println( temperatures[i][0] + "点测量的体温为： " + temperatures[i][1]);
//类型转换
            if ((double) temperatures[i][1] > 38.0) count = count + 1;
        }
        System.out.println("一共有" + count + "个时段测量的体温过高！ ");
    }
}
```

例 4-2 程序运行结果如图 4-2 所示。

6:21点测量的体温为：36.1

7:19点测量的体温为：37.8

8:20点测量的体温为：37.9

9:22点测量的体温为：38.1

10:30点测量的体温为：37.2

一共有1个时段测量的体温过高！

图 4-2　例 4-2 程序运行结果

与 C、C++一样，Java 中多维数组被看作数组的数组。例如，二维数组为一个特殊的一维数组，其每个元素又是一个一维数组。下面主要以二维数组为例进行说明，高维的情况类似。

1．二维数组的定义

语法格式：

type arrayName[ ][ ];

例 4-2 中声明了一个 Object 型数组：Object temperatures[][]，数组中包含两种类型的元素，分别是 String 和 double。

2．创建数组空间

与一维数组一样，这时对数组元素也没有分配内存空间，同样要使用运算符 new 来分配内存，然后才可以访问每个元素。

对高维数组来说，分配内存空间有以下几种方法。

（1）直接为每一维分配空间，如：

Object[ ][ ]=new Object [5][2];

（2）从最高维开始，分别为每一维分配空间，如：

Object temperatures[][]=new Object[5][];
temperatures[0]=new temperatures[2];
temperatures[1]=new temperatures[2];

对二维数组中每个元素，引用方式为 arrayName[index1][index2]，其中 index1、index2 为下标，可为整型常数或表达式，如 temperatures[1][0]等，同样，每一维的下标都从 0 开始。

3．二维数组的初始化

二维数组的初始化有两种方式。

（1）直接对每个元素进行赋值，如：

temperatures[0] [0]= "6:21";

（2）在定义数组的同时进行初始化。

在例 4-2 中：

```
Object temperatures[][] = {{"6:21",36.1}, {"7:19",37.8}, {"8:20",37.9}, {"9:22",38.1}, {"10:30",37.2}};
```

可以将二维数组看成一个表格，如将上面创建的数组 score 看成一个 5 行 2 列的表格，如表 4-1 所示。

表 4-1　二维数组 temperatures 的内部结构表

	列索引 0	列索引 1
行索引 0	temperatures [0][0]	temperatures [0][1]
行索引 1	temperatures [1][0]	temperatures [1][1]
行索引 2	temperatures [2][0]	temperatures [2][1]
行索引 3	temperatures [3][0]	temperatures [3][1]
行索引 4	temperatures [4][0]	temperatures [4][1]

4.1.3　Arrays 类的优化

Java 的 util 包中有一个 Arrays 类，它可以直接用来操作数组（如排序和搜索）。

Arrays 类的常用方法如表 4-2 所示（以方法的参数为整型数组进行说明），以下方法均可以重载。

表 4-2　Arrays 类的常用方法

方　　法	描　　述
static int binarySearch(int[] a, int key)	使用二分搜索法来搜索指定的 int 型数组，以获得指定的值
static int[] copyOf(int[] original, int newLength)	复制指定的数组，original 表示源数组，newLength 表示需要复制的长度，默认从第一个元素开始赋值
static int[] copyOfRange(int[] original, int from, int to)	将指定数组的指定范围复制到一个新数组
public static boolean equals(int[] a, int[] a2)	如果两个指定的 int 型数组彼此相等，则返回 true
static void sort(int[] a)	对指定的 int 型数组按数字升序排列
static void sort(int[] a, int fromIndex, int toIndex)	对指定 int 型数组的指定范围按数字升序排列

注意：在使用 Arrarys 类中的 binarySearch()方法前，需要使用 Arrays.sort()方法对数组进行升序排列，否则返回的数值是不确定的。

4.2　字符串处理：优化云医院中的文本信息

字符串是编程时经常使用的一种数据类型。Java 提供了两个专门处理字符串的类 java.lang.String 和 java.lang.StringBuffer 用于封装字符串。String 类给出了不变字符串的操作，StringBuffer 类则用于可变字符串处理。也就是说，String 类创建的字符串是不会改变的，而 StringBuffer 类创建的字符串可以修改。本节将学习它们的具体用法。

4.2.1 字符串的创建

在使用字符串对象之前，可以先通过下面的方式声明一个字符串：

String stringname;

字符串对象必须创建并初始化后才可以使用，下面对字符串对象 stringname 的创建和赋值进行讲述。

1．使用字符串构造方法

字符串的构造方法有以下 4 种。

（1）String()：创建一个空的字符串。

stringname=new String();

（2）String(String s)：用已有的字符串创建新的字符串对象。

stringname=new String ("aaaaaaa");

（3）String(StringBuffer buf)：用 StringBuffer 对象的内容初始化新的 String 类对象。

StringBuffer sb=newStringBuffer ("计算机");
stringname=new String (sb);

（4）String(char value[])：用已经存在的字符串来创建一个新的字符串常量。

char chars1[]={'b', 'c', 'd'};
stringname=new String(chars1);

2．使用赋值语句

对 stringname 也可以使用字符串常量直接进行赋值。例如：

String stringname="计算机";

在 Java 中，字符串常量也是以对象形式存储的，即在程序编译时 Java 会自动为每一个字符串常量创建一个对象。因此，上面这条语句其实就是将字符串对象的引用赋给了 stringname，如图 4-3 所示。

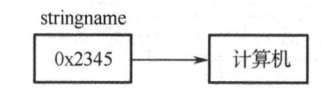

图 4-3　字符串常量赋值内存示意图

4.2.2 字符串 String 类的操作

在使用 String 类的字符串时，经常需要对字符串进行处理，以满足一定的要求。String 类中包含几个用于比较字符串操作的方法，下面对它们进行介绍。

1．获取字符串的长度

字符串是一个对象，使用 String 类中的 length()方法可以获得该字符串的长度，这里的长度指的是字符串中 Unicode 字符的数目。例如：

String stringname="逸凡";
int i=stringname.length();　　//获得该字符串的长度为 2

2．字符串的比较

比较字符串可以利用 String 类提供的下列方法。

（1）public int compareTo(String anotherString)

该方法比较两个字符串，其比较过程实际上是两个字符串中相同位置上的字符按 Unicode 中排列的顺序逐个比较。两个字符串使用该函数进行比较，比较得出的结果如果返回 0，则表示两个字符串相等；如果字符串不同，则按照每个字符进行顺位比较，如字母 c 的 Unicode 值为 99，字母 d 的 Unicode 值为 100，因此当两者比较时，前者比后者小，返回-1，反之则返回 1。例如：

```
String s1="abc";
String s2="abd";
String s3="abe"
String s4="abc";
System.out.println(s1. compareTo(s2));//结果返回为-1
System.out.println(s2. compareTo(s1));//结果返回为 1
System.out.println(s1. compareTo(s4));//结果返回为 0
```

（2）public int compareToIgnoreCase(String anotherString)

该方法比较两个字符串，但忽略字母大小写的不同。

（3）public boolean equals(Object anotherObject)

该方法比较两个字符串对象的内容是否相同，它是覆盖了 Object 类的方法，该方法比较当前字符串和参数字符串，在两个字符串相等时返回 true，否则返回 false。而操作符 "＝＝" 比较的是两个对象的内存地址是否相同，这一点请读者注意。

例如：

```
String s1=new String("abc");
String s2=new String("abc");
System.out.println(s1.equals(s2)); //输出为 true
System.out.println(s1==s2)     //输出为 false
```

（4）public boolean equalsIgnoreCase(String anotherString)

该方法和 equals 方法相似，不同的地方在于，equalsIgnoreCase 方法忽略字母大小写的不同。例如：

```
String b=("cdz");
boolean c=b.equals("Cdz");     //c 的值为 true
```

3．字符串的查找

（1）求字符串中某一位置的字符。

public char charAt(int index)

返回字符串中指定位置的字符。值得注意的是，字符串中第一个字符的索引是 0，第二个字符的索引是 1，依次类推，最后一个字符的索引是 length()-1。例如：

```
String s1 = new String ("Hello World.");
int i = s1.length();      //i = 12
char c = s1.charAt(4);    //c = 'o'
```

（2）字符串中单个字符的查找。

字符串中单个字符的查找可以利用 String 类提供的下列方法。

① **public int indexOf(char ch)**

该方法用于查找当前字符串中某一个特定字符 ch 出现的位置。该方法从头向后查找，如果在字符串中找到字符 ch，则返回字符 ch 在字符串中第一次出现的位置；如果在整个字符串中没有找到字符 ch，则返回-1。

② **public int indexOf(char ch, int fromIndex)**

该方法和第一种方法类似，不同的地方在于，该方法从 fromIndex 位置向后查找，返回的仍然是字符 ch 在字符串中第一次出现的位置。

③ **public int lastIndexOf(char ch)**

该方法和第一种方法类似，不同的地方在于，该方法返回的是字符 ch 在字符串最后一次出现的位置。

④ **public int lastIndexOf(char ch, int fromIndex)**

该方法和第二种方法类似，不同的地方在于，该方法从 fromIndex 位置向后查找，返回的是字符 ch 在字符串中最后一次出现的位置。

⑤ **public int indexOf(String str)**

该方法用于查找当前字符串中某一个特定字符串 str 出现的位置。该方法从头向后查找，如果在字符串中找到字符串 str，则返回它在字符串中第一次出现的位置；如果在整个字符串中没有找到字符串 str，则返回-1。

⑥ **public int lastIndexOf(String str)**

该方法返回的仍然是指定字符串 str 在字符串中最后一次出现的位置。

⑦ **public int indexOf(String str,int fromIndex)**

该方法从 fromIndex 位置向后查找，返回的是指定字符串 str 在字符串中第一次出现的位置。

⑧ **public int lastIndexOf(String str,int fromIndex)**

该方法从 fromIndex 位置向后查找，返回的是指定字符串 str 在字符串中最后一次出现的位置。例如：

```
String s="zuotian jintian he mingtian";
System.out.println(s.indexOf('i'));输出索引值 4
System.out.println(s.lastIndexOf('i'));输出索引值 24
System.out.println(s.indexOf("tian",7));//输出索引值 11
System.out.println(s.lastIndexOf("tian",7))//输出索引值 3
```

4．从字符串中提取子串

利用 String 类提供的 substring 方法可以从一个长的字符串中提取一个子串，该方法有两种常用的形式。

（1）**public String substring(int beginIndex)**

该方法从 beginIndex 位置开始，从当前字符串中取出剩余的字符作为一个新的字符串返回。

（2）**public String substring(int beginIndex, int endIndex)**

该方法从当前字符串中取出一个子串，该子串从 beginIndex 位置开始至 endIndex-1 位置结束。子串的长度为 endIndex-beginIndex。例如：

```
String s= "abcdef".substring (2, 5) //s ="cde"
float ab=2.23f;
String a=String.valueOf(ab);        //a 值为字符串"2.23"
System.out.print(a.substring(0,3));  //输出 2.2
```

5．字符串的连接

public String concat(String str)

该方法的参数为一个 String 类对象，其作用是将参数中的字符串 str 连接到原来字符串的后面。

6．字符串中字符大小写的转换

字符串中字符大小写的转换，可以利用 String 类提供的下列方法。

（1）**public String toLowerCase()**

该方法将字符串中所有的字符转换成小写，并返回转换后的新字符串。

（2）**public String toUpperCase()**

该方法将字符串中所有的字符转换成大写，并返回转换后的新字符串。

7．字符串中字符的替换

（1）**public String replace(char oldChar, char newChar)**

该方法用字符 newChar 替换当前字符串中所有的字符 oldChar，并返回一个新字符串。

（2）**public String replaceFirst(String regex, String replacement)**

该方法用字符串 replacement 的内容替换当前字符串中遇到的第一个和字符串 regex 相一致的子串，并将产生的新字符串返回。

（3）**public String replaceAll(String regex, String replacement)**

该方法用字符串 replacement 的内容替换当前字符串中遇到的所有和字符串 regex 相一致的子串，并将产生的新字符串返回。例如：

```
String s="china-china-china";
//下面语句输出 China-China-China
System.out.println(s.replace('c','C'));
//下面语句输出 chinese-china-china
System.out.println(s.replaceFirst("a","ese"));
//下面语句输出 chinese-chinese-chinese
System.out.println(s.replaceAll("a","ese"));
```

8．字符串转换成字符数组

（1）**public void getChars(int begin,int end,char[] ch,int dbegin)**

该方法将字符串中从 begin 开始到 end 结束的字符存放到字符数组 ch 中，ch 存放的起始位置为 dbegin。例如：

```
str="sdfafdas";
int n1=str.length();
char[] ch=new char[n1];//创建一个数组对象 ch
str.getChars(0,8,ch,0);//把字符串转换成字符数组存放到 ch 中
```

（2）**public char[] toCharArray()**

该方法将字符串转换成字符数组。例如：

```
str="sdfafdas";
char[] ch;
ch1=str.toCharArray() ;
System.out.println(ch);
{
    System.out.print(ch[k]);    //依次输出字符数组 ch 中的字符
}
```

【例 4-3】String 类的主要方法举例

```java
package org.example.chapter4;

public class StringDemo {
    public static void main(String[] args) {
        String str = "照片.xxx";
        //判断字符串 str 是否是以".gif"或者".jpg"结尾的
        if (str.endsWith(".gif") || str.endsWith(".jpg")) {
            System.out.println("OK");
        } else {
            System.out.println("后缀名不合法");
        }
        String s1 = "111";
        String s2 = "111";
        //比较字符串 s1 对象和 s2 对象的内容是否相同
        if (s1.equals(s2)) {
            System.out.println("OK");
        }
        //指定字符串的替换
        String str1= "小强爱运动，小强也喜欢唱歌";
        str1 = str1.replaceAll("小强", "很多人");
        System.out.println(str1);
        //去掉字符串首尾空格
        String str2 = "   Jack        ";
        str2 = str2.trim();
        System.out.println(str2);
        //去掉字符串中的空格
        str2 = "S t u    dy";
        str2 = str2.replaceAll(" ", "");
        System.out.println(str2);
        //类型转换
        float h = 33;
        String str3 = String.valueOf(h);
        System.out.println(str3);
        //字符串大小写的转换
        String str4 = "Study hard！ ";
        str4 = str4.toUpperCase();
        System.out.println(str4);
```

```
        String str5 = "STUDY HARD!";
        str5 = str5.toLowerCase();
        System.out.println(str5);
        //看看字符串首字母是否达到指定要求
        String str6 = "Jack fight";
        System.out.println(str6.startsWith(("J"), 0));
    }
}
```

例 4-3 程序运行结果如图 4-4 所示。

```
后缀名不合法
OK
很多人爱运动，很多人也喜欢唱歌
Jack
Study
33.0
STUDY HARD!
study hard!
true
```

图 4-4　例 4-3 程序运行结果

4.2.3　字符串 StringBuffer 类的操作

String 类是字符串常量，而 StringBuffer 类是字符串变量，它的对象是可以扩充和修改的。

1．StringBuffer 类的构造方法

StringBuffer 类的常用构造方法如下。

（1）StringBuffer()：构造一个其中不带字符的字符串缓冲区，初始容量为 16 个字符。

（2）StringBuffer(int capacity)：构造一个不带字符，但具有指定初始容量的字符串缓冲区。

（3）StringBuffer(String str)：构造一个字符串缓冲区，并将其内容初始化为指定的字符串内容。

2．StringBuffer 类的常用方法

StringBuffer 类提供了很多字符串操作方法。

（1）append 方法。

StringBuffer 类有很多重载的 append 方法，这些方法返回的类型都是 StringBuffer，它们都向字符串缓冲区"追加"元素，这个元素可以是布尔量、字符、字符数组、双精度数、浮点数、整型数、长整型数、字符串和 StringBuffer 类对象等。

（2）delete 方法。

它有两个重载的方法。

一是：**StringBuffer delete(int start,int end)**

删除当前 StringBuffer 类对象中从索引号 start 开始到 end 结束的子串。

二是：**StringBuffer deleteCharAt(int index)**

删除当前 StringBuffer 类对象中索引号为 index 的字符。

（3）insert 方法。

StringBuffer 类有很多重载的 insert 方法，这些方法返回的类型都是 StringBuffer。Insert

方法是在当前 StringBuffer 类对象中插入一个元素，在指定索引号处插入相应的值。插入的值可以是布尔量、字符、字符数组、双精度数、浮点数、整数、长整型数、对象类型、字符串等。

（4）**StringBuffer replace（int start,int end,String str）**

替换当前 StringBuffer 类对象的字符串。从 start 开始到 end 结束的位置替换成 str。

StringBuffer 类还提供了很多和 String 类相同功能的方法。例如，字符串查找 indexOf 方法和 lastIndexOf 方法，字符串替换 replace 方法，字符串长度 length 方法和提取子串 subString 方法等。具体使用方法可参看 API 手册。

【例 4-4】StringBuffer 类的主要方法举例。

```java
public class StringBufferDemo {
    public static void main(String[] args) {
        System.out.println("--------本程序输出结果如下--------");
        char c1,ch1[]=new char[13];
        String str1="";
        StringBuffer sbufstr1;
        sbufstr1=new StringBuffer("NewStrBuffer");
        //1.字符缓冲区数据转换为字符串
        System.out.println("1.字符缓冲区数据转换为字符串");
        str1=sbufstr1.toString();      //toString 方法完成转换任务
        str1=str1+":";
        System.out.println(sbufstr1);
        ch1=str1.toCharArray();
        System.out.println(ch1);
        //2.追加字符
        System.out.println("2.追加字符");
        sbufstr1=sbufstr1.append(34);
        sbufstr1=sbufstr1.append(3.1415F);
        sbufstr1=sbufstr1.append(2.17171717);
        sbufstr1=sbufstr1.append("中国");
        sbufstr1=sbufstr1.append(new StringBuffer("解放军"));
        System.out.println(sbufstr1);
        //3.插入字符
        System.out.println("3.插入字符");
        sbufstr1=sbufstr1.insert(6,"ing");
        System.out.println(sbufstr1);
        sbufstr1=sbufstr1.insert(sbufstr1.length(),":");
        System.out.println(sbufstr1);
        sbufstr1=sbufstr1.insert(0,ch1,6,3);
        System.out.println(sbufstr1);
        sbufstr1=sbufstr1.insert(0,new StringBuffer("解放军"));
        System.out.println(sbufstr1);
        sbufstr1=sbufstr1.insert(0,"中国人民");
        System.out.println(sbufstr1);
        //4.替换字符
        System.out.println("4.替换字符");
        str1="You have a";
        sbufstr1=sbufstr1.replace(0,6, str1);
```

```
            System.out.println(sbufstr1);
            //5.删除字符
            System.out.println("5.删除字符");
            sbufstr1.delete(3,6);
            System.out.println(sbufstr1);
            //6.清空字符串
            System.out.println("6.清空字符串");
            sbufstr1.setLength(0);
            sbufstr1.append("中国人民解放军");
            System.out.println(sbufstr1);
            //7.取字符
            System.out.println("7.取字符");
            c1=sbufstr1.charAt(3);
            System.out.println(c1);
            //8.取子串
            System.out.println("8.取子串");
            str1=sbufstr1.substring(3);
            System.out.println(str1);
            str1=sbufstr1.substring(3,6);
            System.out.println(str1);
            //9.字符串反转
            System.out.println("9.字符串反转");
            sbufstr1.reverse();
            System.out.println(sbufstr1);
            str1=sbufstr1.toString();
            System.out.println(str1);
            System.out.println("-------本程序输出已经结束-------");
        }
    }
```

例 4-4 程序运行结果如图 4-5 所示。

```
--------本程序输出结果如下--------
1.字符缓冲区数据转换为字符串
NewStrBuffer
NewStrBuffer:
2.追加字符
NewStrBuffer343.14152.17171717中国解放军
3.插入字符
NewStringBuffer343.14152.17171717中国解放军
NewStringBuffer343.14152.17171717中国解放军:
BufNewStringBuffer343.14152.17171717中国解放军:
解放军BufNewStringBuffer343.14152.17171717中国解放军:
中国人民解放军BufNewStringBuffer343.14152.17171717中国解放军:
4.替换字符
You have a军BufNewStringBuffer343.14152.17171717中国解放军:
5.删除字符
Youve a军BufNewStringBuffer343.14152.17171717中国解放军:
```

图 4-5   例 4-4 程序运行结果

```
        6.清空字符串
        中国人民解放军
        7.取字符
        民
        8.取子串
        民解放军
        民解放
        9.字符串反转
        军放解民人国中
        军放解民人国中
        --------本程序输出已经结束--------
```

图 4-5　例 4-4 程序运行结果（续）

4.2.4　格式化字符串

String 类的 format()方法有两种使用方式：一种是用于创建格式化的字符串；另一种是用于连接多个字符串的对象。因此，format()方法有两种重载形式。

1．public static format(String format, Object... args)

该方法使用指定的字符串格式和参数生成格式化的新字符串。新字符串始终使用本地语言环境。例如，当前日期信息在中国语言环境中的表现形式为"2007-10-27"，但是在其他国家有不同的表现形式。

语法：**String.format(format,args...)**

format：字符串格式。

args：字符串格式中由格式说明符引用的参数。如果还有格式说明符以外的参数，则忽略这些额外的参数。参数的数目是可变的，可以为 0。

2．public static format(Locale locale, String format, Object... args)

该方法使用指定的语言环境、字符串格式和参数生成一个格式化的新字符串。新字符串始终使用指定的语言环境。

语法：**String.format(locale,format,args...)**

locale：指定的语言环境。

format 和 args 参数的含义同上。

format()方法中的字符串格式参数有很多种转换符选项，如日期、整数、浮点数等。格式化字符串的转换符如表 4-3 所示。

表 4-3　格式化字符串的转换符

转　换　符	说　　　明	示　　　例
%s	字符串类型	"mingrisoft"
%c	字符类型	'm'
%b	布尔类型	true
%d	整数类型（十进制）	99
%x	整数类型（十六进制）	FF
%o	整数类型（八进制）	77
%f	浮点类型	99.99

续表

转　换　符	说　　　明	示　　例
%a	十六进制浮点类型	FF.35AE
%e	指数类型	9.38e+5
%g	通用浮点类型（f 和 e 类型中较短的）	
%h	散列码	
%%	百分比类型	%
%n	换行符	
%tx	日期和时间类型（x 代表不同的日期和时间转换符）	

还有一种快捷的方法可以使用指定格式字符串和参数将格式化的字符串写入输出流——利用 PrintStream 类的 printf 方法。

public PrintStream printf(Locale l, String format, Object... args)

参数含义同上。

例如：

```
str=String.format("Hello,%s", "逸凡");
System.out.println(str);
System.out.printf("3>7 的结果是：%b %n", 3>7);
System.out.printf("100 的一半是：%d %n", 100/2);
System.out.printf("100 的十六进制数是：%x %n", 100);
System.out.printf("100 的八进制数是：%o %n", 100);
System.out.printf("50 元的书打 8.5 折扣是：%5.2f 元%n", 50*0.85);
System.out.printf("上面的折扣是%d%% %n", 85);    }
```

printf 方法的输出结果如图 4-6 所示。

　　　　　Hello,逸凡

　　　　　3>7的结果是：false

　　　　　100的一半是：50

　　　　　100的十六进制数是：64

　　　　　100的八进制数是：144

　　　　　50 元的书打 8.5 折扣是：42.50 元

图 4-6　printf 方法的输出结果

这些字符串格式参数不但可以灵活地将其他数据类型转换成字符串，而且可以与各种标志组合在一起，生成各种格式的字符串。

4.2.5　格式化日期和时间

在程序界面中经常需要显示时间和日期，但是其显示的格式经常不尽如人意，需要编写大量的代码经过各种算法才得到理想的日期与时间格式。在表 4-3 字符串的转换符中还有%tx转换符没有详细介绍，它是专门用来格式化日期和时间的。%tx 转换符中的 x 代表不同的日期和时间转换符，它们的组合能够将日期和时间格式化为多种格式。下面将深入学习格式化日期和时间的方法。

1. 常见日期和时间格式化

格式化日期和时间的转换符定义了各种格式化日期字符串的方式，其中常见的日期和时间的组合格式如表 4-4 所示。

表 4-4　常见的日期和时间的组合格式

转　换　符	说　　明	示　　例
c	包括全部日期和时间信息	星期二　四月　08 22:22:19 CST 2014
F	"年-月-日"格式	2014-4-08
D	"月/日/年"格式	04/08/14
r	"HH:MM:SS PM"格式（12 时制）	10:22:19 下午
T	"HH:MM:SS"格式（24 时制）	22:22:19
R	"HH:MM"格式（24 时制）	22:22

2. 格式化日期字符串

定义日期格式的转换符可以使日期通过指定的转换符生成新字符串。这些日期格式转换符如表 4-5 所示。

表 4-5　日期格式转换符

转　换　符	说　　明	示　　例
b 或 h	月份简称	中：四月；英：Oct
B	月份全称	中：四月；英：April
a	星期的简称	中：星期二；英：Tues
A	星期的全称	中：星期二；英：Tuesday
C	年的前 2 位数字（不足 2 位前面补 0）	20
y	年的后 2 位数字（不足 2 位前面补 0）	14
Y	4 位数字的年份（不足 4 位前面补 0）	2014
j	一年中的天数（即年的第几天）	098
m	2 位数字的月份（不足 2 位前面补 0）	04
d	2 位数字的日（不足 2 位前面补 0）	08
e	月份的日（前面不补 0）	4

3. 格式化时间字符串

和日期格式转换符相比，时间格式的转换符要更多、更精确。它可以将时间格式化成时、分、秒甚至毫秒等单位。时间格式转换符如表 4-6 所示。

表 4-6　时间格式转换符

转　换　符	说　　明	示　　例
H	2 位数字 24 时制的小时（不足 2 位前面补 0）	22
I	2 位数字 12 时制的小时（不足 2 位前面补 0）	10
k	2 位数字 24 时制的小时（前面不补 0）	22

续表

转　换　符	说　　　明	示　　　例
l	2 位数字 12 时制的小时（前面不补 0）	10
M	2 位数字的分钟（不足 2 位前面补 0）	22
S	2 位数字的秒（不足 2 位前面补 0）	19
L	3 位数字的毫秒（不足 3 位前面补 0）	015
N	9 位数字的毫秒数（不足 9 位前面补 0）	562000000
p	小写字母的上午或下午标记	中：下午；英：PM
z	相对于 GMT 的 RFC822 时区的偏移量	+0800
Z	时区缩写字符串	CST
s	1970-1-1 00:00:00 到现在所经过的秒数	1193468128
Q	1970-1-1 00:00:00 到现在所经过的毫秒数	1193468128984

【例 4-5】下面举例来说明格式化日期和时间。

```java
package org.example.chapter4;

import java.util.Date;
public class FormatDate {
    public static void main(String[] args) {
        Date date=new Date();                       //创建日期对象
        //格式化输出日期或时间
        String str=String.format("全部日期和时间信息：%tc%n",date);
        System.out.print(str);
        //下面使用各种转换符格式化当前系统的时间，并通过 System.out.printf()方法输出
        System.out.printf("月/日/年格式：%tD%n",date);
        System.out.printf("HH:MM:SS PM 格式（12 时制）：%tr%n",date);
        System.out.printf("本地星期的简称：%tA%n",date);
        System.out.printf("一年中的天数（即年的第几天）：%tj%n",date);
        System.out.printf("年的前两位数字（不足两位前面补 0）：%tC%n",date);
        System.out.printf ("小写字母的上午或下午标记（中）：%tp%n",date);
        System.out.printf("相对于 GMT 的 RFC822 时区的偏移量：%tz%n",date);
        System.out.printf("1970-1-1 00:00:00 到现在所经过的秒数：%ts%n",date);
    }
}
```

例 4-5 程序运行结果如图 4-7 所示。

全部日期和时间信息：周日 9月 22 19:51:37 CST 2024
月/日/年格式：09/22/24
HH:MM:SS PM格式（12时制）：07:51:37 下午
本地星期的简称：星期日
一年中的天数（即年的第几天）：266
年的前两位数字（不足两位前面补0）：20
小写字母的上午或下午标记（中）：下午
相对于GMT的RFC822时区的偏移量：+0800
1970-1-1 00:00:00 到现在所经过的秒数：1727005897

图 4-7　例 4-5 程序运行结果

4.2.6　病历信息采集与处理

1. 背景

在医疗领域，病历信息是医生进行诊断和治疗的重要依据。随着信息化的发展，电子病历系统逐渐普及，使得病历信息的存储、检索和处理变得更加高效。然而，对初学者来说，理解复杂的电子病历系统可能存在一定的难度。因此，我们设计了一个简易的病历信息处理系统，旨在通过简单的字符串和数组操作，展示病历信息的基本处理方法。

2. 功能特点

信息封装：通过 PatientRecord 类，将患者的姓名、年龄和病史描述等信息封装在一起，便于管理和处理。

字符串处理：患者的姓名和病史描述以字符串的形式存储，展示了字符串在病历信息处理中的应用。

数组应用：病史描述使用字符串数组存储，可以容纳多个病史条目，展示了数组在处理多条信息时的优势。

信息展示：通过 displayRecord 方法，将病历信息以清晰的格式展示出来，便于查看和理解。

3. 操作流程

创建病历信息：在 MedicalRecordProcessor 类中，定义一个病史描述数组，并创建 PatientRecord 类对象，将患者的姓名、年龄和病史描述传递给构造函数。

展示病历信息：调用 PatientRecord 类对象的 displayRecord 方法，将病历信息展示在控制台上。

【例 4-6】病历信息存储与输出展示。

```java
public class PatientRecord {
    private String name;
    private int age;
    private String[] medicalHistory;

    //构造函数
    public PatientRecord(String name, int age, String[] medicalHistory) {
        this.name = name;
        this.age = age;
        this.medicalHistory = medicalHistory;
    }
    public String[] getMedicalHistory() {
        return medicalHistory;
    }

    //展示病历信息的方法
    public void displayRecord() {
        System.out.println("患者姓名: " + name);
        System.out.println("患者年龄: " + age);
        System.out.println("病史描述:");
```

```
        for (String history : medicalHistory) {
            System.out.println(" - " + history);
        }
    }
}

public class MedicalRecordProcessor {
    public static void main(String[] args) {
        //定义病史描述数组
        String[] medicalHistory = {
            "2021 年 3 月，因感冒就诊，服用抗生素后康复。",
            "2022 年 7 月，体检发现血压升高，医生建议注意饮食。",
            "无其他重大疾病史。"
        };

        //创建 PatientRecord 对象
        PatientRecord patient = new PatientRecord("张三", 45, medicalHistory);

        //展示病历信息
        patient.displayRecord();
    }
}
```

例 4-6 程序运行结果如图 4-8 所示。

```
"C:\Program Files\Java\jdk-17.0.11\bin\java.exe"
患者姓名：张三
患者年龄：45
病史描述：
 - 2021年3月，因感冒就诊，服用抗生素后康复。
 - 2022年7月，体检发现血压升高，医生建议注意饮食。
 - 无其他重大疾病史。
```

图 4-8　例 4-6 程序运行结果

小　　结

　　本章主要介绍了一维数组和二维数组的创建和使用方法，要注意的是，数组的下标是从 0 开始的，最后一个元素的下标总是数组长度减 1。Arrays 类是 Java 常用的工具类，它提供了各种方法对数组进行操作，更详细的方法可以查阅 API 文档。

　　Java 常使用 String 类和 StringBuffer 类操作字符串，String 类对象为不可变对象，一旦被创建，就不能修改它的值。对于已经存在的 String 类对象的修改都是重新创建一个新的对象，然后把新的值保存进去。这样原来的对象就没用了，要被垃圾回收，这也是影响性能的。String 类是 final 类，即不能被继承。如果对字符串中的内容经常进行操作，那么使用 StringBuffer 的 append 和 insert 等方法改变字符串值时只是在原有对象存储的内存地址上进行连续操作，这样就减少了资源的开销。如果最后需要 String 类,那么使用 StringBuffer 类的 toString()方法即可。

String 类的 format()方法用于创建格式化的字符串以及连接多个字符串对象,format()方法中的字符串格式参数不但可以灵活地将其他数据类型转换成字符串,而且可以与各种标志组合在一起,生成各种格式的字符串。字符串格式转换符中的%tx 是专门用来格式化日期和时间的。%tx 转换符中的 x 代表不同的日期和时间转换符,它们的组合能够将日期和时间格式化为多种格式。

习　　题

4-1　输出一维整型数组中的值最小的那个元素及其下标。

4-2　计算二维数组中各行元素之和并查找其值最大的那个行。

4-3　编写程序,将二维数组中的行列互调显示出来,如下所示。

```
1 3 5            1 2 3
2 4 6显示出的结果为3 4 5
3 6 9            5 6 9
```

4-4　编程实现打印输出字符串数组中的最大值和最小值。提示:按照字典顺序决定字符串的最大值和最小值,字典中排在后面的大于前面的。

4-5　声明一个字符串,然后将该字符串按照下标的奇偶数分割为两个字符串。例如,"abcdefghij"分割为"acegi"和"bdfhj"。

4-6　新建一个 Date 类对象,以三种不同格式输出日期和时间。

4-7　计算 2010 年和 1987 年之间相隔的天数(提示:使用日历类 java.util.Calendar)。

实验三　餐饮后台管理系统——数组和字符串

实验目标

深入理解数组和字符串在编程语言中的概念、特点和用法,能够熟练运用数组和字符串相关的操作和方法。掌握如何创建、初始化、访问和修改数组,以及如何处理不同维度的数组,如一维数组(用于存储菜品列表、订单编号等)和二维数组(用于存储员工排班表等)。熟悉字符串的各种操作,包括拼接、分割、查找、替换等,能够在餐饮后台管理系统中有效地处理菜品名称、客户备注等字符串信息。

实验任务

1. 实验 1

实验内容:

使用数组存储菜品名称和价格信息。设计一个功能,能够根据用户输入的菜品名称,快速查找并返回该菜品的价格。

实现一个功能,将所有菜品名称以特定格式(如逗号分隔)输出到控制台,以方便管理人员查看。

实验难点：

高效地实现菜品名称到价格的查找，尤其是当菜品数量较多时，需要考虑查找算法的效率。

处理可能出现菜品名称不唯一的情况，以及如何准确地输出所有菜品名称的格式。

实验提示：

可以使用关联数组来存储菜品名称和价格的对应关系，提高查找速度。

在输出菜品名称时，可以使用循环遍历数组，并使用特定的字符串拼接方法来实现所需格式。

2．实验 2

实验内容：

利用字符串处理功能，对客户订单中的备注信息进行分析。提取特殊要求（如少辣、加冰等），并将其与订单相关信息关联起来，以便厨房和服务人员查看。

设计一个功能，将订单状态（如已下单、制作中、已送达等）以字符串形式存储在数组中，并能够根据订单编号快速查找并返回相应的订单状态。

实验难点：

准确地识别和提取备注信息中的特殊要求，可能需要使用正则表达式或字符串分割等方法。

高效地实现订单状态的查找，同时要确保数组中的订单状态与实际订单一一对应。

实验提示：

可以使用以订单编号为索引的关联数组来存储订单状态，以方便快速查找。

同时可拓展学习使用正则表达式（java.util.regex）或字符串分割函数（split）来处理备注信息，提取关键内容。

第5章　面向对象编程——构建云医院系统的核心模块

【知识要点】
● 类的定义与声明
● 对象的创建与使用
● 构造方法的定义与重载
● 成员变量与局部变量
● 成员方法的定义与调用
● static 关键字的使用
● this 关键字的使用
● 封装的概念与实现（private 修饰符）
● 访问权限修饰符（public、protected、default、private）

【简介】

本章介绍面向对象编程的基础概念，包括类和对象的定义、构造方法的使用、成员变量和成员方法的定义，以及封装和访问控制的概念等。读者将学习如何设计和使用类，以及如何创建和操作对象。

【场景】

在医院管理系统中，可以将患者、医生、管理员等人员创建为一个类，通过定义成员变量来存储患者的基本信息，定义成员方法来操作这些信息。通过本章的学习，读者将学会如何设计和使用类，并且能够通过熟练地创建对象来存储和管理信息。

5.1　类的设计：云医院中的实体与行为

面向对象编程（Object-Oriented Programming，OOP）是一种基于对象和类的编程范式，旨在通过模拟现实世界中的实体及其交互行为来设计和开发软件系统。面向对象的核心思想是将程序中的数据和操作数据的方法封装在一起，通过类和对象来组织程序的结构和逻辑。

在 Java 中，类是面向对象的基本构建块，它定义了一类对象的属性和行为。类可以看作对象的模板或蓝图。通过类的实例化，可以创建多个具有相似属性和行为的对象。对象则是类的具体实例，表示现实世界中的某个具体实体。每个对象都有自己的状态（由类的属性决定）和行为（由类的方法定义）。

5.1.1　患者类定义

类是组成 Java 程序的基本要素。类封装了一类对象的状态和方法。类是用来定义对象的模板。可以用类创建对象，当使用一个类创建一个对象时，也就是说给出了这个类的一个实例。

在语法上，类由两部分构成：类声明和类体。基本格式为：

> **[修饰符]　class　类名**
> **{**
> **类体**
> **}**

其中，"修饰符"用于控制类的被访问权限与类的类别。class 是关键字，用来定义类，"class 类名"是类的声明部分，类名必须是合法的 Java 标识符。两个花括号"{""}"以及之间的内容称作类体。

类的名字不能是 Java 中的关键字，要符合标识符规定，即名字可以由字母、下画线、数字或美元符号组成，并且第一个字符不能是数字。当给类命名时，最好遵守下列习惯。

（1）如果类名使用拉丁字母，那么名字的首字母使用大写字母，如 Hello、Time、People 等。

（2）类名最好容易识别、见名知意。当类名由几个"单词"复合而成时，每个单词的首写字母使用大写，如 BeijingTime、AmericanGame、HelloChina 等。

接下来看一个简单的案例，近期某种病毒传播性较强，感染的患者到医院就诊时，均需要进行下列检查，其中包含：患者编号、姓名、性别、年龄、白细胞计数、C 反应蛋白、红细胞沉降率、血清学检测、核酸检测、干扰素水平、病毒载量检测等，医生根据检测结果对症下药。

下面用面向对象的方法来设计完成这个任务。

【例 5-1】定义一个检测结果报告单类 LabReport。

```java
package org.example.chapter5;
public class LabReport {
    public String patientId; //患者编号
    public String name; //姓名
    public String gender; //性别
    public int age; //年龄

    public double wbc; //白细胞计数
    public double crp; //C 反应蛋白
    public double esr; //红细胞沉降率
    public String ste; //血清学检测
    public boolean pcr; //核酸检测，假设用布尔值表示是否为阳性
    public double ifnl;  //干扰素水平
    public double vl;   //病毒载量检测

    public LabReport() {
    }
```

```java
        public LabReport(String patientId, double wbc, double crp, double esr, String ste, boolean pcr, double ifnl,
double vl) {
            this.patientId = patientId;
            this.wbc = wbc;
            this.crp = crp;
            this.esr = esr;
            this.ste = ste;
            this.pcr = pcr;
            this.ifnl = ifnl;
            this.vl = vl;
        }
        /*重写 toString()方法，用来返回一个患者的检验报告单的信息*/
        @Override
        public String toString() {
            return "LabReport [" +
                    "patientId='" + patientId + '\'' +
                    ", name='" + name +
                    ", gender='" + gender +
                    ", age=" + age +'\n' +
                    "wbc=" + wbc +'\n' +
                    "crp=" + crp +'\n' +
                    "esr=" + esr +'\n' +
                    "ste='" + ste + '\n' +
                    "pcr=" + pcr +'\n' +
                    "ifnl=" + ifnl +'\n' +
                    "vl=" + vl +
                    ']';
        }
    }
```

在例 5-1 中，每个患者的检测报告单都要有编号、姓名、年龄以及各项检测指标，所以把它抽象成了一个 LabReport 类。

"类体"是类的具体描述内容，包含成员变量、成员方法、构造方法，还可以包含类、接口等，其中最重要的是成员变量与成员方法。通过变量声明定义的变量，称作成员变量或域，用来刻画类创建的对象的属性；成员方法用来描述实体所应该具备的行为能力。

5.1.2　类中的成员变量

我们已经知道了类体主要分为成员变量和成员方法，变量定义部分所定义的变量被称为类的成员变量。而在方法体中定义的变量和方法的参数被称为局部变量。成员变量在整个类内都有效，局部变量只在定义它的方法内有效。

1. 成员变量

成员变量又分为实例成员变量（简称实例变量）和类变量（也称静态变量），如果成员变量的类型前面加上关键字 static，这样的成员变量就称为类变量或静态变量。类变量的概念在后续章节中讲解。

实例变量定义的格式为：

[修饰符] 数据类型 成员变量名

例如，在上述 LabReport 类的定义中：

```
public class LabReport{
public String patientId; //患者编号
    public String name; //姓名
    public String gender; //性别
    public int age; //年龄
}
```

patientId、namc、gcnder 等都是成员变量。

成员变量在整个类内都有效，与它在类体中书写的先后位置无关，在定义类的成员变量时也可以同时赋初值，表明类所创建的对象的初始状态。

需要注意的是，对成员变量的操作只能放在方法中，类的成员类型中可以有数据和方法，即数据的定义和方法的定义，但没有语句，语句必须放在方法中。

2．局部变量

而在 public LabReport(String patientId, double wbc, double crp, double esr, String ste, boolean pcr)方法中定义的同名参数都是局部变量。

如果局部变量的名字与成员变量的名字相同，则成员变量被隐藏，即这个成员变量在这个方法内暂时失效，这时如果想在该方法内使用成员变量，则必须使用关键字 this。例如，例 5-1 中的构造方法（部分）：

```
public LabReport(String patientId, double wbc, double crp, double esr, String ste, boolean pcr) {
        this.patientId = patientId;
        this.wbc = wbc;
        this.crp = crp;
        this.esr = esr;
        this.ste = ste;
        this.pcr = pcr;
    }
```

这里的 this.patientId，thıs.wbc，this.crp，this.esr，this.ste，this.pcr 表示的就是成员变量 patientId、wbc、crp、esr、ste、pcr。

5.1.3　类中的成员方法

与成员变量一样，成员方法也分为静态和非静态两种形式，分别称作静态方法（类方法）与实例方法，这里先介绍实例方法，有关静态方法的相关内容将在后面讲述。

1．实例方法的定义

Java 语言规定，实例方法的定义格式为：

[修饰符] 返回类型 成员方法名（参数列表）[throws 异常类型列表] {
成员方法体
}

其中，修饰符决定了成员方法的被访问权限，返回类型是成员方法的返回结果类型，成员方法名的命名既要符合 Java 标识符的定义规则，又要遵循第 2 章所讲的 Java 的命名规范。

例如，在 LabReport 类中定义的 getInfor()方法，一看就知道这是得到一个成绩报告单信息的方法。

2．构造方法

构造方法是具有特殊地位的成员方法，供类创建对象时使用，用来给出类所创建对象的初始状态。它的具体定义格式为：

> [修饰符] 类名 （参数列表）

构造方法是一种特殊方法，它的名字必须与它所在类的名字完全相同，由于它的主要作用是初始化成员变量，因此它不返回任何数据类型，但在构造方法中 void 必须省略不写。

Java 允许一个类中可以有若干个构造方法，但这些构造方法的参数必须不同，即或者是参数的个数不同，或者是参数的类型不同。

在例 5-1 中，LabReport 类提供了两种构造方法：一种是无参构造方法 public LabReport()，另一种是带参构造方法 public LabReport(String patientId, double wbc, double crp, double esr, String ste, boolean pcr)。

Java 的类中如果没有显示定义构造方法，那么它默认提供一个无参构造方法。如果类里定义了一个或多个构造方法，那么 Java 不提供默认的构造方法。

3．方法重载

方法重载是指一个类中可以有多个方法具有相同的名字，但这些方法的参数必须不同，即或者是参数的个数不同，或者是参数的类型不同。方法的返回类型和参数的名字不参与比较，也就是说，如果两个方法的名字相同，即使类型不同，也必须保证参数不同。

Java 的成员方法包括构造方法都可以重载，如例 5-1 的 LabReport 类就有两个参数不同的构造方法，即构造方法进行了重载。

5.2　对象创建与使用：云医院系统的具化

类是创建对象的模板，当使用一个类创建了一个对象时，也就是说给出了这个类的一个实例。创建一个对象包括对象的声明和为对象分配成员变量两个步骤。

在上面的讲解中，我们已经知道 LabReport 类是如何定义的了，现在如果想要创建两个患者的检测报告单，该如何去完成呢？

【例 5-2】创建两个患者的检测报告单。

```
package org.example.chapter5;

public class TestLabReport {
    public static void main(String[] args) {
        LabReport l1 = new LabReport("P001",
                8.0, 11.0, 20.0,
                "正常",true, 51.0, 1020.0);
        LabReport l2;
        LabReport l3;
```

```
        l2 = new LabReport("P002",
                7.5, 10.0, 20.0,
                "正常",true, 50.0, 1000.0);

        l3 = l2;
        System.out.println("-----患者 1 的检测信息如下：------");
        System.out.println(l1.toString());
        System.out.println("-----患者 2 的检测信息如下：------");
        System.out.println(l2.toString());

        String hexWithPrefix = "0x" + Integer.toHexString(l3.hashCode());
        System.out.println(hexWithPrefix);
    }
}
```

例5-2程序运行结果如图5-1所示。

```
"C:\Program Files\Java\jdk-17.0.11\bin\java.exe" "-javaagent:D:\JetBrain
-----患者1 的检测信息如下：------
LabReport [patientId='P001', name='null, gender='null, age=0
wbc=8.0
crp=11.0
esr=20.0
ste='正常
pcr=true
ifnl=51.0
vl=1020.0]
-----患者2 的检测信息如下：------
LabReport [patientId='P002', name='null, gender='null, age=0
wbc=7.5
crp=10.0
esr=20.0
ste='正常
pcr=true
ifnl=50.0
vl=1000.0]
0xb1bc7ed
```

图 5-1　例 5-2 程序运行结果

5.2.1　患者类对象创建

创建对象包括对象的声明和为声明的对象分配成员变量两个步骤。

1．对象的声明

一般格式为：

类的名字　对象名字;

例如：

LabReport l2;

声明对象变量 l2 后，l2 对象的内存中还没有任何数据，这时的 l2 称为一个空对象。

例如在例 5-2 中：

```
LabReport l2;
```

未分配实体的对象如图 5-2 所示。

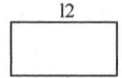

图 5-2　未分配实体的对象

空对象不能使用，因为它还没有得到任何"实体"，必须进行为声明的对象分配内存的步骤，即为对象分配实体。

2．为声明的对象分配成员变量

使用 new 运算符和类的构造方法为声明的对象分配成员变量，如果类中没有构造方法，系统就会调用默认的构造方法（默认的构造方法是无参的，读者一定还记得构造方法的名字必须和类名相同这一规定），上述的 **LabReport** 类提供了两个构造方法，下面都是合法的创建对象的语句：

```
LabReport l1 = new LabReport();
```

或

```
LabReport l1 = new LabReport("P001",
                 8.0, 11.0, 20.0,
                 "正常",true, 51.0, 1020.0);
```

或

```
LabReport l2;
l2 = new LabReport("P002",
                 7.5, 10.0, 20.0,
                 "正常",true, 50.0, 1000.0);
```

如果 **LabReport** 类只定义了一个带参的构造方法，那么这时由于 **Java** 将不再提供默认的无参构造方法，所以如下创建对象就成了非法的。

```
LabReport l1 = new LabReport();
```

创建对象会实现下述两件事。

（1）为成员变量分配内存空间，然后执行构造方法中的语句。如果成员变量在声明时没有指定初值，所使用的构造方法也没有对成员变量进行初始化操作，那么：对于整型的成员变量默认初值是 0；对于浮点型变量默认初值是 0.0；对于布尔型变量默认初值是 false；对于引用类型变量默认初值是 null。

（2）给出一个信息，也就是获得一个引用，确保这些变量是属于该对象的，即这些内存单元将由此对象操作管理。

执行如下语句：

```
l2 = new LabReport("P002",
                 7.5, 10.0, 20.0,
                 "正常",true, 50.0, 1000.0);
```

内存模型由声明对象时的模型（见图 5-2）变成如图 5-3 所示的模型，箭头示意对象可以操作这些属于该对象的变量。

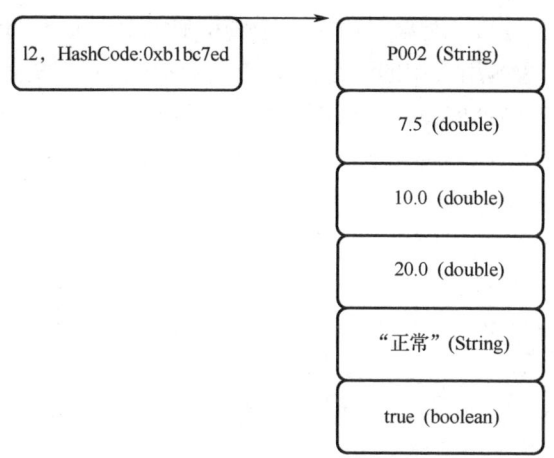

图 5-3　分配实体后的对象

（3）创建多个不同的对象。

一个类通过使用 new 运算符可以创建多个不同的对象，这些对象将被分配不同的内存空间，因此，改变其中一个对象的状态不会影响其他对象的状态。例如，使用前面的 LabReport 类创建两个对象：l1 和 l2。

当创建对象 l1 时，LabReport 类中的成员变量被分配内存空间，并返回一个引用给 LabReport；当再创建一个 l2 对象时，LabReport 类中的成员变量 patientId、wbc、crp、esr、ste、pcr 再一次被分配内存空间，并返回一个引用给 LabReport，如图 5-4 所示。

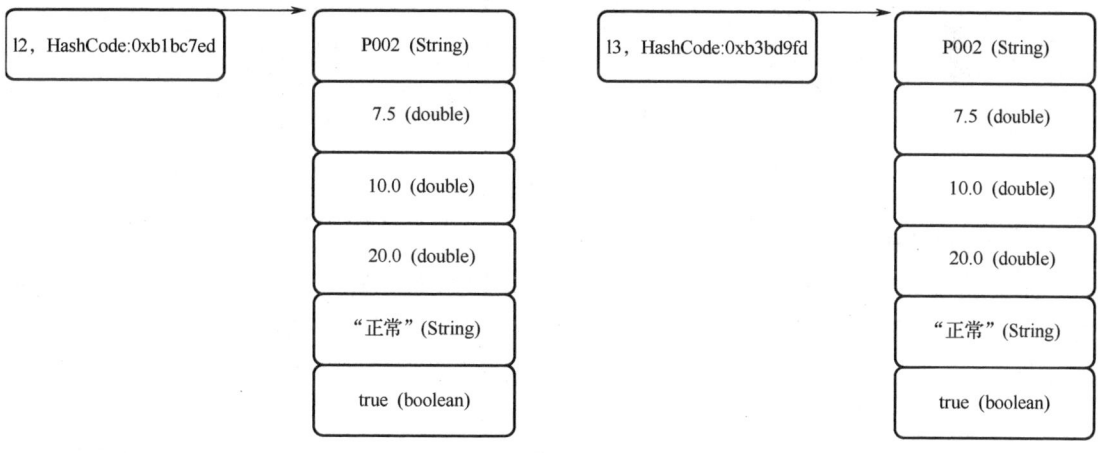

图 5-4　创建不同实例对象

5.2.2　对象的使用

1. 使用对象

对象不仅可以操作自己的变量来改变状态，而且拥有使用创建它的那个类中的方法的能力，对象通过使用这些方法可以产生一定的行为。

通过使用运算符"."，对象可以实现对自己的变量访问和方法的调用。

（1）对象操作自己的变量（对象的属性）。由于经常把类的成员变量定义成 private（私有的），所以对象操作自己的变量时都是通过 get 或 set 方法实现的。

（2）对象调用类中的方法（对象的功能）。例如，l1.toString()（通过例 5-2 中的对象 l1 调用 toString()方法）；当对象调用类中的一个方法时，方法中的局部变量被分配内存空间，方法执行完成后，局部变量即刻释放内存。局部变量声明时必须事先为其赋值，它没有默认值。

由前面的知识点可知，当用类创建一个对象时，成员变量被分配内存空间，这些内存空间称作该对象的实体或变量，而对象中存放着引用，以确保这些变量由该对象操作使用。因此，如果两个对象有相同的引用，那么就具有同样的实体。

例如，在例 5-2 中加入如下语句：

```
...
LabReport l3;
l3 = l2;
...
```

这时对象 l2 和 l3 就具有相同的引用，也就具有同样的实体了，如图 5-5 所示。

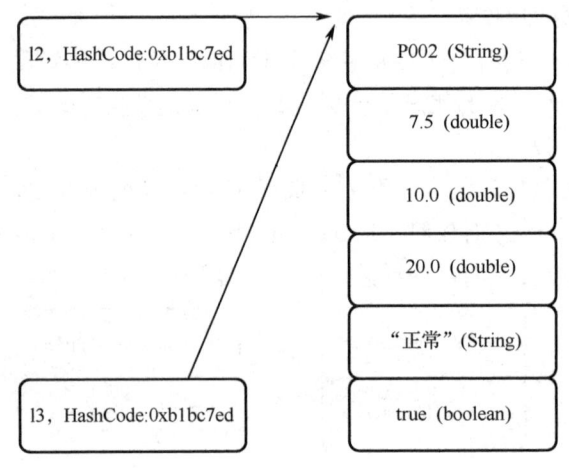

图 5-5　l3 和 l2 对象的引用图

2. "垃圾收集"机制

Java 具有"垃圾收集"机制，Java 的运行环境周期性地检测某个实体是否已不再被任何对象所引用，如果发现这样的实体，就释放实体占有的内存。因此，Java 编程人员不必像 C++ 程序员那样，要时刻自己检查哪些对象应该释放内存。当把变量 l2 赋给 l1 后，最初分配给对象 l1 的成员变量（实体）所占有的内存就会被释放。

没有实体的对象称作空对象。空对象不能使用，即不能让一个空对象去调用方法产生行为。假如程序中使用了空对象，程序在运行时就会出现异常：NullPointerException。由于对象是动态地分配实体，所以 Java 的编译器对空对象不做检查。因此，在编写程序时要避免使用空对象。

5.2.3　对象间的数据交互

当方法被调用时，如果方法有参数，则参数必须实例化，即参数变量必须有具体的值。

方法调用根据参数传值的情况又分为基本数据类型参数的传值和引用类型的传值两种。

形参和实参有如下基本规则。

（1）形参和实参的类型必须一致，或者要符合隐含转换规则。

（2）若形参类型不是引用类型，则在调用该方法时，它是按值传递的。运行时，形参和实参是不同的变量，它们在内存中位于不同的位置，形参将实参的值复制一份，在该方法运行结束时形参被释放，而实参的值不会改变。

（3）若形参类型是引用类型，则在调用该方法时，是按引用传递的。运行时，传给方法的是实参的地址，在方法体内部使用的也是实参的地址，即使用的就是实参本身对应的内存空间。所以，在方法体内部可以改变实参的值。

【例 5-3】基本数据类型做参数。

```java
package org.example.chapter5;
public class A {
    public void f(double y){
            y=y+10;
            System.out.println("参数 y 的值是："+y);
        }
    public static void main(String[] args) {
        int x=10;
        A a=new A();
        a.f(x);
        System.out.println("方法调用之后 x 的值是："+x);
    }
}
```

例 5-3 程序运行结果如图 5-6 所示。

参数y的值是：20.0
方法调用之后x的值是：10

图 5-6　例 5-3 程序运行结果

上面的结果显示当方法体内的参数 y 的值发生了改变时，实参 x 的值不变。

【例 5-4】将两个医生对象作为参数。

```java
package org.example.chapter5;
public class Doctor {
    private String name;
    public Doctor(String name) {
        this.name = name;
    }
    //将两个 Doctor 对象互换
    public static void swap(Doctor d1,Doctor d2){
        Doctor tempDr = d1;
        d1 = d2;
        d2 = tempDr;
        System.out.println(d1.name   + " " + d2.name);
```

```
    }
    //修改其中一个 Doctor 对象的属性
    public static void rename(Doctor d,String str){
        d.name = str;
        System.out.println(d.name);
    }
    public static void main(String[] args) {
        Doctor doctor1 = new Doctor("李时珍");
        Doctor doctor2 = new Doctor("张仲景");
        swap(doctor1,doctor2);
        System.out.println(doctor1.name +" " + doctor2.name);
        rename(doctor1,"华佗");
        System.out.println(doctor1.name);
    }
}
```

例 5-4 程序运行结果如图 5-7 所示。

```
张仲景 李时珍
李时珍 张仲景
华佗
华佗
```

图 5-7　例 5-4 程序运行结果

上面的结果显示，虽然形参 d1、d2 的内容互换了，但实参 doctor1、doctor2 并没有互换内容。这里面最重要的原因就在于形参 d1、d2 是实参 doctor1、doctor2 的地址复制。而且如果在方法体内改变了 d 的 name 值，实参 doctor1 的 name 属性也就被改变了。

所以，Java 对象参数传递虽然传递的是地址（引用），但仍然是值调用。

5.3　static 关键字

在 Java 中，static 表示"全局"或者"静态"的意思，用来修饰成员变量和成员方法，也可以形成静态代码块，被 static 修饰的成员变量和成员方法独立于该类的任何对象，所以也称之为类变量和类方法。

只要这个类被加载，Java 虚拟机就能根据类名在运行时元数据所存储的方法区内定找到它们。因此，static 声明过的成员变量和成员方法可以在它的任何对象创建之前访问，无须引用任何对象。

类中定义的静态代码块会优先于构造块执行，而且不管有多少个对象，静态代码块只执行一次。

5.3.1　类变量

声明为 static 的变量实质上就是类变量，也就是全局变量或者静态变量。当声明一个对象时，并不产生 static 变量的复制，而是该类所有的实例对象共用同一个 static 变量。它不依赖类特定的实例，被类的所有实例共享（因此可以用来统计一个类有多少个实例化对象），类变量在类装载时，只分配一块存储空间，所有此类的对象都可以操控此块存储空间。

引用类变量的格式：

类名.类变量

例如，可以对例 5-1 程序做出如下改进。

【例 5-5】例 5-1 程序的改进。

```
package org.example.chapter5;
public class NewLabReport{
/*先定义检测报告单的属性，和例 5.1 内容一样先定义检测报告单的属性*/
static int count;  //定义类变量，用来统计生成检测报告单对象的个数
    public NewLabReport() {
        count=count+1;
    }
    public NewLabReport(String patientId, double wbc, double crp, double esr, String ste, boolean pcr,
double ifnl, double vl){
        ···//同例 5.1 一样为各个成员变量赋值
        count=count+1;
    }
...
}
```

【例 5-6】创建关于 NewLabReport 类的对象，统计一共生成了多少份检测报告单。

```
public class TestScoreCard1 {
    public static void main(String[] args) {
···//此处的代码与例 5-2 相同，但需要注意的是，将实体类换成 NewLabReport
System.out.println("一共生成了"+NewLabReport.count+"份检测报告单");
    }
}
```

该程序运行结果为："一共生成了 2 份检测报告单"。可见，只要创建一个 NewLabReport 类的对象，count 的值就会被加 1。

由此可见，如果类中的成员变量有类变量，那么所有对象的该类变量都被分配给相同的一处内存，改变其中一个对象的类变量会影响其他对象的类变量，也就是说，对象共享类变量。static 变量类似于 C 语言中的全局变量。

5.3.2　类方法

在类中定义了用 static 修饰的方法就称之为类方法，也叫静态方法。类方法和实例方法不同，实例方法的调用必须使用本类的对象才可以，而类方法无须本类的对象即可调用此方法。

调用一个静态方法的格式：

类名.方法名

在上述的讲述过程中完成了检验报告单类的制作，可以想象，这份检验报告单应该适合多个部门使用，如何做到在报告单中更换部门科室的信息呢？

如果用此类为"外科"生成检测报告单，可以编写如下程序。

【例 5-7】在报告单中更换科室的信息。

```java
package org.example.chapter5;public class LabReport3{
/*先定义检测报告单的属性*/
  public static String depart="外科";      //科室
    private String patientId;        //患者编号
    …  //代码同例 5.1
  public static String getDepart() {
      return depart;
  }
  public static void setDepart(String depart) {
      LabReport3.depart = depart;
  }
  …
/*重写 toString()方法，用来返回一个患者的检验报告单的信息*/
    @Override
    public String toString() {
        return "LabReport [" +
                "depart='" + depart + '\'' +
                "patientId='" + patientId + '\'' +

    }
}
```

【例 5-8】创建一份化验的检测报告单。

```java
package org.example.chapter5;
public class TestLabReport3 {
    public static void main(String[] args) {
        LabReport3.setDepart("血液科");
        LabReport3 l1 = new LabReport3("P002","刘虎","男",29,
                7.5, 10.0, 20.0,
                "正常",true, 50.0, 1000.0   );
        System.out.println("-----患者 1 的检测信息如下：------");
        System.out.println(l1.toString());
    }
}
```

例 5-8 程序运行结果如图 5-8 所示。

```
-----患者1 的检测信息如下：------
LabReport [科 室='血液科'，患者编号='P002'，姓名='刘虎'，性别='男'，年龄='29'
白细胞计数=7.5
C反应蛋白=10.0
红细胞沉降率=20.0
血清学检测='正常
核酸检测=true
干扰素水平=50.0
病毒载量检测=1000.0]
```

图 5-8　例 5-8 程序运行结果

声明为 static 的方法有以下几条限制。

（1）它们仅能调用其他的 static 方法。

（2）它们只能访问 static 数据。

（3）它们不能以任何方式引用 this 或 super。

通常，静态方法常常为应用程序中的其他类提供一些实用工具，在 Java 的类库中，大量的静态方法正是出于此目的而定义的。

5.4　this 关键字

Java 的 this 关键字只能用于方法的方法体内。当一个对象创建后，Java 虚拟机（JVM）就会给这个对象分配一个引用自身的指针，这个指针的名字就是 this。因此，this 只能在类的非静态方法中使用，静态方法和静态的代码块中绝对不能出现 this。并且 this 只和特定的对象关联，而不和类关联，同一个类的不同对象有不同的 this。

this 引用有以下三种用法。

1．指代对象本身

在方法中，当需要引用该方法所属类的当前对象时，直接用 this。

2．访问本类的成员变量

语法格式如下：

this. 成员变量

当方法的参数或者方法中的局部变量和成员变量同名时，成员变量被屏蔽，此时要访问成员变量则需要用"this.成员变量名"的方式来引用成员变量。当然，在没有同名的情况下，可以直接用成员变量的名字，而不用 this，但用了也不算错。

3．调用本类重载的构造方法

语法格式如下：

this（[参数列表]）

注意，它仅仅在类的构造方法中调用，别的地方不能调用。而且这时只能调用一个构造方法且必须位于该方法的第一句。

【例 5-9】改写 LabReport3 类的构造方法如下，新添加一个构造方法。

```
public LabReport3() {
}

public LabReport3(String patientId, String name, String gender, int age) {
        this.patientId = patientId;
        this.name = name;
        this.gender = gender;
        this.age = age;
}

public LabReport3(String patientId, String name, String gender, int age, double wbc, double crp, double esr,
String ste, boolean pcr, double ifnl, double vl) {
```

```
//          this.patientId = patientId;
//          this.name = name;
//          this.gender = gender;
//          this.age = age;
            this(patientId,name,gender,age); /* 调用本类中的构造方法替换原本的内容，但需要注意的是，
本类构造方法的调用必须放在第一行声明*/
            this.wbc = wbc;
            this.crp = crp;
            this.esr = esr;
            this.ste = ste;
            this.pcr = pcr;
            this.ifnl = ifnl;
            this.vl = vl;
        }
```

其实这些用法都是从对"this 是指向对象本身的一个指针"这句话更深入的理解而来的，死记硬背容易忘记且容易搞错，要理解。

5.5　包的概念

为了更好地组织类，Java 提供了包机制。包是类的容器，用于分隔类名空间。如果没有指定包名，则所有示例都属于一个默认的无名包。

Java 中的包一般均包含相关的类，例如，所有关于交通工具的类都可以放到名为 Transportation 的包中。

5.5.1　包语句

1. 包声明语句

Java 可以使用 package 指明源文件中的类属于哪个具体的包。包语句的格式为：

package pkg1[. pkg2[. pkg3…]];

程序中如果有 package 语句，该语句一定是源文件中的第一条可执行语句，它的前面只能有注释或空行。另外，一个文件中最多只能有一条 package 语句。

包的名字有层次关系，各层之间以点分隔。包层次必须与 Java 开发系统的文件系统结构相同。通常包名全部用小写字母，这与类名以大写字母开头，且各字的首字母也大写的命名约定有所不同。

当使用包说明时，程序中无须再引用 import 同一个包或该包的任何元素。import 语句只用来将其他包中的类引入当前名字空间中，而当前包总是处于当前名字空间中。

注意，系统自动引入 java.lang 包中的所有类，因此不需要再显示地使用 import 语句引入该包的所有类。Java.lang 包是 Java 的核心类库，它包含了运行 Java 程序必不可少的系统类。

如果文件声明如下：

package java.awt.image

则此文件必须存放在 Windows 的 java\awt\image 目录下或 Unix 的 java/awt/image 目录下。

2．Java 标准包

Java 标准库被分类成许多包，Java 标准包是分层次的，就像在硬盘上嵌套有各级子目录一样，可以通过层次嵌套组织包。最高一级的包名是 java 和 javax，其下一级的包名有 lang、util、net、io 等。Java 标准库中的类就是通过图 5-9 这种嵌套的关系来组织的。

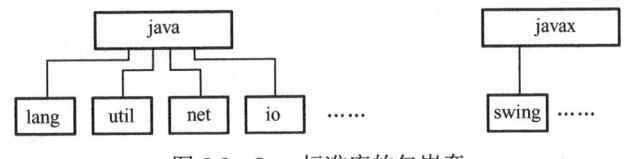

图 5-9　Java 标准库的包嵌套

5.5.2　包引用

在程序中需要使用包中的类，这样就必须把类所在的包引用到所需要的程序里。下面介绍两种引用包的方法。

例如：Math 类，它的位置是 java.lang.Math。

1．类名前加上完整的包名

例如：

```
public class test{
    public static void main(String args[ ]){
    java.util.Date    now = new java.util.Date( );//指明引用 java.util 包中的类 Date
        System.out.println(now);
    }
}
```

2．使用 import 语句导入包

其格式为：

```
import    类名;
```

在程序的开头位置写该语句。

功能：把该类的搜索位置导入到程序中。告诉 Java 编译器在程序中找不到该类的定义时去搜索位置上查找该类，如果还找不到则会出错。例如：

```
import    java.util.Date;        //加入导包语句
public class test
    {public static void main(String args[])
    {Date    now = new Date( ); //此处不用指出 Date 所在的包了
        System.out.println(now);
    }
    }
```

一旦使用 import（导入）以后，就不再需要给出完整的包名了。

可以引入一个特定的类，也可以引入整个包。

例如：可以通过下面的语句引入在 java.util 包中所有的 public 类：

```
import    java.util.*;        //引入 java.util 包中所有的 public 类，包括 Date 类
public class test{
```

```
public static void main(String args[]){
    Date   now = new Date( );
    System.out.println(now);
}
}
```

5.6　封装与访问权限：保护云医院数据安全

5.6.1　访问权限修饰符

一个 Java 应用有很多类，但是有些类并不希望被其他类使用，并且在每个类中都有对应的属性和方法，而并不是每个属性和方法都允许在其他类中被调用。那么如何能做到访问控制呢？这就需要使用访问权限修饰符。

Java 有 4 种访问权限修饰符（访问控制符），包括 public、protected、default、private。它们分别代表不同的访问权限。如果省略，则被视为使用了 default 作为访问极限修饰符。

从字面含义上理解，很显然，这几个访问权限修饰符（public→protected→default→private）所代表的访问权限等级是依次递减的。那么，所谓的访问权限是相对什么来说的呢？这个问题的答案就是，这里的权限针对的内容为：是不是同一个类、是不是属于同一个包、是不是存在父类子类关系。

1．私有访问权限

使用 private 修饰的成员变量以及成员方法称为私有变量和私有方法。只有在本类中创建该类的对象时，这个对象才能访问自己的私有成员变量和类中的私有方法。和它的名字"私有"一样，类中限定为 private 的成员只能被这个类本身访问，在类外不可见。该修饰符不能修饰类。

2．包访问权限或无关键字

如果不指定任何访问权限修饰符，则默认为包访问权限。这种权限的成员可以被同一个包内的任何其他类访问，但不能被包外的类访问。

3．受保护的访问权限

这种权限的成员可以被其所在类、同一个包内的其他类以及所有子类（无论子类位于哪个包）访问。

4．公共访问权限

使用 public 修饰的成员变量和成员方法称为共有变量和共有方法，被其修饰的成员变量和成员方法可以在任何一个类中访问，它也是最宽松的访问级别。

下面用表 5-1 来展示 4 种 Java 访问权限修饰符之间的异同点。

表 5-1　Java 访问权限修饰符

	同 一 个 类	同 一 个 包	不同包的子类	不同包的非子类
private	√			
default	√	√		
protected	√	√	√	
Public	√	√	√	√

需要注意的是，protected 和 private 是不能用来修饰类的，对于用 public 修饰的类可以在任何另一个类中使用该类创建对象；没有任何修饰符的类（友好类），在另一个类中创建该类对象时要保证它们在同一个包中。

5.6.2　封装对患者信息的保护

通过前面的学习，读者已经对类的创建以及对象的使用有了基本的认识，那么读者有没有发现在创建类的属性时，一般使用 private 进行权限声明，同时在其内部添加了 getter 和 setter 方法，像这种操作使得其他外部类不能够直接获取本类中的数据，这种形式就称为封装。接下来具体了解什么是封装。

1．封装的定义

封装，即隐藏对象的属性和实现细节，仅对外公开接口，控制在程序中属性的读和修改的访问级别。它通过将对象的数据和行为（或功能）包装在一起，形成一个独立的整体，从而提高代码的安全性、可维护性和复用性。

2．封装的作用

数据隐藏与保护：封装可以将对象的数据（属性）私有化，仅通过对外提供的公共接口（方法）来访问这些数据。这样，外部代码就无法直接访问或修改对象的内部数据，从而提高了数据的安全性和稳定性。

提高代码的可维护性：由于封装隐藏了对象的实现细节，当对象内部实现发生变化时，只要对外提供的接口保持不变，就不会影响外部代码的使用。这大大降低了代码之间的耦合度，提高了代码的可维护性。

增强代码的重用性：封装将相关的属性和方法封装在一起，形成一个独立的模块或类。这些模块或类可以在不同的场景下被重用，提高了代码的重用性。

简化编程：通过封装，程序员可以将复杂的系统分解成多个简单的模块或类，每个模块或类都专注于完成一个特定的任务。这样，每个模块或类的功能都变得相对简单和清晰，从而简化了编程工作。

3．封装的实现

在面向对象编程中，封装主要通过访问权限修饰符（如 private、protected、public）来实现。在前面介绍的知识点中已经讲解了什么是访问权限修饰符，在实际应用中，最常用作封装的修饰符是 private，其安全级别是最高的，所以设计 getter 和 setter 方法的目的也就不言而喻了，这主要是为了提供给外部访问形式，能够获取被封装属性的值。

【例 5-10】使用权限控制符与封装实现对患者检测信息的保护。

```java
package org.example.chapter5;
public class LabReport {
    private String patientId; //患者编号
    private String name; //姓名
    private String gender; //性别
    private int age; //年龄

    private double wbc; //白细胞计数
    private double crp; //C 反应蛋白
```

```java
    private double esr; //红细胞沉降率
    private String ste; //血清学检测
    private boolean pcr; //核酸检测，假设用布尔值表示是否为阳性
    private double ifnl;   //干扰素水平
    private double vl;    //病毒载量检测
```

/*在检测报告单中定义如下 get 和 set 成员方法，通过这些方法可以得到相关属性的值或给这些属性注入值*/

```java
    public String getPatientId() {
        return patientId;
    }
    public void setPatientId(String patientId) {
        this.patientId = patientId;
    }
    public String getName() {
        return name;
    }
    public void setName(String name) {
        this.name = name;
    }
    public String getGender() {
        return gender;
    }
    public void setGender(String gender) {
        this.gender = gender;
    }
    public int getAge() {
        return age;
    }
    public void setAge(int age) {
        this.age = age;
    }
    public double getWbc() {
        return wbc;
    }
    public void setWbc(double wbc) {
        this.wbc = wbc;
    }
    public double getCrp() {
        return crp;
    }
    public void setCrp(double crp) {
        this.crp = crp;
    }
    public double getEsr() {
        return esr;
    }
    public void setEsr(double esr) {
```

```java
        this.esr = esr;
    }
    public String getSte() {
        return ste;
    }
    public void setSte(String ste) {
        this.ste = ste;
    }
    public boolean isPcr() {
        return pcr;
    }
    public void setPcr(boolean pcr) {
        this.pcr = pcr;
    }
    public double getIfnl() {
        return ifnl;
    }

    public void setIfnl(double ifnl) {
        this.ifnl = ifnl;
    }

    public double getVl() {
        return vl;
    }

    public void setVl(double vl) {
        this.vl = vl;
    }
    …… //省略其余代码
```

小　　结

本章介绍了类的构建、对象的初始化和 Java 的垃圾回收机制。现实生活中的事物都可以抽象为对象，Java 类是对象的抽象，它包含了成员变量和成员方法，用以实现封装的目的。

被 static 修饰的成员变量称为类变量，被 static 修饰的成员方法称为类方法，类方法与类变量都依赖类而非对象，可以不创建对象直接通过类来调用访问；this 用来指代对象本身，用以访问自身的成员变量、成员方法或调用本类其他的构造方法。

Java 提供了包机制，很好地解决了名字空间冲突的问题，通过 package 关键字创建包，通过 import 引入包。Java 提供了丰富的类库，可以通过 import 引入之后，使用其中定义的类。

类成员可以使用 private、protected、public 与 default 这 4 种访问控制符来修饰，类可以使用 public 和 default 两种访问控制符。

通过本章的学习，读者可以初步了解面向对象程序设计思想及其产生的原因。类的复用达到了对 Java 代码的复用，可以通过具体的 Java 标准类库来获得这种扩展。

习　　题

5-1　解释什么是面向对象编程（OOP）。

5-2　请描述类的定义与声明过程，并说明类中成员变量和成员方法的作用。

5-3　下列哪个关键字用于创建对象的实例？

A．class　　　　　　　B．new　　　　　　　C．object　　　　　　　D．instance

5-4　什么是构造方法？构造方法重载的条件是什么？

5-5　举例说明成员变量与局部变量的区别，并说明它们的作用域。

5-6　在 Java 中，如果一个类的方法需要访问该类的另一个方法，但不想通过对象来调用，应该使用哪个关键字？

A．this　　　　　　　B．super　　　　　　　C．static　　　　　　　D．class

5-7　解释封装的概念，并说明使用 private 修饰符实现封装的好处。

5-8　下列哪个访问权限修饰符允许类中的成员被同一个包内的其他类以及不同包中的子类访问？

A．public　　　　　　　　　　　　　　　B．protected

C．private　　　　　　　　　　　　　　　D．default（或称为包访问权限）

5-9　请解释 static 关键字的作用，并说明在什么情况下在类中使用 static 变量或方法。

5-10　在面向对象编程中，下列哪个选项不是类的基本组成部分？

A．成员变量　　　　B．局部变量　　　　C．构造方法　　　　D．成员方法

5-11　近期医院来了一批新的医疗设备（见下表），需要录入，并统计件数，每件医疗设备都包含以下属性：设备编号 deviceID、设备名称 deviceName、设备价格 price、设备产地 origin、设备类型 type，请设计实体类和测试方法，完成数据的录入和统计。

设 备 编 号	设 备 名 称	设备价格（元）	设 备 产 地	设 备 类 型
EQ001	高级 CT 扫描仪	1,500,000	德国	影像诊断
EQ002	全自动生化分析仪	800,000	美国	实验室设备
EQ003	电动手术床	200,000	中国	手术器械
EQ004	心脏起搏器	50,000	日本	植入式医疗设备
EQ005	超声波治疗仪	350,000	韩国	理疗设备

实验四　餐饮后台管理系统——面向对象编程基础

实验目标

深入理解面向对象编程的核心概念，包括类、对象、封装、继承、多态等，能够准确解释这些概念在餐饮后台管理系统中的具体含义和应用场景。掌握如何在编程语言中定义类和创建对象，熟悉类的成员变量和成员方法的使用，能够根据餐饮后台管理系统的需求设计合理的类结构。理解封装的重要性，学会使用访问权限修饰符来控制类成员的可见性，确保数

据的安全性和完整性。认识继承和多态在代码复用和扩展性方面的优势，能够运用继承和多态来构建层次化的类结构，提高代码的可维护性和可扩展性。

实验任务

1. 实验 1

实验内容：

设计一个"菜品"类，包含菜品名称、价格、分类等属性，以及获取菜品信息的方法。创建多个菜品对象，并将它们存储在一个数组中。实现一个功能，可以根据菜品名称或分类查找特定的菜品对象。

为"菜品"类添加一个方法，用于计算该菜品的折扣价格（假设根据不同的促销活动有不同的折扣率）。

实验难点：

设计合理的类结构，确保属性和方法能够准确地反映菜品的特征和行为。高效地实现查找功能，尤其是在处理大量菜品对象时。正确计算折扣价格，考虑不同的折扣规则和边界情况。

实验提示：

仔细考虑菜品的属性和行为，确保类的设计具有良好的封装性和可扩展性。可以使用循环遍历数组进行查找，也可以考虑使用更高效的数据结构（如哈希表）来提高查找速度。在计算折扣价格时，可以将折扣率作为参数传递给方法，以便灵活地调整折扣。

2. 实验 2

实验内容：

创建一个"员工"类，包含员工姓名、职位、工作时间等属性，以及计算员工工资的方法（根据职位和工作时间计算不同的工资）。创建多个员工对象，并将它们存储在一个列表中。

实现一个功能，可以根据员工姓名查找特定的员工对象，并显示其详细信息。另外，设计一个方法，用于统计特定职位的员工数量。

实验难点：

确定合理的员工属性和计算工资的逻辑。高效地实现查找和统计功能。处理可能出现的同名员工情况。

实验提示：

参考实际的餐饮行业员工情况来设计类的属性和方法。可以使用遍历列表的方式进行查找和统计，也可以考虑使用字典等数据结构来提高效率。对于同名员工，可以通过添加唯一标识（如员工编号）来区分。

3. 实验 3

实验内容：

设计一个"订单"类，包含订单编号、客户信息、菜品列表、订单状态等属性，以及添加菜品、修改订单状态等方法。创建多个订单对象，并将它们存储在一个集合中。

实现一个功能，可以根据订单编号查找特定的订单对象，并显示其详细信息。另外，设计一个方法，用于统计特定时间段内的订单数量。

实验难点：

设计复杂的订单类，确保能够准确地表示订单的状态和行为。高效地实现查找和统计功能，尤其在处理大量订单对象时。正确管理菜品列表，确保添加和删除菜品的操作正确无误。

实验提示：

仔细分析订单的业务流程，确定合理的属性和方法。可以使用哈希表等数据结构来快速查找订单对象。在管理菜品列表时，可以使用列表或集合来存储菜品对象，并确保添加和删除操作的正确性。

第6章 继承与多态——云医院系统的扩展与维护

【知识要点】
- 继承的概念与实现（extends 关键字）
- 方法重写（@Override 注解）
- super 关键字的使用
- 多态的概念与实现
- 抽象类的定义与使用（abstract 关键字）
- 接口的定义与实现（interface 关键字）

【简介】

本章介绍面向对象编程中的继承与多态。读者将学习如何通过继承来复用代码，如何通过方法重写来实现多态，以及如何使用抽象类和接口来定义通用的行为。

【场景】

在医院管理系统中，通常会设计一个基类来表示所有类型的患者，然后通过继承来定义具体类型的患者，如住院患者和门诊患者等。通过本章的学习，读者将学会如何通过继承与多态来设计和实现灵活的医院管理系统。

6.1 继承机制：构建云医院系统的层级结构

6.1.1 子类、父类与患者信息

1. 继承的定义

在面向对象程序设计中，继承是不可或缺的一部分。通过继承可以实现代码的重用，提高程序的可维护性。

继承一般是指晚辈从父辈那里继承财产，也可以说是子女拥有父母所给予他们的东西。在面向对象程序设计中，继承的含义与此类似，所不同的是，这里继承的实体是类。继承就是子类可以使用父类的部分或者全部属性和行为的过程。

在医院中存在各种类型的患者，但是这些患者又具有相同的属性和行为，这时就可以编写一个 Patient 类（该类中包括所有患者均具有的属性和行为），即父类。

【例 6-1】定义父类 Patient。

```java
package org.example.chapter6;
public class Patient {
    //基本属性
    private String id; //患者 ID
    private String name; //患者姓名
    private int age; //年龄
    private String gender; //性别
    private String roomNumber; //病房号
    private boolean isAdmitted; //是否已入院

    //构造方法
    public Patient() {
    }

    public Patient(String id, String name, int age, String gender, String roomNumber, boolean isAdmitted) {
        this.id = id;
        this.name = name;
        this.age = age;
        this.gender = gender;
        this.roomNumber = roomNumber;
        this.isAdmitted = isAdmitted;
    }
    ......//这里省略 getter 和 setter 方法，读者自行添加即可

    //覆盖 toString 方法以便打印患者信息
    @Override
    public String toString() {
        return "Patient{" +
                "id='" + id + '\'' +
                ", name='" + name + '\'' +
                ", age=" + age +
                ", gender='" + gender + '\'' +
                ", roomNumber='" + roomNumber + '\'' +
                ", isAdmitted=" + isAdmitted +
                '}';
    }
}
```

编写好的 Patient 类和之前所掌握的类没有什么区别，然而对不同的患者而言又具有其自己的属性和行为。这时就可以编写一个特殊的类，如心脏病患者类，由于心脏病患者也属于患者之一，所以它具有患者类所共有的属性和行为。因此，在编写心脏病患者类时，可以使 CardiacPatient 类继承父类 Patient。这样不但可以节省程序的开发时间，而且提高了代码的可重用性。

注意：Java 所有的类都是从系统提供的放在 java.lang 程序包中 Object 类继承而来的，Object 类是所有类的顶级类。换句话说，每个类都有直接父类，有的类没有指明它的直接父类（如在以前所写的许多类），但都隐含着直接父类 Object。

2. 子类对象的创建

在类的声明中，可以通过使用关键字 extends 来显示地指明其父类。格式为：

[修饰符] class 子类名 extends 父类

有时子类为了和父类保持一致或者为了开发方便，就用到了继承机制。由于子类将继承父类的所有字段（包括成员变量和常量）和方法，即父类的所有字段和方法都自动成为子类的字段和方法，因此，子类体内只需写出新增的字段和方法。

注意：Java 和 C++不一样，Java 只支持单继承而不支持多继承，即一个类只能有一个基类，一个基类可以派生出多个类。

【例 6-2】创建一个 CardiacPatient 类去继承 Patient 类。

```java
public class CardiacPatient extends Patient {
    //心脏病患者特有的属性
    private String heartCondition; //心脏状况描述

    //构造方法，调用父类的构造方法
    public CardiacPatient(String id, String name, int age, String gender, String roomNumber, boolean isAdmitted, String heartCondition) {
        super(id, name, age, gender, roomNumber, isAdmitted); //调用父类的构造方法
        this.heartCondition = heartCondition;
    }

    //getter 和 setter 方法
    public String getHeartCondition() {
        return heartCondition;
    }

    public void setHeartCondition(String heartCondition) {
        this.heartCondition = heartCondition;
    }
    //覆盖 toString 方法，包含心脏病患者的额外信息
    @Override
    public String toString() {
        return super.toString() + ", heartCondition='" + heartCondition + "'";
    }
}
```

CardiacPatient 类是 Patient 类的子类，它继承了父类的所有方法（除了构造方法）。

【例 6-3】下面来实例化一个心脏病患者类的对象并打印他的相关信息。

```java
package org.example.chapter6;
public class TestCardiacPatient {
    public static void main(String[] args) {
        //创建一个心脏病患者的实例
        CardiacPatient patient = new CardiacPatient("001", "张三", 60, "男", "101", true, "心肌缺血");
        //打印心脏病患者的信息
        System.out.println(patient);
```

```
    }
}
```

例 6-3 程序运行结果如图 6-1 所示。

```
Patient [
id='001'
name='张三'
age=60
gender='男'
roomNumber='101'
isAdmitted=true
]
heartCondition='心肌缺血'
```

图 6-1　例 6-3 程序运行结果

6.1.2　继承的实现

1. 继承的原则

父类的私有属性和私有方法，子类是不能直接访问的，所以在很多书上提到子类不能继承其父类中 private 的成员，这种说法是不严谨的。在一个子类被创建时，Java 首先会在内存中创建一个父类对象，然后在父类对象外部放入子类独有的属性，两者合起来形成一个子类的对象。所以所谓的继承是使子类拥有父类所有的属性和方法其实可以这样理解：子类对象确实拥有父类对象中所有的属性和方法，但是父类对象中的私有属性和方法，子类是无法访问的，只是拥有，但不能使用。概括地说，子类能否直接使用继承的父类属性和行为就要看父类属性和行为的权限了。

就像在上面的 CardiacPatient 类中，当实例化一个 CardiacPatient 对象时，其实同时实例化了一个 Patient 对象。Patient 对象不能直接使用继承的 name 和 age 属性（因为它们是私有属性），但是可以通过继承的 toString() 方法，或者使用在父类中提供的 getter 方法去间接访问 name 和 age。

2. 使用 super( ) 调用父类的构造方法

在上面的实例中，实际上在子类 CardiacPatient 的构造方法中隐含了一个 super() 方法。该方法表示调用父类（即超类）的构造方法。需要注意的是，我们也可以使用 super(参数类型　参数名, 参数类型　参数名, …)这样的格式来调用父类重载后的含参构造方法。

如果希望在调用 Patient 类的构造方法时可以直接为属性初始化，那么在 Patient 类中增添如下构造方法。

```
public Patient(String name,int age)
    {
        this.setName(name) ;
        this.setAge(age) ;
    }
```

同时也为 CardiacPatient 类增加如下带参构造方法：

```
public CardiacPatient (String name,int age,String heartCondition)
    {
        //直接指明调用父类中有两个参数的构造方法
        super(name,age) ;
        this. heartCondition = heartCondition;
    }
```

那么，TestCardiacPatient 类可以对 CardiacPatient 类实例化：

```
CardiacPatient patient = new CardiacPatient("张三", 60, "心肌缺血") ;
```

6.1.3　成员变量的隐藏与方法的重写

1．成员变量的隐藏

成员变量的隐藏指的是，在子类中声明了与父类中同名的成员变量时，子类中的这个成员变量会隐藏（或者说遮蔽）从父类继承的同名成员变量。这里的"隐藏"并不意味着父类的成员变量被删除或不可访问，而是说在子类的作用域内，如果不通过特定的方式（如使用 super 关键字），子类就优先使用自己声明的同名成员变量。

成员变量隐藏的特性如下。

（1）名字相同：成员变量的隐藏发生在子类声明了与父类同名的成员变量时，这些成员变量的类型可以相同，也可以不同。

（2）作用域限制：在子类中，直接通过变量名访问的将是子类自己声明的成员变量，而非从父类中继承的同名的成员变量。

（3）与修饰符无关：成员变量的隐藏与这些变量的修饰符（如 public、protected、private）无关。即使父类和子类中同名变量的修饰符不同，隐藏依然会发生。

（4）与类型无关：隐藏的发生并不依赖于成员变量的类型是否相同。即使父类和子类中同名变量的类型不同，隐藏依然会存在。

【例 6-4】定义一个父类 Doctor，再定义两个子类 Physician 和 Surgeon，用子类的成员变量隐藏继承的成员变量。

```
package org.example.chapter6.demo6_4;

public class Doctor {
    public static String position = "医生";
    public int age = 26;
}

public class Physician extends Doctor{
    //隐藏父类的静态成员变量
    public String position = "内科医生";
    //隐藏父类的实例变量
    public int age = 48;
}

public class Surgeon extends Doctor{
    public static String position = "外科医生";
```

```
        public int age = 45;
}

//编写测试类
package org.example.chapter6.demo6_4;

public class TestDoctor {
    public static void main(String[] args) {
        Doctor doctor = new Doctor();
        Physician physician = new Physician();
        Surgeon surgeon = new Surgeon();
        System.out.println(doctor.position + " " + doctor.age);
        System.out.println(physician.position + " " + physician.age);
        System.out.println(surgeon.position + " " + surgeon.age);
    }
}
```

例 6-4 程序运行结果如图 6-2 所示。

医生　26
内科医生　48
外科医生　45

图 6-2　例 6-4 程序运行结果

上述程序中的子类对象 physician 和 surgeon 都有它们自己具体的属性和属性值，因为属性名和父类重名，因此隐藏了父类的属性，只显示自己的属性值。

2. 方法的重写

在 Java 中，子类可继承父类的方法，而不需要重新编写相同的方法。但有时子类并不想原封不动地继承父类的方法，而是想做一定的修改，这就需要采用方法重写了。方法重写又称方法覆盖。如果需要使用父类中原有的方法，可使用 super 关键字，该关键字引用了当前类的父类。如果需要覆盖父类中的方法，或者替换父类中的同名方法，即进行方法重写，则必须遵循以下几个关键特性。

（1）方法名相同：子类中重写的方法必须与父类中被重写的方法具有完全相同的名称。

（2）参数列表相同：这包括参数的类型、顺序和数量。子类和父类方法的参数列表必须完全一致。

（3）返回类型兼容：子类重写方法的返回类型应该与父类被重写方法的返回类型相同，或者是其子类（在 Java 5 及以后版本中，如果父类被重写方法的返回类型是协变返回类型，则子类重写方法的返回类型可以是更具体的类型）。

（4）访问权限不能更严格：子类重写方法的访问权限不能低于父类中被重写方法的访问权限。例如，如果父类被重写方法是 protected，那么子类重写方法也必须是 protected 或更宽松的 public。

（5）抛出异常限制：子类重写方法可以抛出与父类被重写方法相同的异常，或者是该异常的子类，但不能抛出新的或者更广泛的检查型异常（运行时异常可以随意抛出）。

（6）静态方法不能被重写：如果父类中的方法是静态的，则子类中的同名同参数列表的方法也被视为新的静态方法，而不是父类方法的重写。静态方法是属于类的，而不是类的实例，因此它们不能被重写。

（7）final 方法不能被重写：如果父类中的方法是 final，那么它不能被子类重写。

（8）构造方法不能被继承，因此不能被重写：构造方法是用来初始化对象的，它们不是继承自父类，因此不能被重写。子类可以定义自己的构造方法，但这并不算是重写了父类的构造方法。

与此同时，方法重写是实现多态性的关键机制之一，它允许通过父类类型的引用来调用在运行时实际对象所属类的方法重写。这种机制增强了程序的灵活性和可扩展性，后续会进一步说明。

例如，针对子类 CardiacPatient，以不变的权限可以复写父类的 toString() 方法：

```java
//覆盖父类的 toString 方法，包含心脏病患者的额外信息
@Override
public String toString() {
    return super.toString() + "heartCondition='" + heartCondition + '\'';
}
```

那么，TestCardiacPatient 类可以对 CardiacPatient 类对象输出信息：

```java
CardiacPatient patient = new CardiacPatient("001", "张三", 60, "男", "101", true, "心肌缺血");
System.out.println(patient);
```

这时调用的 toString( ) 方法，是子类中的 toString( ) 方法，它已经覆盖了父类的同名方法。

6.1.4　向上转型

1. 向上转型的定义

向上转型（Upcasting）是一种将子类的引用类型转换为父类（或接口）的引用类型的过程。这种转换是自动的，因为子类继承了父类的所有非私有属性和方法，所以将子类的实例视为父类的实例在逻辑上是安全的。

例如，B 类是 A 类的子类或间接子类，当用 B 类创建对象 b 并将这个对象 b 的引用赋给 A 类对象 a 时，则称 A 类对象 a 是子类 B 对象 b 的上转型对象。例如：

```java
A a;
a = new B();
```

或者

```java
A a;
B b = new B();
a = b;
```

【例 6-5】定义一个父类 Staff 和它的子类 Nurse，子类重写了父类的同名方法，并且具有自己特有的行为。

```java
package org.example.chapter6.demo6_5;
```

```
class Staff{
    public String getName(){
        return "员工";
    }
    public String work(){
        return "好好工作";
    }
    public void introduce(){
        System.out.println("我是" + getName() + ",  " + work());
    }
}

class Nurse extends Staff {
    public String getName(){
        return "护士";
    }
    public String work(){
        return "护理病人";
    }
    public void task(){
        System.out.println("确保病人尽快康复");
    }
}
```

编写测试类：

```
package org.example.chapter6.demo6_5;

public class TestStaff {
    public static void main(String[] args) {
        Staff staff = new Staff();
        staff.introduce();

        Nurse nurse = new Nurse();
        nurse.introduce();      //调用父类中的方法
        nurse.task();

        Staff nurse1 = new Nurse(); //这里的 nurse1 就是上转型对象
        nurse1.introduce();

        nurse = (Nurse) nurse1;   //将上转型对象强制转换为子类对象
        nurse.introduce();
        nurse.task();    //这时 nurse 对象又具有子类 Nurse 所有的属性和行为了
    }
}
```

例 6-5 程序运行结果如图 6-3 所示。

　　　　我是员工，好好工作
　　　　我是护士，护理病人
　　　　确保病人尽快康复
　　　　我是护士，护理病人
　　　　我是护士，护理病人
　　　　确保病人尽快康复

图 6-3　例 6-5 程序运行结果

2．转型对象的性质

从例 6-5 中可以看出，对象 nurse 的上转型对象 nurse1 的实体是由子类 Nurse 创建的，但是上转型对象会失去子类的一些属性和功能。上转型对象具有以下特点。

（1）上转型对象不能操作子类新增的成员变量，不能使用子类新增的方法。也就是说，相较子类，上转型对象失去一些属性和功能，这些属性和功能是新增的。例如，例 6-5 中上转型对象 nurse1 不能调用子类的 task() 方法。

（2）上转型对象可以操作子类继承或隐藏的成员变量，也可以使用子类继承的或重写的方法。也就是说，上转型对象可以操作父类原有的属性和功能，无论这些方法是否被重写。

（3）上转型对象调用隐藏的成员变量或者被子类重写的方法时，就是调用子类的成员变量和子类重写过的方法。

（4）可以将对象的上转型对象再强制转换成一个子类对象，强制转换过的对象具有子类所有属性和功能。例如，例 6-5 中上转型对象 nurse1 强制转换成子类对象 nurse 后，它就可以调用 task() 方法了。

6.2　多态的应用：云医院中的多元化组合

6.2.1　多态的概念

当一个类有很多子类时，并且这些子类都重写了父类中的某个方法，那么当把子类创建的对象的引用放到一个父类的对象中时，就得到了该对象的一个上转型对象。这个上转型对象在调用这个方法时就可能具有多种形态，因为子类在重写父类的方法时可能产生不同的行为。多态就是指同一个行为具有多个不同表现形式或形态的能力。

在生物学上，多态表现得尤为显著，如遗传多态性，它是指在一个生物群体中，同一基因座位上存在着两种或多种等位基因，且每一种等位基因在群体中的频率都大于 1% 的现象。这种多态性在人群中普遍存在，是导致人类表型差异（如肤色、血型、药物代谢能力等）的重要原因。

6.2.2　多态的实现

实现多态需要具备三个条件：
（1）继承关系；
（2）重写（子类重写继承父类的方法）；
（3）父类引用指向子类的对象。

Java 中，一个类只能有一个父类，不能多继承。一个父类可以有多个子类，而在子类里可以重写父类的方法，这样每个子类里重写的代码内容不同，自然表现的形式就不一样。当用父类的变量去引用不同的子类，并在调用这个相同的方法时得到的结果和表现形式就不一样了，这就是多态，相同的消息（也就是调用相同的方法）会有不同的结果。

【例 6-6】用多态来定义遗传多态性。

```java
package org.example.chapter6.demo6_6;

class Blood {
    public void born(){
        System.out.println("A 型血+B 型血可以结合成：AB 型血(AB)");
    }
}
class Child1 extends Blood{
    public void born(){
        System.out.println("A 型血+B 型血可以结合成：B 型血(BB,BO)");
    }
}
class Child2 extends Blood{
    public void born(){
        System.out.println("A 型血+B 型血可以结合成：A 型血(AA,AO)");
    }
}

class Child3 extends Blood{
    public void born(){
        System.out.println("A 型血+B 型血可以结合成：O 型血(OO)");
    }
}
```

编写测试类：

```java
package org.example.chapter6.demo6_6;

public class TestBlood {
    public static void main(String[] args) {
        Blood blood = new Blood();
        blood.born();
        Blood child1 = new Child1();    //父类引用指向子类对象
        child1.born();                  //调用的方法是子类中重写后的方法
        Blood child2 = new Child2();
        child2.born();
        Blood child3 = new Child3();
        child3.born();
    }
}
```

例 6-6 程序运行结果如图 6-4 所示。

A型血+B型血可以结合成：AB型血(AB)
A型血+B型血可以结合成：B型血(BB,BO)
A型血+B型血可以结合成：A型血(AA,AO)
A型血+B型血可以结合成：O型血(OO)

图 6-4　例 6-6 程序运行结果

6.3　抽象类与接口

6.3.1　抽象类与抽象方法

在面向对象的概念中，所有的对象都是通过类来描绘的，但反过来不是这样。并不是所有的类都是用来描绘对象的，如果一个类中没有包含足够的信息来描绘一个具体的对象，这样的类就是抽象类（abstract）。抽象类往往用来表征在对问题领域进行分析、设计中得出的抽象概念，是对一系列看上去不同，但是本质上相同的具体概念的抽象。

例如，在疾病诊断系统中，医生会对患者的病因进行判断和治疗，不同的患者则存在不同的症状，对应的诊断方法也就会存在差异，但是几乎所有的疾病都存在病因和相应的诊疗手段。因此，诊断方法就可以作为一个抽象方法 diagnosisMethod()，此时对应的疾病类可以定义为一个抽象类。

1. abstract

使用 abstract 修饰的类为抽象类。格式：

abstract class 类名 {…}

举例：

abstract class Disease {…}
abstract class Device {…}

在面向对象领域，抽象类主要用来进行类型隐藏，可以构造出一个固定的一组行为的抽象描述，但是这组行为能够有任意个可能的具体实现方式。这个抽象描述就是抽象类，而这一组任意个可能的具体实现则表现为所有可能的派生类。

注意：含有抽象方法的类必须被定义为抽象类，即抽象类至少含有一个抽象方法。抽象类不能实例化，所以声明的抽象类引用总是指向它的一个扩展类对象（子类对象）。

2. abstract

使用 abstract 修饰的方法为抽象方法，该方法没有方法体。格式：

abstract 返回值类型　方法名（参数列表）；

举例：

public abstract String getEtiology ();
public abstract void diagnosis (String i,String j);

注意：抽象方法必须被子类实现才可以使用，抽象方法如同方法占位符，当一个类继承了抽象类时，需要把父类中抽象方法实现才可以调用该方法。

3．抽象类的使用

【例 6-7】举例说明抽象类是如何使用的。

```java
package org.example.chapter6.demo6_7;

abstract class Disease {
    //疾病的通用属性
    private String etiology;

    //构造方法
    public Disease(String etiology) {
        this.etiology = etiology;
    }

    //症状的抽象表示（这里只是作为演示，通常症状会是一个更复杂的类型）
    public abstract void describeSymptoms();

    //抽象方法：诊断
    public abstract void diagnose();

    //getter 和 setter
    public String getEtiology() {
        return etiology;
    }

    public void setEtiology(String etiology) {
        this.etiology = etiology;
    }

    //一个通用的方法，如打印疾病名称
    public void printDiseaseName() {
        System.out.println("Disease: " + etiology);
    }
}

//具体的疾病类：Flu（流感）
class Flu extends Disease {
    //构造方法
    public Flu(String etiology) {
        super(etiology);
    }

    //实现抽象方法：描述症状
    @Override
    public void describeSymptoms() {
        System.out.println("Symptoms: Fever, cough, body aches.");
    }
}
```

```
//实现抽象方法：诊断
@Override
public void diagnose() {
    System.out.println("Diagnosis: " + getEtiology() + " is confirmed based on symptoms and test
results.");
    }
}
```

编写测试方法：

```
package org.example.chapter6.demo6_7;

public class DiseaseTest {
    public static void main(String[] args) {
        Disease flu = new Flu("Influenza A");
        flu.printDiseaseName();
        flu.describeSymptoms();
        flu.diagnose();
    }
}
```

例 6-7 程序运行结果如图 6-5 所示。

```
Disease: Influenza A
Symptoms: Fever, cough, body aches.
Diagnosis: Influenza A is confirmed based on symptoms and test results.
```

图 6-5 例 6-7 程序运行结果

在 Java 抽象类应用例 6-7 中定义了一个抽象类 Disease，在抽象类 Disease 中声明了两个抽象方法：describeSymptoms()用来返回关于疾病 Disease 具体描述；diagnose()用来返回关于该疾病的具体诊断方式。两个方法均由 abstract 关键字描述，说明它们属于抽象方法。接下来定义了一个 Flu 类，Flu 类继承了 Disease 类的两个抽象方法，然后分别将其具体化。

最后定义了一个 DiseaseTest 类，在 main()方法中创建了一个 Flu 类的实例对象 flu，通过该对象去调用抽象类中的通用方法 printDiseaseName() 以及两个具体方法输出疾病的症状描述信息和诊断方式。

6.3.2 接口的声明与使用

与 C++不同，Java 并不支持多重继承。多重继承是指一个类可以继承多个类，也就是一个类可以有多个直接父类。Java 的设计者认为这样会使得类的关系过于混乱，所以 Java 并不支持多重继承。取消了多重继承使得 Java 中类的层次更加清晰，但是当需要处理复杂问题时却显得力不从心，于是 Java 引入了接口来弥补这个不足。

接口（interface）比抽象（abstract）的概念向更迈进了一步。读者可以将它看作"纯粹的"抽象类。

1. 接口的定义

Java 使用 interface 来定义一个接口。接口的定义和类的定义相似，分为接口的声明和接口体。形式如下：

```
修饰符 interface 接口名
{//声明变量
    类型 变量名；
    ……
    //声明方法
    返回值类型 方法名( )；
    ……
    }
```

注意：所有定义在接口中的常量都默认为 public、static 和 final。所有定义在接口中的方法都默认为 public 和 abstract，所以不用修饰符限定它们；和类不同的是，一个接口可以继承多个父接口。

接口允许类的创建者为一个类建立其形式：有方法名、参数列表和返回类型，但是没有任何方法体。接口也可以包含数据成员。也就是说，接口只提供了形式，而未提供任何具体实现。接口是方法和常量值的定义集合。

例 6-8 是一个定义图形接口的例子。在该例中，接口 IShape 有两个抽象方法 draw()和 getArea()，但是并没给出如何画一个图形以及该图形的面积怎么求。

【例 6-8】 定义一个图形接口。

```java
public interface IShape{
    //画出自己
    void draw();
    //得到面积
    double getArea();
    }
```

2. 接口的实现

接口的实现是指具体实现接口的类。接口的声明仅仅给出了抽象方法，这相当于事先定义了程序的框架。实现接口的类必须实现接口中定义的方法。实现接口的形式如下：

```java
class 类名 implements 接口1,接口2
{
    方法1( ){
    …//方法体
    }
    方法2( ){
    …//方法体
    }
}
```

由关键字 implements 表示实现的接口，多个接口之间用逗号隔开。多个无关的类可实现同一个接口，一个类可实现多个无关的接口。在 Java 中，可以通过接口来模拟多继承。实现接口需要注意以下几点。

（1）如果实现某接口的类不是 abstract 类，则在类的定义部分必须实现指定接口的所有抽象方法，而且方法头部分应该与接口中的定义完全一致。

（2）如果实现某接口的类是 abstract 类，则它可以不实现该接口所有的方法。

（3）接口的抽象方法的访问权限修饰符都已指定为 public，因此，类在实现方法时，必须显式地使用 public。否则，将缩小接口定义方法的访问控制范围。

【例 6-9】用 Circle 类实现接口 IShape。

```
package org.example.chapter6.demo6_8;
public class Circle implements IShape{
    private double r;
        public Circle(double r) {
        this.r = r;
    }
    public double getR() {
        return r;
    }
    public void setR(double r) {
        this.r = r;
    }
    public void draw(){
        System.out.println("draw a circle....");
    }
    public double getArea(){
        return 3.14*r*r;
    }
    public static void main(String args[ ]){
    IShape shape=new Circle(3.5);
    shape.draw();
    System.out.println("它的面积是"+shape.getArea());
    }
}
```

例 6-9 程序运行结果如图 6-6 所示。

```
draw a circle....
它的面积是38.465
```

图 6-6　例 6-9 程序运行结果

例 6-9 中，Circle 类实现了接口 IShape，即实现了 IShape 的所有抽象的方法 draw()和 getArea()。

3．接口的意义

抽象类主要用于模板操作，而接口实际上是作为一个标准存在的。

就如对计算机的 USB 接口来说，计算机厂商在生产计算机时，知道用户用这个 USB 接口干什么吗？不知道。这个 USB 接口能起到什么作用？而且用户需要用这个 USB 接口去做什么事？生产厂商是不管的，其给用户这个 USB 接口就可以了。目前有很多设备都可以连接到计算机的 USB 接口上进行工作（如打印、充电、数据传输等）。

【例 6-10】定义 USB 接口标准，再定义一个 U 盘类和 Printer 打印机类，都去实现 USB 接口。

```java
interface USB{
    public void start();      //开始工作
    public void stop();       //结束工作
}
class U   implements USB{
    public void start(){
        System.out.println("U 盘开始工作");
    }
    public void stop(){
        System.out.println("U 盘停止工作");
    }
}
class Print implements USB{
    public void start(){
        System.out.println("打印机开始工作");
    }
    public void stop(){
        System.out.println("打印机停止工作");
    }
}
```

6.3.3　接口回调

接口回调是指：可以把实现某一接口的类创建的对象引用赋给该接口声明的接口变量中，那么该接口变量就可以调用被类实现的接口中的方法。实际上，当通过接口变量调用方法时，Java 虚拟机（JVM）会根据该变量引用的实际对象类型，动态绑定到对应实现类中重写的方法。

看下面的例子。

【例 6-11】定义一个接口回调的例子。

```java
interface People{
    void peopleList();
}
class Student implements People{
    public void peopleList(){
        System.out.println("I'm a student.");
    }
}
class Teacher implements People{
    public void peopleList(){
        System.out.println("I'm a teacher.");
    }
}
```

编写测试类：

```java
public class Example{
    public static void main(String args[]){
```

```
        People a;                    //声明接口变量
        a=new Student();             //实例化，接口变量中存放 student 对象的引用
        a.peopleList();              //接口回调
        a=new Teacher();             //实例化，接口变量中存放 teacher 对象的引用
        a.peopleList();              //接口回调
    }
}
```

程序运行结果：

```
I'm a student.
I'm a teacher.
```

接口回调类似于前面讲的向上转型。使用接口的核心原因是为了能够向上转型为多个基类型。即利用接口的多实现，可向上转型为多个接口基类型，从实现了某接口的对象，得到对此接口的引用，与向上转型为这个对象的基类，实际效果是一样的。这两个概念是从两个方面来解释一个行为。接口回调的概念，强调使用接口来实现回调对象方法使用权的功能，而向上转型概念则涉及多态的范畴。

6.3.4 接口做参数

如果一个方法的参数是接口类型，则可以将任何实现该接口类实例的引用传递给该接口参数，那么接口参数就可以回调类实现接口的方法。

【例 6-12】在例 6-10 中定义了 USB 接口，把这个接口安装在计算机上，然后在 USB 接口上插上 U 盘或者连接打印机。

```
class Computer{
    public static void plugin(USB usb){      //接口变量做参数
        usb.start();
        usb.stop();
    }
}
public class TestUSB{
    public static void main(String args[]){
        Computer.plugin(new U());
        Computer.plugin(new Print());
    }
}
```

在执行 Computer.plugin(new U())时，U 类的一个实例对象就传给了接口变量的形参 usb，这也是接口回调。

再来看下面一个问题。

【例 6-13】老板（Boss）让工人（Worker）干完活后告诉他干的情况如何。这实际上是一个典型的回调问题，Java 实现如下。

```
public interface Event {
    public String happendEvent();
}
```

```java
public class EventA implements Event {
    public String happendEvent() {
        return "完成了水电的工作！";
    }
}
public class EventB implements Event{
    public String happendEvent() {
        return "完成了瓦工的工作！";
    }
}
public class Worker {
    private Event event;         //事件
    private String name;         //工人姓名
    private Boss boss;           //工人所属的老板
    public Worker(String name, Boss boss) {
        this.name = name;
        this.boss = boss;
    }
    public void doWork() {
        System.out.println(name + " is doing working...");
        //工人挺辛苦，干着枯燥乏味的重复工作
        for (int i = 0; i < 2000000; i++) {
            int x = i / 234 + 234;
        }
        System.out.println(name + " has finished work.");
        //向老板说明发生的情况
        boss.getWorkerEvent(this, event);
    }
    public Event getEvent() {
        return event;
    }
    public void setEvent(Event event) {
        this.event = event;
    }
    public String getName() {
        return name;
    }
    public void setName(String name) {
        this.name = name;
    }
}
public class Boss {
    private String name;
    public Boss(String name) {
        this.name = name;
    }
public void getWorkerEvent(Worker worker, Event event) {
    System.out.println(name+"接收到事件信息：  "+worker.getName() + ": " + event.happendEvent());
```

```
        }
    }

public class Test {
    public static void main(String args[]){
        //初始化老板和工人
        Boss boss = new Boss("王老板");
        Worker worker1= new Worker("张三",boss);
        Worker worker2= new Worker("李四",boss);
        //捏造两个事件
        Event event1 = new EventA();
        Event event2 = new EventB();
        //事件是工人发出的
        worker1.setEvent(event1);
        worker2.setEvent(event2);
        //工人干活，干完了通知老板干的情况如何
        worker1.doWork();
        worker2.doWork();
    }
}
```

例 6-13 程序运行结果如图 6-7。

```
张三 is doing working...
张三 has finished work.
王老板接收到事件信息：张三完成了水电的工作！
李四 is doing working...
李四 has finished work.
王老板接收到事件信息：李四完成了瓦工的工作！
```

图 6-7　例 6-13 程序运行结果

小　　结

继承是面向对象程序设计的一个重要特征，它允许在现有类的基础上创建新类，新类从现有类中继承类成员，而且可以重新定义或加入新的成员，从而形成类的层次或等级。Java 中使用 extends 指明类的继承关系。

使用 abstract 关键字来修饰的类，称为抽象类。抽象类不能建立实例，抽象类可以包含抽象方法，也可以不包含抽象方法，凡是包含抽象方法的类必须定义成抽象的类。

接口是一种与类相似的结构，它只包含常量和抽象方法。接口在许多方面和抽象类相似，但抽象类除了可以包含常量和抽象方法，还可以包含变量和具体方法。

多态是指允许不同类的对象对同一消息做出不同的响应。它通过将下属类（子类或实现接口的类）对象的引用赋值给接口变量或父类变量来实现动态方法调用。

继承、多态和封装是 Java 面向对象的三大特征，它们是面向对象程序开发的重要环节，如果在程序中使用得当，则能将整个程序的架构变得非常有弹性，同时可以减少代码的冗余性。继承机制的使用可以复用一些定义好的类，减少重复代码的编写。多态机制可以动态调

整对象的调用，降低对象之间的依存关系。同时为了优化继承与多态，一些类除了继承父类还使用接口的形式，Java 中的类可以同时实现多个接口，接口被用来建立类与类之间关联的标准。正因为使用了这些机制，Java 语言更具有生命力。

习　　题

6-1　什么是继承？String 类是否可以继承？

6-2　什么是抽象类？什么是接口？接口与抽象类有什么不同？

6-3　什么是多态？Java 是如何实现多态的？多态的作用是什么？

6-4　定义父类 Employee，包含属性：name、sex，有一个构造方法 Employee(String n, char s)。定义一个子类 Worker 继承父类 Employee，其包含属性：char category（类别）和 boolean dressAllowance（是否提供服装津贴），有一个构造方法，负责构造生成所有属性，还有一个自定义方法 isDressAll()，它负责通过判断 dressAllowance 的值输出是否提供服装津贴。 新建一个测试类 InheDemo，在 main()方法中新建一个 Worker 对象，输出这个对象的所有属性，并调用 isDressAll()方法得到津贴信息。

6-5　使用多态技术计算各种图形的面积（图形类不少于两个）。

实验五　餐饮后台管理系统——继承与多态

实验目标

深入理解继承的概念和作用，能够准确解释继承在餐饮后台管理系统中的意义。掌握如何通过继承实现代码复用，减少重复代码的编写。熟悉多态的概念和表现形式，理解多态在餐饮后台管理系统中对于灵活处理不同类型对象的重要性。能够区分编译时多态和运行时多态，并掌握实现它们的方法。学会使用抽象类和接口来定义通用的行为和规范，理解它们在实现继承和多态中的作用。

实验任务

1. 实验 1

实验内容：

创建一个"菜品"基类，包含菜品的基本属性，如名称、价格等。然后创建"荤菜"和"素菜"两个子类，分别继承"菜品"类，并添加各自特有的属性（如荤菜可以有肉类来源属性，素菜可以有种植方式属性）。

实现一个方法，能够接收一个菜品对象，并根据其类型显示不同的详细信息。

实验难点：

确定基类和子类的合理属性和方法，避免属性重复或遗漏。

实现多态方法时，正确判断传入的菜品对象类型并进行相应处理。

实验提示：

仔细分析菜品的分类特征，确定哪些属性和方法应该放在基类中，哪些应该在子类中进行扩展。

在多态方法中，可以使用 instanceof 关键字来判断对象类型，但要注意其局限性，可以考虑使用更灵活的设计模式来处理多态。

2．实验 2

实验内容：

设计一个"员工"基类，包含员工的基本信息，如姓名、工号等。然后创建"厨师"和"服务员"两个子类，分别继承"员工"类，并添加各自特有的属性和方法（厨师可以有擅长菜系属性和烹饪方法，服务员可以有服务区域属性和服务流程方法）。

实现一个功能，能够遍历一组员工对象，根据员工类型执行不同的操作（如对厨师可以安排烹饪任务，对服务员可以分配服务区域）。

实验难点：

合理设计员工子类的特有属性和方法，使其符合实际业务需求。

在遍历员工对象时，准确调用不同子类的方法，以实现多态行为。

实验提示：

参考实际餐饮行业中厨师和服务员的工作职责来设计子类。

可以使用循环遍历员工对象列表，并使用多态机制调用相应的方法。确保在调用方法时，不会出现错误的类型转换。

3．实验 3

实验内容：

定义一个"订单处理"抽象类，其中包含抽象方法如"处理订单"。然后创建"堂食订单处理"和"外卖订单处理"两个子类，分别实现抽象类中的方法，处理不同类型订单的特定逻辑。

设计一个系统，能够接收不同类型的订单对象，并根据订单类型调用相应的订单处理子类进行处理。

实验难点：

正确定义抽象类和抽象方法，确保其能够准确地描述订单处理的通用行为。

在系统中实现根据订单类型选择正确的订单处理子类进行处理的逻辑。

实验提示：

抽象类中的抽象方法应该是订单处理的关键行为，但具体实现由子类决定。

可以使用条件判断语句来根据订单类型选择合适的订单处理子类。

第7章　异常处理——让云医院系统更加稳健

【知识要点】
● 异常的概念与分类
● 异常处理（try、catch、finally、throw、throws）
● 自定义异常类的定义与使用
● 内部类

【简介】

本章介绍异常处理。读者将学习如何组织代码，如何处理程序运行时可能出现的异常，以及如何定义和抛出自定义异常。

【场景】

在医院管理系统中，可以将不同功能模块的代码组织到不同的包中，通过本章的学习，读者将学会如何组织代码结构。同时，读者还将学会如何处理程序运行时可能出现的异常，如数据输入错误等，并且自定义异常类来表示特定的错误。

7.1　异常处理机制：确保云医院系统稳定运行

7.1.1　Java 中常见的系统异常类型

Java 从大的角度将异常分为捕获异常和未捕获异常两类。在 Java 类库中有一个 Throwable 类，该类继承 Object 类。所有的异常类都继承 Throwable 类，Throwable 类有两个直接子类，即 Error 类和 Exception 类。Exception 类和 Error 类的子类名大多数是以父类名作为后缀的。Java 在设计异常体系时，将容易出现的异常情况都封装成了对象。

Error 类的异常通常是指 JVM 出现重大问题，如运行的类不存在或者内存溢出等，不需要编写针对性的代码对其处理，程序无法处理。Exception 类的异常是指在运行时出现的一些情况，可以通过 try-catch-finally 处理。在 Exception 类中又有一个 RuntimeException 子类，该类异常在编译时是不被检测的，可以不使用捕获处理，但一旦出现异常就将由 JVM 处理，见例 7-1。在 Exception 类中除去 RuntimeException 类的直接和间接子类都是在编译时被检测的，在程序中必须使用 try-catch 处理。

【例 7-1】

```
public class RuntimeExceptionExample {
    public static void main(String[] args) {
```

```
        int[] numbers = {1, 2, 3};
        //尝试访问不存在的索引（数组长度=3，有效索引为 0-2）
        System.out.println(numbers[3]);    //触发异常
    }
}
```

Runtime 异常是指因设计或实现方式不当而导致的问题。直白地说，这就是程序员造成的，程序员若小心谨慎这种情况是完全可以避免的。例如，事先判断对象是否为 null 就可以避免 NullPointerException 异常，事先检查除数不为 0 就可以避免 ArithmeticException 异常。这类异常 Java 编译器不会检查它，也就是说，程序中出现这类异常时，即使不处理也没有问题，但是一旦出现异常，程序将异常终止，若采用异常处理，则会被相应的程序执行处理。

除了 RuntimeException 类及其子类，其他 Exception 类及其子类都是受检查异常，也可以称为非 RuntimeException 异常。Java 编译器会检查这类异常，即程序中一旦出现这类异常，要么用 try-catch 语句捕获，要么用 throws 语句声明抛出它，否则无法编译通过，这类异常，程序要求必须处理。

Exception 类派生的这些子类都是系统事先定义好并包含在 Java 类库中的，系统定义的异常对应着一些系统错误，如中断、文件没找到等。表 7-1 列举了一些常见的系统异常类。

表 7-1　常见的系统异常类

异常类名称	异常类含义
ArithmeticException	算术异常类
ArrayIndexOutOfBoundsException	数组下标越界异常类
ArrayStoreException	将与数组类型不兼容的值赋给数组元素时抛出的异常类
ClassCastException	类型强制转换异常类
ClassNotFoundException	未找到指定类异常类
EOFException	文件已结束异常类
FileNotFoundException	文件未找到异常类
IOException	输入/输出异常类
NegativeArraySizeException	建立元素个数为负数的数组异常类
NullPointerException	空指针异常类
NumberFormatException	字符串转换为数字异常类
SQLException	操作数据库异常类
StringIndexOutOfBoundsException	字符串索引超出范围异常

7.1.2　异常捕获与处理

Java 异常的处理采用一个统一的和相对简单的抛出和处理错误的机制。如果一个方法本身可能引发异常，当调用该方法出现异常时，调用者可以捕获异常使其得到处理，也可以回避异常，抛给调用程序，这时异常将在调用的堆栈中向下传递，直到被处理。

利用 try-catch 捕获异常处理的格式如下：

```
try{
…   //程序块
    }catch (异常类   对象名称){
        …   //异常发生时的处理语句
    }finally{
        …   //无论是否出现异常都要执行的语句
}
```

【例 7-2】程序异常分析。

```java
public class Example_exception {
    public static void main (String[] args) throws Exception{
        try{
            Scanner scanner=new Scanner(System.in);
            int a=scanner.nextInt();
            int b=scanner.nextInt();
            int c[]={5,6,7,8,9};
            System.out.println(26/a);
            System.out.println(c[b]);
        }
        catch(ArithmeticException ex1){
            System.out.println("被零除："+ex1);
            throw ex1;
        }
        catch(ArrayIndexOutOfBoundsException ex2){
            System.out.println("数组下标越界："+ex2);
        }
        finally{
            System.out.println("肯定会执行的语句！");
        }
        System.out.println("主程序正常结束！");
    }
}
```

如果输入0和1，程序运行结果如图7-1所示。

```
0 1
被零除：java.lang.ArithmeticException: / by zero
肯定会执行的语句！
Exception in thread "main" java.lang.ArithmeticException Create breakpoint : / by zero
    at org.example.Example_exception.main(Example_exception.java:13)
```

图 7-1   输入 0 和 1，程序运行结果

如果输入 1 和 6，程序运行结果如图 7-2 所示。

```
1 6
26
数组下标越界：java.lang.ArrayIndexOutOfBoundsException: Index 6 out of bounds for length 5
肯定会执行的语句！
主程序正常结束！
```

图 7-2   输入 1 和 6，程序运行结果

　　从例 7-2 中可以看出，当有多个 catch 语句时，只会匹配其中一个异常类并执行 catch 块，而不会执行别的 catch 块，并且匹配 catch 语句的顺序是由上到下；当异常发生时，在匹配的 catch 块中如果抛出异常，则 finally 之外的语句将不被执行。如果在 finally 中抛出异常，则 finally 之外有语句会出现编译错误。

【场景描述】

　　在云医院系统中，有一个用于获取患者信息的方法。这个方法需要从一个患者对象中获取患者的姓名。如果传入的患者对象是 null，那么会引发 NullPointerException。

【例7-3】患者信息空指针异常程序展示。

```java
public class Patient {
    private String name;
    public Patient(String name) {
        this.name = name;
    }
    public String getName() {
        return name;
    }
}


public class CloudHospitalSystem {
    public static void main(String[] args) {
        Patient patient = null;

        try {
            //假设这里从数据库或其他来源获取患者对象
            //在实际应用中，这里不会直接设置为 null，而是从某个数据源中获取

            //调用获取患者姓名的方法
            String patientName = getPatientName(patient);
            System.out.println("患者姓名: " + patientName);
        } catch (NullPointerException e) {
            //捕获并处理空指针异常
            System.out.println("发生错误：尝试访问空对象的患者姓名！");
            //可以在这里进行日志记录、错误通知等操作
        } finally {
            //无论是否发生异常，都会执行这里的代码
            //用于释放资源或执行必要的清理工作
            System.out.println("执行 finally 块，进行资源释放或清理工作。");
        }
    }

    public static String getPatientName(Patient patient) {
        //如果患者对象为 null，则抛出空指针异常
        return patient.getName();
    }
}
```

例 7-3 程序运行结果如图 7-3 所示。

```
"C:\Program Files\Java\jdk-17.0.11\bin\java.exe"
发生错误：尝试访问空对象的患者姓名！
执行finally块，进行资源释放或清理工作。

Process finished with exit code 0
```

图 7-3　例 7-3 程序运行结果

在这个例子中，存在一个 Patient 类，它包含一个 name 属性和一个获取姓名的方法。在 CloudHospitalSystem 类中，程序尝试从一个 Patient 对象中获取姓名，因此故意将 patient 变量设置为 null 来模拟空指针异常的发生。

（1）当调用 getPatientName 方法时，由于 patient 是 null，所以会抛出 NullPointerException。

（2）这个异常被 catch 块捕获，并打印出一条错误信息："发生错误：尝试访问空对象的患者姓名！"。在实际应用中，可以在 catch 块中进行日志记录、错误通知等操作，以便及时处理和解决这个问题。

（3）在 try 块之后，可能有许多 catch 块，每一个都捕获不同的异常并进行处理。捕获的顺序和 catch 语句的顺序有关，当捕获到一个异常时，剩下的 catch 语句就不再进行匹配。因此，在安排 catch 语句的顺序时，首先应该捕获子类异常，然后再逐一捕获父类异常。

（4）finally 块打印了一条消息："执行 finally 块，进行资源释放或清理工作。"，这条消息会在 try 块和 catch 块之后执行，无论 try 块中的代码是否抛出了异常。

（5）finally 块是可以省略的。如果省略了 finally 块，则在 catch 块运行结束后，程序跳到 try-catch 块之后继续执行。

7.1.3　throw 和 throws 语句

1．抛出异常

一个异常对象可以由 Java 虚拟机抛出，也可以由程序主动抛出。如果在产生方法中不能确切知道应该如何处理所产生的异常，则可以将异常交给调用它的方法，为此要抛出异常。抛出异常涉及两个关键字，即 throw 和 throws。

在程序运行中抛出异常时，通过关键字 throw 声明可能发生的异常，其一般形式为：

throw new Exception();

抛出异常的条件可以通过 if 语句实现，当满足特定条件时则抛出异常；也可以作为异常的参数传入。如果抛出了检查异常，则应该在方法头部声明方法可能抛出的异常类型。该方法的调用者也必须捕获处理抛出的异常。如果抛出的是运行异常，则该方法的调用者可以捕获异常，也可以不捕获异常。

2．声明抛出异常的类型

在成员方法头部抛出异常时，通过关键字 throws 声明方法中所有可能发生的已检查异常，多个异常之间通过逗号隔开，其一般形式为：

Type　methodname（parameter list）throws exception 1, exception 2, … , exception n{ }

【例 7-4】创建 People 类，该类中的 check 方法首先将传递进来的 String 类的参数转换成 int 型，检查 int 型整数是否为负数，若为负数则抛出异常；然后在该类的 main()方法中捕获异常并处理。

```java
public class People {
    int age;

    public int check(String    str) throws Exception{
        age=Integer.parseInt(str);
        if(age<0)
            throw new Exception("年龄不能为负数！");
        return age;
    }

    public static void main(String[] args) {
        People p=new People();
        //由于下面调用可能抛出异常的方法 check()，因此需要用 try-catch 捕获
        try{
            int myage=p.check("- 45");
            System.out.println(myage);
        }catch(Exception e){
            System.out.println("数据逻辑错误！");
            System.out.println("原因："+e.getMessage());
        }
    }
}
```

当调用这种方法时，调用者必须捕获异常。

例 7-4 程序运行结果如图 7-4 所示。

```
数据逻辑错误！
原因: For input string: "- 45"
```

图 7-4　例 7-4 程序运行结果

7.2　自定义异常：增强云医院系统的异常处理能力

虽然 Java 类库提供了十分丰富的异常类，可以描述在编写程序时出现的大部分异常情况，但由于程序的复杂性，有时需要创建自己的异常类，用来描述 Java 类库异常类所不能描述的一些特殊情况。自定义异常类必须继承 Throwable 类，通常是继承 Throwable 类的子类 Exception 类或 Exception 类的子孙类。

7.2.1　数据内存溢出处理

自定义异常类可以用于云医院系统中任何需要监控和管理内存使用的场景，以帮助开发人员更好地控制内存资源，如可以定义防止内存溢出异常，用于检测以防止系统崩溃或性能

下降。

【例 7-5】设计一个简单的自定义异常类 DataMemoryOverflowException，用于防止云医院系统中的数据内存溢出。

```java
public class DataMemoryOverflowException extends RuntimeException {
    //默认构造函数
    public DataMemoryOverflowException() {
        super("Data memory overflow occurred!");
    }

    //带错误消息的构造函数
    public DataMemoryOverflowException(String message) {
        super(message);
    }

    //可选：带错误消息和原因的构造函数
    public DataMemoryOverflowException(String message, Throwable cause) {
        super(message, cause);
    }

    //可选：仅带原因的构造函数
    public DataMemoryOverflowException(Throwable cause) {
        super(cause);
    }
}

/* 使用这个自定义异常类时，可以在检测到内存溢出风险的情况时抛出它，如在处理大量数据或进行
内存密集型操作时*/
public class CloudHospitalSystem {
    private static final long MAX_MEMORY_USAGE = 1024 * 1024 * 100;
    //假设最大内存使用量为100MB

    public static void main(String[] args) {
        try {
            //模拟加载数据到内存
            loadDataToMemory();
        } catch (DataMemoryOverflowException e) {
            //捕获并处理内存溢出异常
            System.out.println("Caught DataMemoryOverflowException: " + e.getMessage());
            //执行必要的清理或恢复操作
        }
    }

    public static void loadDataToMemory() throws DataMemoryOverflowException {
        //模拟内存使用情况
        long currentMemoryUsage = getCurrentMemoryUsage();

        //检查是否超过最大内存使用量
```

```
        if (currentMemoryUsage > MAX_MEMORY_USAGE) {
            //抛出内存溢出异常
            throw new DataMemoryOverflowException("Current memory usage exceeds the maximum
limit!");
        }

        //继续处理数据
    }

    //一个模拟的方法，用于获取当前内存使用量
    //在实际应用中，用户可能需要使用更精确的方法来监控内存使用
    private static long getCurrentMemoryUsage() {
        //这里返回一个模拟的内存使用量值
        return 512 * 1024 * 80; //假设当前使用了 80MB 内存
    }
}
```

在例 7-5 中，CloudHospitalSystem 类有一个 loadDataToMemory 方法，它模拟了加载数据到内存的操作，并且检查内存使用量是否超过了预设的最大值。如果超过了，就会抛出 DataMemoryOverflowException。

在 main()方法中，通过调用 loadDataToMemory 方法，并且捕获可能抛出的 DataMemory OverflowException，然后打印错误消息并执行必要的操作。

7.2.2　信息存储与读取异常分析

在云医院系统内患者信息的存储与读取过程中为了避免出现存储或者读取失败的情况，应采取适应的措施。具体地说，主要针对以下场景。

1．患者信息存储

当医生或医疗工作人员需要将患者的新信息（如病历、诊断结果、治疗计划等）存储到云医院系统时，会用到患者信息存储功能。在这个过程中，如果系统检测到存储空间不足、存储服务不可用或达到存储限制等异常情况，那么应该设计对应的异常捕获，以提示用户或系统管理员进行相应处理。

2．患者信息读取

当医生或医疗工作人员需要查询或读取患者的历史信息时，会用到患者信息读取功能。如果系统无法找到所请求的患者信息、读取服务不可用或存在访问权限问题等异常情况，那么同样需要捕获异常，以便及时通知用户并采取相应的补救措施。

【例 7-6】设计自定义异常类 StorageAccessException，实现存储或读取患者信息时检测抛出该异常。

```
//1.构建自定义异常类
public class StorageAccessException extends Exception {
    public StorageAccessException() {
        super("Storage access error occurred!");
    }
```

```java
    public StorageAccessException(String message) {
        super(message);
    }

    public StorageAccessException(String message, Throwable cause) {
        super(message, cause);
    }

    public StorageAccessException(Throwable cause) {
        super(cause);
    }
}
```

//2.创建一个模拟的云医院信息存储与读取的类 PatientDataStorage，并在其中模拟异常抛出

```java
import java.util.HashMap;
import java.util.Map;

public class PatientDataStorage {
    private Map<Integer, String> patientData = new HashMap<>();

    //模拟存储患者信息
    public void storePatientData(int patientId, String data) throws StorageAccessException {
        //这里可以添加逻辑来检查存储是否可用、是否超出容量等
        //为了模拟异常，直接抛出 StorageAccessException
        if (patientData.size() >= 10) { //假设最大存储 10 条记录
            throw new StorageAccessException("Storage is full, cannot store more data!");
        }

        patientData.put(patientId, data);
        System.out.println("Patient data stored successfully.");
    }

    //模拟读取患者信息
    public String readPatientData(int patientId) throws StorageAccessException {
        //这里可以添加逻辑来检查数据是否存在、存储是否可用等
        //为了模拟异常，直接在找不到数据时抛出 StorageAccessException
        if (!patientData.containsKey(patientId)) {
            throw new StorageAccessException("Patient data not found!");
        }

        return patientData.get(patientId);
    }
}
```

//3.创建一个主类来演示如何使用 PatientDataStorage 类

```java
public class CloudHospitalApp {
    public static void main(String[] args) {
        PatientDataStorage storage = new PatientDataStorage();
```

```
try {
    //存储患者信息
    storage.storePatientData(1, "Patient 1 data");
    storage.storePatientData(2, "Patient 2 data");
    //存储更多患者信息

    //尝试存储超过最大容量的数据，应该抛出 StorageAccessException
    storage.storePatientData(11, "Patient 11 data");
} catch (StorageAccessException e) {
    System.out.println("Caught StorageAccessException: " + e.getMessage());
    //处理异常，如记录日志、通知用户等

}

try {
    //读取患者信息
    String data = storage.readPatientData(1);
    System.out.println("Read patient data: " + data);

    //尝试读取不存在的数据，应该抛出 StorageAccessException
    data = storage.readPatientData(99);
} catch (StorageAccessException e) {
    System.out.println("Caught StorageAccessException: " + e.getMessage());
    //处理异常，如记录日志、通知用户等

    }
}
}
```

例 7-6 程序运行结果如图 7-5 所示。

```
"C:\Program Files\Java\jdk-17.0.11\bin\java.exe" "-javaagent
Patient data stored successfully.
Patient data stored successfully.
Patient data stored successfully.
Read patient data: Patient 1 data
Caught StorageAccessException: Patient data not found!

Process finished with exit code 0
```

图 7-5　例 7-6 程序运行结果

在例 7-6 中，创建了一个 PatientDataStorage 类来模拟患者信息的存储与读取。定义了两个方法 storePatientData 和 readPatientData，它们分别用于存储和读取患者信息，并在特定情况下抛出 StorageAccessException。在 CloudHospitalApp 主类中，演示了如何使用 PatientDataStorage 类，捕获并处理可能抛出的 StorageAccessException。

因此，使用自定义的异常类的最大优点就是当开发人员需要自己开发实现某些规则、功能的代码时，一旦情况不满足要求，就可以向外抛出自己的异常，这对调用者而言非常方便，提高了程序的健壮性与代码的可读性，这种开发方式一劳永逸。

7.3 内部类

7.3.1 内部类的概念

其他类中再定义的类称为内部类，内部类具有独立的命名空间，因此内部类中的成员变量和成员方法允许与外部类中的相同。由于内部类处于外围类的内部，因此在内部类中可以随意使用外部类的成员方法及成员变量，哪怕这些类成员被修饰为 private。

声明内部类和在类中声明方法或成员变量一样，一个类把内部类看作是自己的成员。内部类的类体中不可以声明类变量和类方法。外部类的类体中可以用内部类声明对象，作为外部类的成员。

在下面的例子中，给出了内部类的用法。

【例 7-7】创建成员内部类的实例对象。

```java
public class OuterClass{
    private int x;
    InnerClass in=new   InnerClass();
    public void ouf(){
        in.inf();
    }
    class InnerClass{
        int y=x+2;        //可以直接访问外部类的私有成员
        public void inf(){
        }
    }
    public InnerClass doit(){
    in.y=in.y+2;
    return in;
    }
    public static void main(String args[]){
    OuterClass out=new OuterClass();
    System.out.println(out.in.y);
    out.in=out.doit();
    System.out.println(out.in.y);
    }
}
```

例 7-7 程序运行结果如图 7-6 所示。

2
4

图 7-6　例 7-7 程序运行结果

从例 7-7 中可以看出，只有创建了成员内部类的实例对象，才能使用成员内部类的变量和方法。

7.3.2　匿名内部类

匿名内部类是一种特殊的局部内部类，它在定义时没有名字。匿名类的定义格式如下：

```
new 类名或接口名() {
    匿名类的类体
}
```

当使用类创建对象时，Java 允许直接用类名或者接口名加上一个类体创建一个匿名对象。此类体被认为是该类（或者接口）的一个子类去掉类声明后的类体，或者被认为是实现了该接口的类去掉类声明后的类体。

在例 7-8 中，相当于创建了一个 Car 的子类（该子类没有名称），它重写了 drive()方法，car.drive()就是调用被子类重写的 drive()方法。

【例 7-8】继承式的匿名内部类举例。

```
public class Car {
        public void drive(){
                System.out.println("Driving a Car!");
        }
}
public class TestCar {
    public static void main(String[] args) {
        Car car=new Car(){        //创建一个匿名内部类(Car 的子类)的对象
                //子类重写父类 Car 的 drive()方法
public void drive(){
                System.out.println("Driving another Car!");
          }
        };
        car.drive();
    }
}
```

例 7-8 程序运行结果如图 7-7 所示。

```
Driving another Car!
```

图 7-7　例 7-8 程序运行结果

【例 7-9】接口式的匿名内部类举例。

```
public interface Vehicle {
        public void drive();
}

public class TestVehicle {
    public static void main(String[] args) {
        Vehicle v = new Vehicle(){
                public void drive(){
```

```
                        System.out.println("Driving a car!");
                    }
                };
                v.drive();
            }
        }
```

例 7-9 程序运行结果如图 7-8 所示。

```
Driving a car!
```

图 7-8　例 7-9 程序运行结果

例 7-9 执行的原理同例 7-8。

对于临时创建的实例，且该实例不希望类的使用者关注，可以使用匿名内部类。匿名内部类存在的前提有两种：一是已知该类的父类；二是已知该类的接口标准。假如需要一个对象，但其所需的类过于简单或者由于它只在一个方法内部使用，这时匿名内部类就显得很有用了。在后面的 Swing 应用中，匿名类尤其适合在快速创建事件处理时使用。

小　　结

异常是程序运行时产生的错误，Java 提供了独特的异常处理机制，为提高程序的健壮性提供了保证。

异常处理能够使一个方法给它的调用者抛出一个异常。Java 的异常类有两个来源：一是 Java 本身提供了大量预定义的一些基本异常类型，如 Error、Exception、RuntimeException、ClassnotFoundException、NullPointerException 和 ArithmeticException；二是用户通过扩展 Exception 类或者其子类来定义自己的异常类。

异常发生在一个方法的执行过程中，RuntimeException 和 Error 都是免检异常，其他所有的异常都是必检的。当声明一个方法时，如果这个方法可能抛出一个必检异常，则必须声明为必检异常。声明异常的关键字是 throws，而抛出异常的关键字是 throw。

当异常发生时，对于免检异常，交由 Java 的默认异常机制去处理，而对于必检异常，则由 try-catch-finally 组成的程序块来处理。

内部类是指在一个外部类的内部再定义一个类，内部类作为外部类的一个成员，是依附于外部类而存在的。一个内部类的对象能够访问创建它的对象的实现，包括私有数据。对于同一个包中的其他类，内部类能够隐藏起来。

匿名内部类可以很方便地定义回调，使用内部类可以非常方便地编写事件驱动程序。

习　　题

7-1　编写如下异常类：

空异常，年龄低异常，年龄高异常，工资低异常，工资高异常，身份证非法异常。

7-2　编写一个员工类。

（1）有属性：

编号，姓名，年龄，工资，身份证号码，员工人数，员工工资总额。

（2）有构造器：

构造器 1：设置编号，年龄，姓名；如果年龄小于 18 岁，则抛出年龄低异常；如果年龄大于 60 岁，则抛出年龄高异常；如果姓名为 null 或为空字符串，则抛出空异常。

构造器 2：设置工资，设置身份证号码；如果工资低于 600 元，则抛出工资低异常。

（3）有方法：

增加工资 addSalary(double addSalary)，抛出工资高异常，当增加后的工资大于员工工资总额时，抛出此异常。

减少工资 minusSalary(double minusSalary)，抛出工资低异常，当减少后的工资低于政府最低工资时，抛出工资低异常。

显示员工工资总额方法：showTotalSalary()，抛出空异常，当工资总额为 0 时，抛出此异常。

显示员工人数：void showTotalEmployee()，抛出空异常，当员工人数为 0 时，抛出此异常。

7-3　编写 Main 主测试类 Test。分别生成 3 个员工，测试构造方法的异常抛出。

对每个员工分别增加工资、减少工资，并测试方法的异常。

实验六　餐饮后台管理系统——包和异常处理

实验目标

学会合理组织代码，使用包来管理餐饮后台管理系统的不同模块。掌握异常处理机制，能够在系统中正确地捕获和处理各种可能出现的异常情况。进一步熟悉包的使用，提高代码的可维护性和可扩展性。强化异常处理能力，处理系统中的输入错误和数据不一致问题。

实验任务

1. 实验 1

实验内容：

1. 将餐饮后台管理系统的不同功能模块分别放入不同的包中，如可以创建 "menu" 包用于管理菜品相关的类，"order" 包用于订单管理相关的类，"employee" 包用于员工管理相关的类等。

2. 在菜品管理模块中，当尝试添加一个已经存在的菜品时，抛出一个自定义异常，并在调用处捕获和处理这个异常。

实验难点：

1. 确定合理的包结构，避免包之间的过度耦合或过于分散。

2. 设计合适的自定义异常类，准确地表示特定的错误情况。

实验提示：

1. 参考类似项目的包结构设计，结合餐饮后台管理系统的实际需求进行划分。

2. 自定义异常类可以继承 Exception 类，在异常信息中明确指出错误原因。

2. 实验 2

实验内容：

1. 在员工管理模块中，创建一个包专门用于存储员工相关的异常类。例如，当员工的工作时间超出合理范围时，抛出"InvalidWorkingHoursException"异常。

2. 在订单处理模块中，当订单中的菜品数量为负数或者总价计算错误时，抛出相应的异常，并进行处理。

实验难点：

1. 准确判断哪些情况需要抛出异常，避免过度使用异常处理。

2. 处理多个异常时，确保异常处理的逻辑清晰，不会相互干扰。

实验提示：

1. 只在真正出现错误或异常情况时才抛出异常，对于可预见的情况可以使用条件判断语句进行处理。

2. 可以使用多个 catch 块来分别处理不同类型的异常。

第8章　集合框架——云医院数据的高效管理

【知识要点】
- 集合概述与层次结构
- List 集合及其实现类（ArrayList、LinkedList）
- Set 集合及其实现类（HashSet、TreeSet）
- Map 集合及其实现类（HashMap、TreeMap）
- 集合的基本操作（添加、删除、遍历、排序、搜索）
- 集合与数组的互操作

【简介】
　　本章介绍 Java 集合框架的基本概念和常用集合类，通过实例，读者将学习如何使用集合来存储和操作数据。

【场景】
　　在医院管理系统中，经常需要存储大量的患者信息，通过本章的学习，读者将学会如何使用 List 集合来存储患者列表，使用 Set 集合来存储独特的患者 ID，使用 Map 集合来存储患者的详细信息，并通过集合操作方法来添加、删除和遍历患者信息。

8.1　集合的概述和分类

Java 常用的集合包括 List、Set 和 Map 这三种及其实现类，如图 8-1 所示。

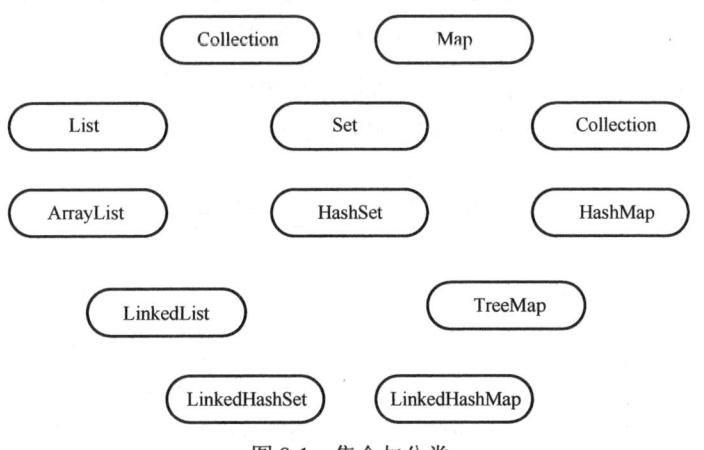

图 8-1　集合与分类

List 集合及其实现类包括 ArrayList 和 LinkedList 集合。

ArrayList：可变大小的数组，不是同步的。底层使用数组保存所有元素，其操作基本上是对数组的操作。

LinkedList：双向链表，实现了 List 和 Queue 集合，适用于频繁插入和删除操作的场景。

Set 集合及其实现类包括 HashSet、TreeSet 和 LinkedHashSet 集合。

HashSet：无序不重复元素集合，实现了 Set 集合，使用哈希表实现。

TreeSet：有序不重复元素集合，实现了 SortedSet 集合，使用红黑树实现。

LinkedHashSet：有序不重复元素集合，实现了 Set 集合，使用哈希表和双向链表实现，可以保持插入顺序。

Map 集合及其实现类包括 HashMap、TreeMap 和 LinkedHashMap 集合。

HashMap：无序键值对集合，实现了 Map 集合，使用哈希表实现。

TreeMap：有序键值对集合，实现了 SortedMap 接口，使用红黑树实现。

LinkedHashMap：有序键值对集合，实现了 Map 接口，使用哈希表和双向链表实现，可以保持插入顺序。

此外，Java 还提供了 Queue 集合、PriorityQueue 等其他类型的集合。这些集合类提供了丰富的功能和性能优化，可以根据具体需求选择合适的集合类来使用。

一类是单列集合元素，是一个一个的；另一类是双列集合元素，是一对一对的，如图 8-2 所示。

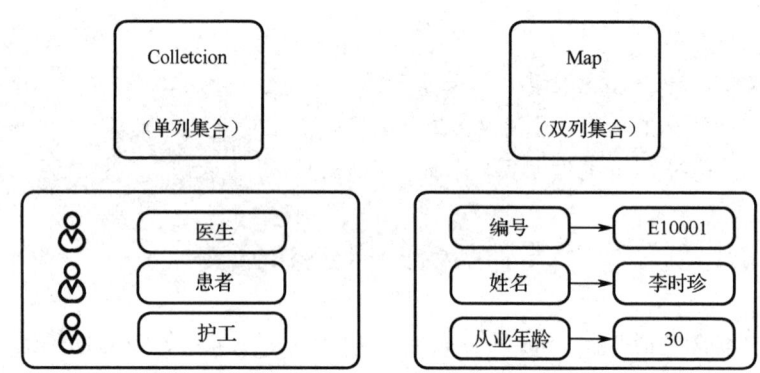

图 8-2　单列集合与双列集合

Collection 代表单列集合，每个元素（数据）只包含一个值。

Map 代表双列集合，每个元素包含两个值（键值对）。

8.2　Collection 集合

8.2.1　Collection 介绍

Collection 是单列集合的根接口。Collection 集合下面又有两个子集合，分别是：List 集合和 Set 集合。List 集合和 Set 集合下面分别有不同的实现类，如图 8-3 所示。

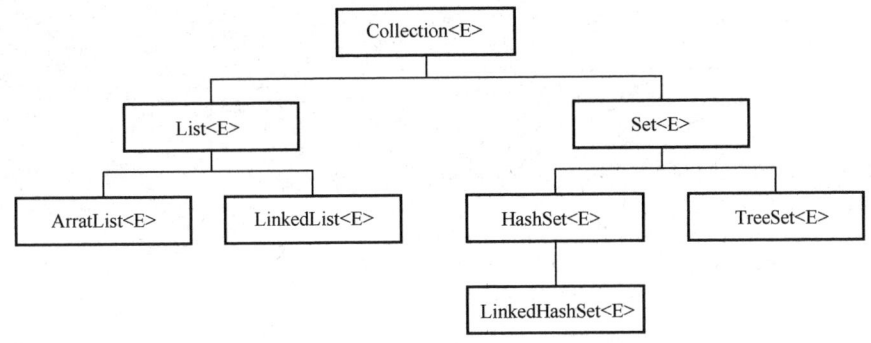

图 8-3　Collection 集合

每种集合都有它们各自的特点，接下来先大致了解其各自的特点。

List 集合：添加的元素是有序、可重复、有索引的。

ArrayList、LinkedList 集合：有序、可重复、有索引。ArrayList 底层是数组，一定是有索引的。LinkedList 底层是链表结构，但是，也可以操作它的索引。实际上，这是 Java 封装了它的索引。

Set 集合：添加的元素是无序、不重复、无索引的。

HashSet 集合：无序、不重复、无索引。

LinkedHashSet 集合：有序、不重复、无索引。

TreeSet 集合：按照大小默认升序排列、不重复、无索引。

8.2.2　Collection 集合的常用方法

Collection 集合的常用方法如表 8-1 所示。

表 8-1　Collection 集合的常用方法

方　法　名	说　　明
public boolean add(E e)	把给定的对象添加到当前集合中
public int size()	获取集合的大小
public boolean contains(Object obj)	判断集合中是否包含某个元素
public boolean remove(E e)	删除某个元素，如果有多个重复元素只能删除第一个
public void clear()	清空集合的元素
public boolean isEmpty()	判断集合是否为空，是空返回 true，不是空返回 false
public Object[] toArray()	把集合转换为数组

【例 8-1】单列集合的基本使用。

```java
public static void main(String[] args) {
    Collection<String> c = new ArrayList<>();
    //1.添加
    c.add("张三");
    c.add("张三");
    c.add("李四");
    c.add("王五");
```

```
    c.add("赵六");
    //2.获取集合的大小
    System.out.println(c.size());
    //3.contains(Object obj) 判断集合中是否包含某个元素
    System.out.println(c.contains("猪八戒"));      //false
    System.out.println(c.contains("张三"));        //true
    //4.boolean remove(E e) 删除某个元素，如果有多个重复元素只能删除第一个
    System.out.println(c.remove("李四"));
    System.out.println(c.remove("孙悟空"));
    System.out.println(c);
    //5.清空集合的元素
    c.clear();
    System.out.println(c);
    //6.isEmpty()判断集合是否为空，是空返回 true，否则返回 false
    System.out.println(c.isEmpty());
    //7.Object[] toArray() 把集合转换为数组
    Object[] array = c.toArray();
}
```

例 8-1 程序运行结果如图 8-4 所示。

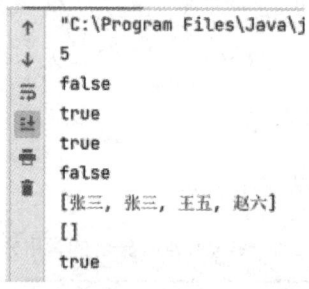

图 8-4　例 8-1 程序运行结果

8.2.3　Collection 遍历方法及其在云医院数据处理中的应用

集合的遍历是指对存储在集合（如列表、集合、映射等数据结构）中的元素进行逐一访问和处理的过程。在编程中，遍历集合是常见的操作，它允许按照某种规则去检查集合中的每个元素，并对其执行特定的操作。

因此，针对不同类型集合的遍历，需要有一种普通的遍历方式，能够遍历所有集合，下面看一些常见的实现方案。

1．迭代器遍历集合

接下来学习的迭代器就是一种集合的通用遍历方式。

【例 8-2】迭代器遍历集合示例代码如下。

```
public class Demo2 {
    public static void main(String[] args){
        Collection<String>c = new HashSet<>();
        c.add("张三");
        c.add("张三");
```

```
            c.add("李四");
            c.add("王五");
            c.add("赵六");
            //set 集合是无序、不重复的
            System.out.println(c);
            //获取集合 c 的迭代器对象
            Iterator<String> it = c.iterator();
            //it.hasNext() boolean hasNext();
            //迭代器中，一开始有一个指针，指向第 0 个元素
            //判断迭代器中是否还有下一个元素，如果有，返回 true，没有返回 false
            while (it.hasNext()){
            //it.next()将指针移动到下一个元素的位置，然后将指针指向的元素，并且返回
                String s = it.next();
                //it.next 在循环体中只能调用一次
                //否则在遍历到集合末尾时，可能会出现 NoSuchElementException
                System.out.println(s);
            }
        }
    }
```

例 8-2 程序运行结果如图 8-5 所示。

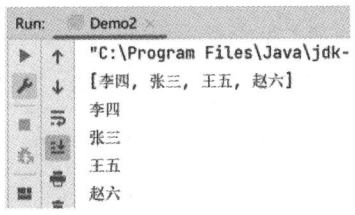

图 8-5　例 8-2 程序运行结果

Iterator 迭代器中的常用方法如表 8-2 所示。

表 8-2　Iterator 迭代器中的常用方法

方　法　名	说　　　明
boolean hasNext()	指针默认指向第 0 个元素，询问下一个位置是否有元素，有的话返回 true，没有返回 false
public int size()	将指针移动到下一个元素，然后获取指针位置的元素值，并且返回

2．增强 for 循环遍历集合

前面讲解了迭代器遍历集合，但是这个代码其实还有一种更加简化的写法，叫作增强 for 循环。格式如下：

```
for（元素的数据类型 变量名:数组或集合）{
    循环体
}
```

需要注意的是，增强 for 循环不仅可以遍历集合，还可以遍历数组，接下来用代码演示。

【例 8-3】增强 for 循环遍历集合。

```
package org.example.chapter8;
```

```java
import java.util.ArrayList;
import java.util.Collection;
public class Demo3 {
    public static void main(String[] args){
        /**
         * for(元素的数据类型变量名:数组或集合){}
         */
        Collection<String>c = new ArrayList<>();
        c.add("ggBang");
        c.add("超人强");
        c.add("超人强");
        for (String s : c){
            System.out.println(s);
        }
    }
}
```

例 8-3 程序运行结果如图 8-6 所示。

```
"C:\Program Files\Java\jdk-17.0.11\bin\java.exe"
ggBang
超人强
超人强

Process finished with exit code 0
```

图 8-6　例 8-3 程序运行结果

3．forEach 遍历集合

JDK 8 及以后版本还提供了一个 forEach 方法，它也可以遍历集合。

方法名称：

```
default void forEach(Consumer<? super T> action)
```

该方法可以结合 lam 表达式遍历集合。

经过使用发现，forEach 方法的参数是一个 Consumer 接口，而该接口是一个函数式接口，所以可以传递 Lambda 表达式。

【例 8-4】forEach 遍历集合。

```java
public class Demo4 {
    public static void main(String[] args){
        Collection<String>c = new ArrayList<>();
        c.add("张三 1");
        c.add("张三 2");
        c.add("张三 3");
        c.add("张三 3");
        //1.通过 forEach 方法进行遍历
        c.forEach(new Consumer<String>(){
            @Override
            public void accept(String s){
```

```
                System.out.println(s);
            }
        });
        //2.通过 lambda 表达式进行遍历
        c.forEach(x -> System.out.println(x));
    }
}
```

例 8-4 程序运行结果如图 8-7 所示。

```
"C:\Program Files\Java\jdk-17.0.11\bin\java.exe"
张三1
张三2
张三3
张三3
张三1
张三2
张三3
张三3

Process finished with exit code 0
```

图 8-7　例 8-4 程序运行结果

4. 遍历集合案例

在云医院系统中，集合遍历方法可以用于多种场景。

（1）批量处理患者数据：遍历患者列表，对每个患者进行数据清洗、转换或格式化。

（2）筛选特定患者：遍历集合，根据特定条件（如年龄、疾病类型等）筛选出符合条件的患者。

（3）更新患者状态：遍历患者集合，更新每个患者的状态信息（如就诊状态、康复进度等）。

（4）生成报告：遍历患者数据，生成统计报告或分析数据，以供医生或管理人员参考。

【例 8-5】设计应用于云医院数据处理中的场景：遍历患者列表，并打印出每个患者的基本信息。

```
/*定义一个通用的集合遍历方法，这个方法接收一个集合和一个消费者（Consumer）作为参数，消费者
定义了对每个集合元素要执行的操作*/
import java.util.Collection;
import java.util.function.Consumer;

public class CollectionUtils {

    public static <T> void traverseCollection(Collection<T> collection, Consumer<T> consumer) {
        for (T element : collection) {
            consumer.accept(element);
        }
    }
}
```

```java
//定义一个患者类，并创建一个包含几个患者对象的列表
import java.util.ArrayList;
import java.util.List;

public class Patient {

    private String name;
    private int age;
private String disease;

//构造函数、getter 和 setter 方法省略
……
    @Override
    public String toString() {
        return "Patient{" +
                "name='" + name + '\'' +
                ", age=" + age +
                ", disease='" + disease + '\'' +
                '}';
    }
    public static void main(String[] args) {
        //创建患者列表
        List<Patient> patients = new ArrayList<>();
        patients.add(new Patient("Alice", 30, "Flu"));
        patients.add(new Patient("Bob", 45, "Diabetes"));
        patients.add(new Patient("Charlie", 22, "Injury"));

        //使用遍历方法打印患者信息
        CollectionUtils.traverseCollection(patients, patient -> System.out.println(patient));
    }
}
```

例 8-5 程序运行结果如图 8-8 所示。

```
"C:\Program Files\Java\jdk-17.0.11\bin\java.exe" "
Patient{name='Alice', age=30, disease='Flu'}
Patient{name='Bob', age=45, disease='Diabetes'}
Patient{name='Charlie', age=22, disease='Injury'}

Process finished with exit code 0
```

图 8-8　例 8-5 程序运行结果

8.3　List 集合

前面已经把 Collection 集合的通用功能讲解完毕，接下来讲解 Collection 集合下面的一个子集合 List 集合。

List 集合特点：有序、可重复、有索引。

ArrayList 集合：有序、可重复，通过索引直接访问元素，底层基于数组实现。

LinkedList 集合：有序、可重复，通过遍历访问元素，底层基于链表实现。

它们的底层实现不同，所以使用的场景也不同。

8.3.1 List 集合的常用方法

List 集合的常用方法如表 8-3 所示。

表 8-3 List 集合的常用方法

方 法 名 称	说 明
void add(int index,E element)	在此集合中的指定位置插入指定的元素
E remove(int index)	删除指定索引处的元素，返回被删除的元素
E set(int index,E element)	修改指定索引处的元素，返回被修改的元素
E get(int index)	返回指定索引处的元素

接下来，用代码演示 List 集合中的常用方法。

【例 8-6】List 集合使用案例。

```java
public class Demo6 {
    public static void main(String[] args){
        List<String> list = new ArrayList<>();
        //1.添加
        list.add("张三");
        list.add("李四王五");
        list.add("赵六");
        System.out.println(list);
        //2.删除指定索引位置的元素，返回被删除的元素
        System.out.println(list.remove(1));
        System.out.println(list);
        //3.修改指定位置的元素，返回被修改的元素
        System.out,println(list.set(1, "尼古拉斯赵六"));
        System.out.println(list);
        //4.获取指定索引位置的元素
        System.out.println(list.get(1));
    }
}
```

8.3.2 List 集合的遍历方式

List 集合相比于前面的 Collection 集合多了一种可以通过索引遍历的方式，索引 List 集合的遍历方式有四种。

（1）普通 for 循环（因为 List 集合有索引）。

（2）迭代器。

（3）增强 for 循环。

（4）Lambda 表达式。

8.3.3　ArrayList 集合底层原理

为了让读者更加透彻地理解 ArrayList 集合，接下来，讲解 ArrayList 集合的底层原理。

ArrayList 集合底层是基于数组结构实现的，也就是说，当用户往集合容器中存储元素时，底层本质上是往数组中存储元素，如图 8-9 所示。

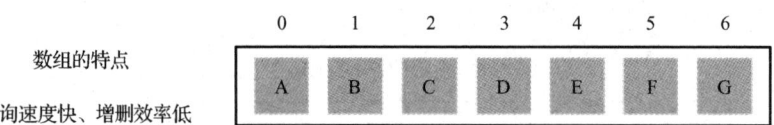

图 8-9　ArrayList 集合底层原理

实际上，数组的长度是固定的，但是集合的长度是可变的，如图 8-10 所示。

①利用无参构造器创建的集合，会在底层创建一个默认长度为10的数组
②添加第一个元素时，底层会创建一个新的长度为10的数组
③存储满时，会扩容1.5倍
④如果一次添加多个元素，扩容1.5倍还放不下，则新创建数组的长度以实际为准

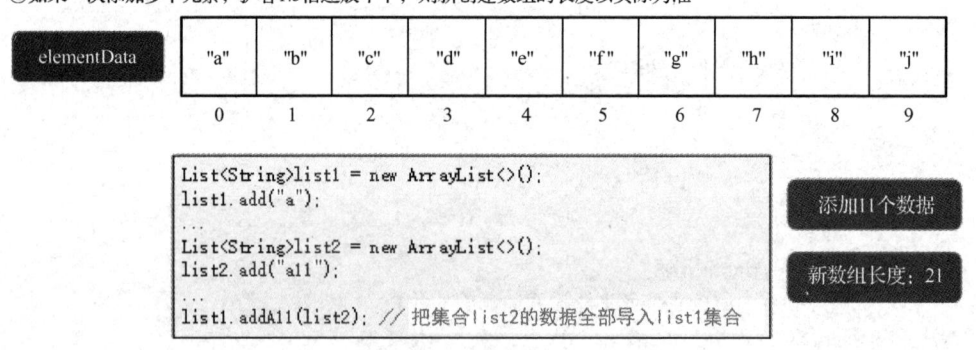

图 8-10　长度可变集合

数组扩容，并不是在原数组上扩容（原数组是不可以扩容的），而是底层创建一个新数组，然后把原数组中的元素全部复制到新数组中去，如图 8-11 所示。

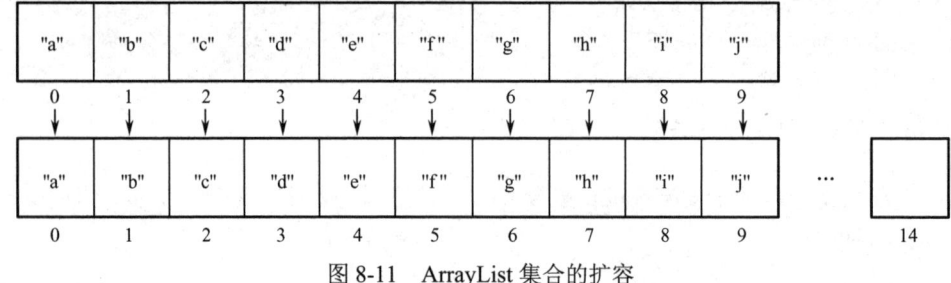

图 8-11　ArrayList 集合的扩容

ArrayList 集合适用于以下应用场景：根据索引查询数据，如根据随机索引数据（高效），或者数据量不是很大时。如果数据量大的同时，又要频繁地进行增删操作，则不适宜使用 ArrayList 集合。

8.3.4　LinkedList 集合底层原理

学习完 ArrayList 集合底层原理之后，接下来看一下 LinkedList 集合的底层原理。

LinkedList 集合底层是链表结构，链表结构由一个一个的节点组成，一个节点由数据值、下一个节点地址组成，如图 8-12 所示。

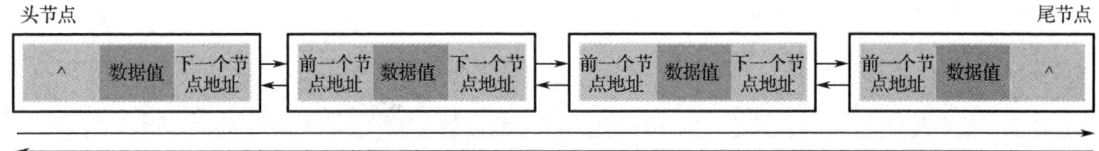

图 8-12　链表结构底层原埋

下面讲解链表的概念及其特点。

链表中的节点是独立的对象，在内存中是不连续的，每个节点包含数据值和下一个节点地址。链表结构如图 8-13 所示。

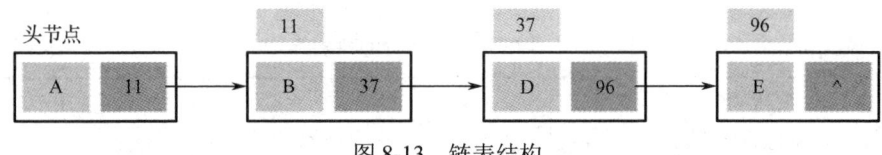

图 8-13　链表结构

链表的特点 1：查询慢，无论查询哪个数据都要从头开始。

链表的特点 2：链表增删相对较快。

假如，现在要在 B 节点和 D 节点中间插入一个元素，只要把 B 节点指向 D 节点的地址断掉，重新指向新的节点地址即可，如图 8-14 所示。

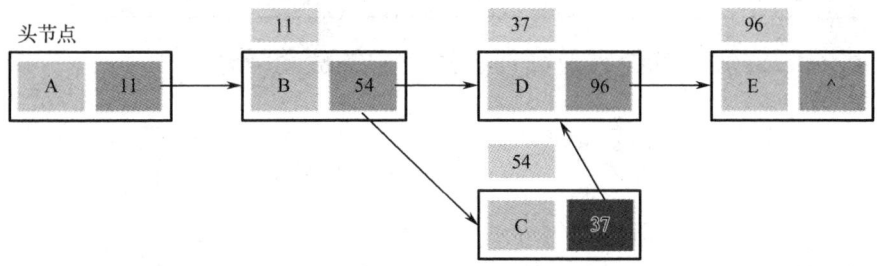

图 8-14　在链表中插入一个节点

假如，现在想要把 D 节点删除，只要让 C 节点指向 E 节点的地址，然后把 D 节点指向 E 节点的地址断掉即可。此时 D 节点就会变成垃圾，会被垃圾回收器清理掉，如图 8-15 所示。

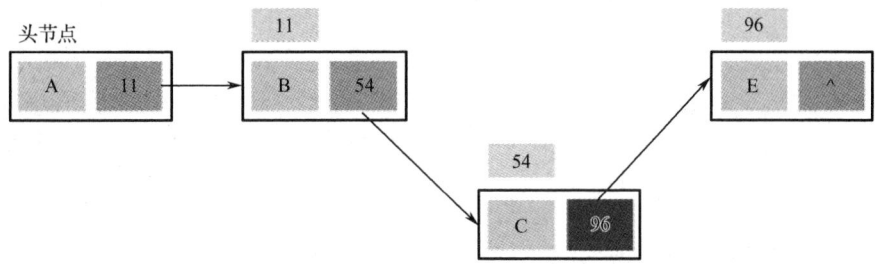

图 8-15　在链表中删除一个节点

　　上面的链表是单向链表，它的方向是从头节点指向尾节点的，只能从左往右查找元素，这样的查询效率比较低；还有一种链表叫作双向链表，不仅可以从左往右查找，还可以从右往左查找，如图 8-16 所示。

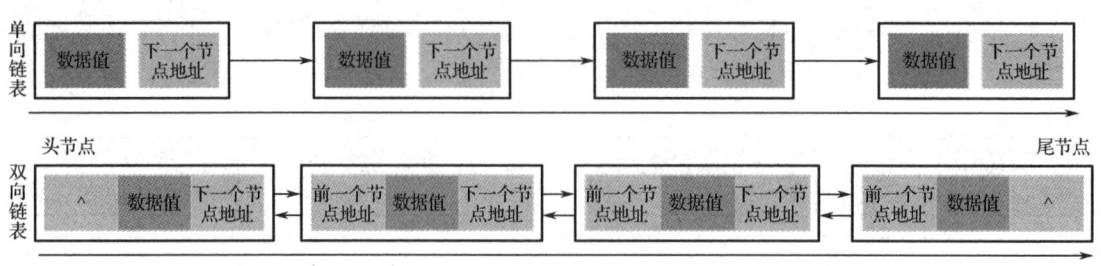

特点：查询速度慢，增删速度相对较快，但对首尾元素进行增删改查的速度是极快的。

图 8-16　单向链表与双向链表

　　LinkedList 集合是基于双向链表实现的，所以相对于 ArrayList 集合增加了一些可以针对头尾进行操作的方法，如表 8-4 所示。

表 8-4　LinkedList 集合的常用方法

方 法 名 称	说　　　明
public void addFirst(E e)	在列表开头插入指定的元素
public void addLast(E e)	将指定的元素追加到此列表的末尾
public E getFirst()	返回此列表中的第一个元素
public E getLast()	返回此列表中的最后一个元素
public E removeFirst()	从此列表中删除并返回第一个元素
public E removeLast()	从此列表中删除并返回最后一个元素

8.3.5　LinkedList 集合的特性及其在云医院中的应用场景

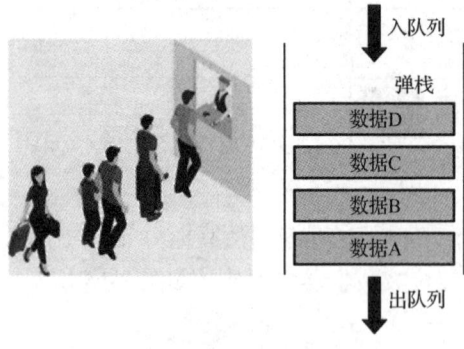

图 8-17　队列结构示意图

　　前面学习了 LinkedList 集合，那么 LinkedList 集合有什么用呢？可以用它来设计栈结构、队列结构。

　　先来认识一下队列结构，如图 8-17 所示，队列结构可以认为是一个上端开口，下端也开口的管子形状。数据从上端入队列，从下端出队列。

　　入队列可以调用 LinkedList 集合的 addLast() 方法，出队列可以调用 removeFirst() 方法。

　　【例 8-7】LinkedList 集合使用说明。

```
import java.util.LinkedList;
 public class Demo7 {
     public static void main(String[] args){
         //1.创建一个队列：先进先出、后进后出
         LinkedList<String>queue = new LinkedList<>();
         //入队列
```

```
        queue.addLast("张三 1");
        queue.addLast("张三 2");
        queue.addLast("张三 3");
        queue.addLast("张三 4");
        System.out.println(queue);
        //出队列
        System.out.println(queue.removeFirst());        //张三 1
        System.out.println(queue.removeFirst());        //张三 2
        System.out.println(queue.removeFirst());        //张三 3
        System.out.println(queue.removeFirst());        //张三 4
    }
}
```

接下来，再用 LinkedList 集合来模拟栈结构的效果，还是先来认识一下栈结构，如图 8-18 所示。栈结构可以看作一个上端开口，下端闭口的水杯的形状。

数据永远是从上端进，也从上端出，先进入的数据会压在下面，所以栈结构的特点是先进后出，后进先出。

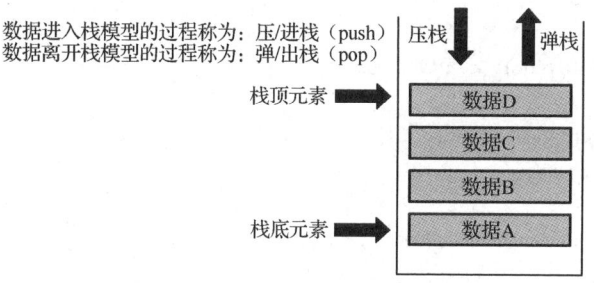

图 8-18　栈结构示意图

【场景说明】

在云医院系统中，患者的就诊记录需要按照时间顺序进行存储和查询。考虑到就诊记录的连续性以及可能的频繁插入和删除操作，选择使用 LinkedList 集合来存储这些记录。LinkedList 集合的优势在于它能够高效地处理数据的动态变化，尤其是在列表的开头、结尾和中间位置插入或删除数据。

【例 8-8】使用 LinkedList 集合来管理患者的就诊记录。

```
/*1.定义就诊记录类
首先，定义一个 VisitRecord 类来表示患者的就诊记录，每条记录包含就诊时间、医生姓名、诊断结果
等信息
*/
public class VisitRecord {
    private Date visitDate;
    private String doctorName;
    private String diagnosis;

    //构造函数、getter 和 setter 方法

    @Override
```

```java
    public String toString() {
        return "VisitRecord{" +
                "visitDate=" + visitDate +
                ", doctorName='" + doctorName + '\'' +
                ", diagnosis='" + diagnosis + '\'' +
                '}';
    }
}

/*
2.在云医院系统的某个模块中，使用 LinkedList 集合来存储患者的就诊记录，可以定义一个 Patient 类，
其中包含患者的基本信息以及一个 LinkedList 集合来存储其就诊记录
*/
import java.util.LinkedList;
import java.util.List;

public class Patient {
    private String name;
    private int age;
    private List<VisitRecord> visitRecords;

    public Patient(String name, int age) {
        this.name = name;
        this.age = age;
        this.visitRecords = new LinkedList<>();
    }

    //添加就诊记录
    public void addVisitRecord(VisitRecord record) {
        visitRecords.add(record);
    }

    //获取就诊记录
    public List<VisitRecord> getVisitRecords() {
        return visitRecords;
    }

    //其他 getter 和 setter 方法

    @Override
    public String toString() {
        return "Patient{" +
                "name='" + name + '\'' +
                ", age=" + age +
                ", visitRecords=" + visitRecords +
                '}';
    }
}
```

```
/*
3.使用上述的 Patient 类和 VisitRecord 类来管理患者的就诊记录，例如，当医生为患者添加新的就诊记
录时，可以将其添加到患者的 visitRecords 列表中
*/
import java.util.Date;

public class CloudHospitalSystem {

    public static void main(String[] args) {
        //创建患者对象
        Patient patient = new Patient("Alice", 30);

        //添加就诊记录
        patient.addVisitRecord(new VisitRecord(new Date(), "Dr. Smith", "Flu"));
        patient.addVisitRecord(new VisitRecord(new Date(), "Dr. Johnson", "Follow-up"));

        //打印患者的就诊记录
        System.out.println(patient.getVisitRecords());

        //假设需要根据某些条件（如时间范围、医生姓名等）查询就诊记录
        //可以使用 LinkedList 集合提供的方法，如遍历、查找等来实现
        //这里仅展示基本的遍历和打印功能
        for (VisitRecord record : patient.getVisitRecords()) {
            System.out.println(record);
        }
    }
}
```

例 8-8 程序运行结果如图 8-19 所示。

```
"C:\Program Files\Java\jdk-17.0.11\bin\java.exe" "-javaagent:D:\JetBrains\IntelliJ IDEA 2024.2.3\lib\idea_rt.jar=64230:D:\JetBrains\IntelliJ IDEA
[VisitRecord{visitDate=Sat Oct 12 13:21:33 CST 2024, doctorName='Dr. Smith', diagnosis='Flu'}, VisitRecord{visitDate=Sat Oct 12 13:21:33 CST 2024,
VisitRecord{visitDate=Sat Oct 12 13:21:33 CST 2024, doctorName='Dr. Smith', diagnosis='Flu'}
VisitRecord{visitDate=Sat Oct 12 13:21:33 CST 2024, doctorName='Dr. Johnson', diagnosis='Follow-up'}

Process finished with exit code 0
```

图 8-19　例 8-8 程序运行结果

8.4　Set 集合

8.4.1　认识 Set 集合的特点

Set 集合的特点：无序，添加数据的顺序和获取数据的顺序不一致、不重复、无索引。

HashSet 集合：无序、不重复、无索引。

LinkedHashSet 集合：有序、不重复、无索引。

TreeSet 集合：排序、不重复、无索引。

8.4.2　HashSet 集合底层原理

接下来，为了让读者更加透彻地理解 HashSet 集合为什么可以去重，首先讲解它的底层原理。

HashSet 集合底层是基于哈希表实现的，如图 8-20 所示，哈希表根据 JDK 版本的不同，也是有区别的。

JDK 8 版本以前：哈希表=数组+链表。

JDK 8 版本以后：哈希表=数组+链表+红黑树。

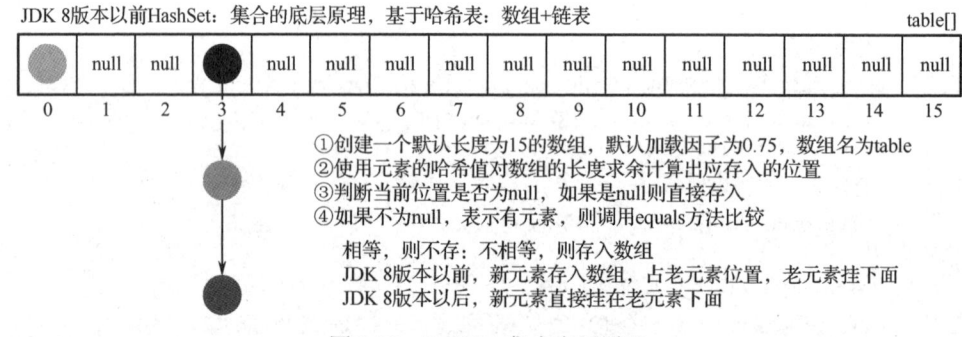

图 8-20　HashSet 集合底层原理

通过分析发现，往 HashSet 集合中存储元素时，底层调用了元素的两个方法：一个是调用 hashCode 方法，获取元素值的 hashCode（哈希值）；另一个是调用 equals 方法，用来比较添加新的元素和集合中已有的元素是否相同。

（1）当新添加元素的 hashCode 值和集合中已有元素的 hashCode 值相同时，新添加的元素调用 equals 方法和集合中已有元素比较结果为 true，才认为元素重复。

（2）如果 hashCode 值相同，而 equals 方法比较结果不同，则以链表的形式连接在数组的同一个索引位置（见图 8-20）。

从 JDK 8 版本开始，为了提高性能，当链表的长度超过 8，且数组的长度大于或等于 64 时，就会把链表转换为红黑树，如图 8-21 所示。

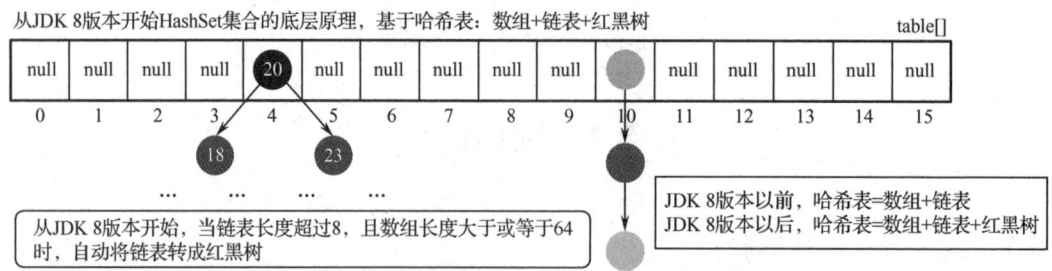

图 8-21　从 JDK 8 版本开始 HashSet 集合底层原理

8.4.3 HashSet 集合去重原理

前面已经学习了 HashSet 集合存储元素的原理，依赖于两个方法：一个是调用 hashCode 方法来确定在底层数组中存储的位置；另一个是调用 equals 方法判断新添加的元素是否和集合中已有的元素相同。

要想保证在 HashSet 集合中没有重复元素，需要重写元素类的 hashCode 和 equals 方法。如例 8-9 中的 Student 类，假设把 Student 类的对象作为 HashSet 集合的元素，如果出现了学生的姓名和年龄，或者体重相同，则会被认定是元素重复。

【例 8-9】HashSet 集合的使用说明。

```java
public class Student {
    private String name;   //姓名
    private int age;        //年龄
    private double height; //身高
    public Student() {
    }
    public Student(String name, int age, double height) {
        this.name = name;
        this.age = age;
        this.height = height;
    }
    public String getName() {
        return name;
    }
    @Override
    public boolean equals(Object o) {
        if (this == o) return true;
        if (o == null || getClass() != o.getClass()) return false;
        Student student = (Student) o;
        return age == student.age && Double.compare(student.height, height) == 0 && Objects.equals
(name, student.name);
    }
    @Override
    public int hashCode() {
        return Objects.hash(name, age, height);
    }
}
public class Test1 {
    public static void main(String[] args){
        Student s1=new Student("至尊宝",500,111);
        Student s2=new Student("至尊宝",500,111);
        Student s3=new Student("至尊宝",500,111);
        Student s4=new Student("蜘蛛精",200,111);
        Student s5=new Student("蜘蛛精",208,111);
        Student s6=new Student("唐三藏",300,111);
        Student s7=new Student("紫霞",100,111);
```

```
                Student s8=new Student("紫霞",100,110);
                HashSet<Student>set = new HashSet<>();
                set.add(s1);
                set.add(s2);
                set.add(s3);
                set.add(s4);
                set.add(s5);
                set.add(s6);
                set.add(s7);
                set.add(s8);
                set.forEach(x-> System.out.println(x));
            }
        }
```

例 8-9 程序运行结果如图 8-22 所示。

```
"C:\Program Files\Java\jdk-17.0.11\bin\java.exe"
org.example.chapter8.demo7.Student@92c35971
org.example.chapter8.demo7.Student@147afd29
org.example.chapter8.demo7.Student@150aa64d
org.example.chapter8.demo7.Student@7b79770e
org.example.chapter8.demo7.Student@7b79370e
org.example.chapter8.demo7.Student@150aa555

Process finished with exit code 0
```

图 8-22　例 8-9 程序运行结果

8.4.4　LinkedHashSet 集合去重原理

接下来，学习 HashSet 集合的一个子类 LinkedHashSet。

LinkedHashSet 集合底层采用的也是哈希表结构，只不过额外增加了一个双向链表来维护元素的存取顺序。LinkedHashSet 集合去重原理如图 8-23 所示。

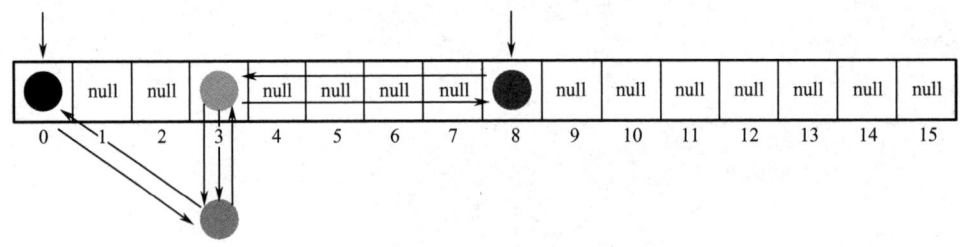

图 8-23　LinkedHashSet 集合去重原理

每次添加元素，就和上一个元素用双向链表连接一下。第一个添加的元素是双向链表的头节点，最后一个添加的元素是双向链表的尾节点。

把例 8-9 中的 HashSet 集合改成 LinkedHashSet 集合，会发现存取顺序一致。

将 HashSet 集合修改为 LinkedHashSet 集合后的运行结果如图 8-24 所示。

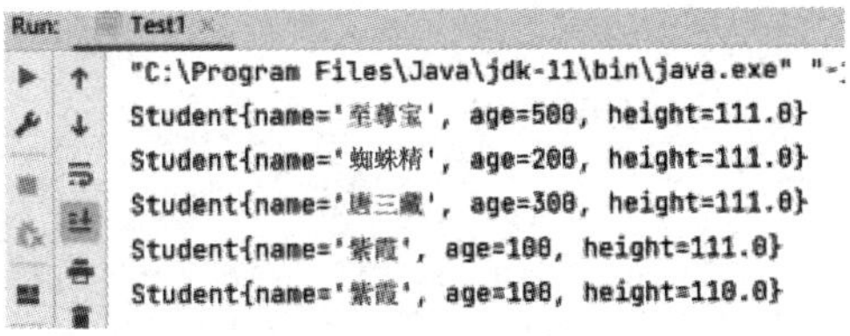

图 8-24　将 HashSet 集合修改为 LinkedHashSet 集合后的运行结果

8.4.5　TreeSet 集合

最后，讲解 TreeSet 集合。TreeSet 集合的特点是可以对元素进行排序，但是必须指定元素的排序规则。

如果往集合中存储 String 类的元素，或者 Integer 类的元素，它们本来就具备排序规则，所以可以直接排序。

【例 8-10】TreeSet 集合的排序案例。

```java
public class Demo8 {
    public static void main(String[] args) {
        Set<Integer> set1 = new TreeSet<>();
        set1.add(8);
        set1.add(6);
        set1.add(5);
        set1.add(9);
        set1.add(2);
        System.out.println(set1);
        Set<Character> set2 = new TreeSet<>();
        set2.add('a');
        set2.add('b');
        set2.add('c');
        set2.add('d');
        System.out.println(set2);
    }
}
```

例 8-10 程序运行结果如图 8-25 所示。

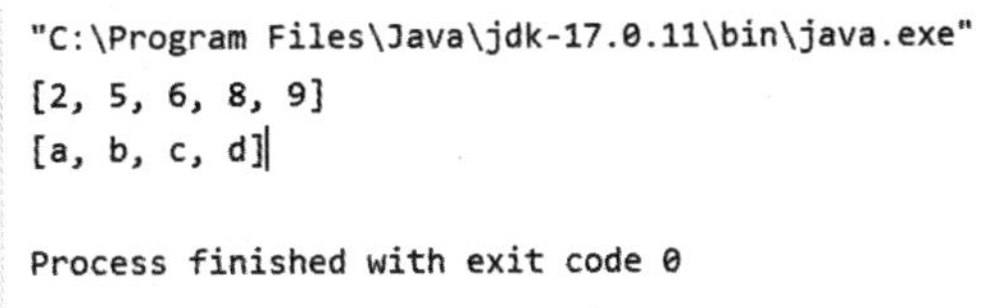

```
"C:\Program Files\Java\jdk-17.0.11\bin\java.exe"
[2, 5, 6, 8, 9]
[a, b, c, d]

Process finished with exit code 0
```

图 8-25　例 8-10 程序运行结果

如果往 TreeSet 集合中存储自定义类的元素，如 Student 类，则需要自己指定排序规则，否则会出现异常。

【例 8-11】TreeSet 集合自定义类未指定排序规则的处理。

```java
public class Demo2{
    public static void main(String[] args){
```

```
        //创建 TreeSet 集合, 元素 Student 类
        TreeSet<Student> set1 = new TreeSet();
        //创建 4 个 Student 对象
        Student s1 = new Student("张三",23,888.8);
        Student s2 = new Student("李四",18,888.8);
        Student s3 = new Student("王五",88,888.8);
        Student s4 = new Student("赵六",66,888.8);
        set1.add(s1);
        set1.add(s2);
        set1.add(s3);
        set1.add(s4);
        System.out.println(set1);
    }
}
```

例 8-11 程序运行结果如图 8-26 所示。

```
Exception in thread "main" java.lang.ClassCastException Create breakpoint : class com.test1.Studen
    at java.base/java.util.TreeMap.compare(TreeMap.java:1291)
    at java.base/java.util.TreeMap.put(TreeMap.java:536)
    at java.base/java.util.TreeSet.add(TreeSet.java:255)
    at com.test1.Demo2.main(Demo2.java:14)
```

图 8-26　例 8-11 程序运行结果

那么如何解决上述潜在的问题呢？下面提供两种解决方案。

第一种：让元素的类实现 Comparable 接口，重写 compareTo 方法。

第二种：在创建 TreeSet 集合时，通过构造方法传递 Compartor 比较器对象。

【例 8-12】方法一：设计自定义类实现 Comparable 接口，重写 compareTo 方法。

```
//第一步: 让 Student 类实现 Comparable 接口
//注意: Student 类的对象作为 TreeSet 集合的元素
  public class Student implements Comparable<Student>{
        private String name;        //姓名
        private int age;            //年龄
        private double height;      //升高
        public Student() {
        }
        //中间省略构造方法、get、set、toString
        @Override
        public boolean equals(Object o) {
            if (this == o) return true;
            if (o == null || getClass() != o.getClass()) return false;
            Student student = (Student) o;
            return age == student.age && Double.compare(student.height, height) == 0 && Objects.equals
(name, student.name);
        }
        @Override
        public int hashCode() {
            return Objects.hash(name, age, height);
```

```
    }
    //第二步：重写 compareTo 方法
    //按照年龄进行比较，只需要在方法中让 this.age 和 o.age 相减即可
    /*
    * 原理：
    * 在往 TreeSet 集合中添加元素时，add 方法底层会调用 compareTo 方法
    * 根据该方法的结果是正数、负数，还是零，决定元素放在后面、前面、不存
    */
    @Override
    public int compareTo(Student o) {
        //this：表示将要添加进去的 Student 对象
        //o：表示集合中已有的 Student 对象
        return this.age - o.age;
    }
}
```

例 8-12 程序运行结果如图 8-27 所示。

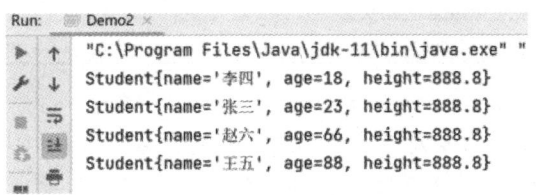

图 8-27　例 8-12 程序运行结果

接下来演示第二种排序方式。

【例 8-13】方法二：设计使用构造方法传递 Compartor 比较器对象。

```
//创建 TreeSet 集合时，传递比较器对象排序
/**
 * 原理：当调用 add 方法时，底层会先用比较器，根据 Comparator 的 compare
 * 根据该方法的结果是正数、负数，还是零，决定元素谁在后，谁在前，谁不存
 */
public class Demo3 {
    public static void main(String[] args){
        Set<Student> set = new TreeSet<>(new Comparator<Student>()){
            @Override
            public int compare(Student o1,Student o2){return o2.getAge() - o1.getAge(); }
        });
        //创建 4 个 Student 对象
        Student s1 = new Student("张三",23,888.8);
        Student s2 = new Student("李四",18,888.8);
        Student s3 = new Student("王五",88,888.8);
        Student s4 = new Student("赵六",66,888.8);
        set.add(s1);
        set.add(s2);
        set.add(s3);
        set.add(s4);
```

```
        set.forEach(x -> System.out.println(x));
    }
}
```

8.5　Collections 工具类及其在云医院数据处理中的应用

注意，Collections 并不是集合，它比 Collection 多了一个 s，一般后缀为 s 的类很多都是工具类。这里 Collections 是用来操作 Collection 的工具类。它提供了一些好用的静态方法，如表 8-5 所示。

表 8-5　Collections 工具类

方 法 名 称	说　　明
public static <T> boolean addAll(Collection<? super T> C,T...elements)	给集合批量添加元素
public static void shuffle(List<?> list)	打印 List 集合中的元素顺序
public static <T> void sort(List<T> list)	对 List 集合中的元素进行升序排列
public static <T> void sort(List<T> list,Compartor<? super T> c)	对 List 集合中的元素，按照比较器对象指定的规则进行排序

【场景说明】

在云医院系统中，经常需要处理大量的患者数据、医生数据以及诊疗记录等。这些数据通常以集合的形式存储，并且需要进行各种操作，如排序、搜索、过滤、分组等。Java 的 Collections 工具类提供了一系列静态方法，可以方便地对这些集合进行操作，提高代码的可读性和效率。

本案例将展示如何在云医院系统中利用 Collections 工具类来处理患者数据集合，包括排序患者列表、过滤特定条件的患者、统计患者数量等。

【例 8-14】云医院中综合数据处理案例。

```
/*
1.定义患者类
首先，定义一个 Patient 类来表示患者信息，每条患者记录包含患者 ID、姓名、年龄和就诊次数等信息
*/
public class Patient {
    private int id;
    private String name;
    private int age;
    private int visitCount;
    //构造函数、getter 和 setter 方法
  ......
    @Override
    public String toString() {
        return "Patient{" +
                "id=" + id +
                ", name='" + name + '\'' +
                ", age=" + age +
                ", visitCount=" + visitCount +
```

```
                        ");
    }
    //假设需要根据患者的某个属性进行排序，可以实现 Comparable 接口
    //这里以患者的年龄为例
    @Override
    public int compareTo(Patient other) {
        return Integer.compare(this.age, other.age);
    }
}


/*
2.使用 Collections 工具类处理患者数据
在云医院系统的某个模块中，使用 Collections 工具类处理患者数据集合
*/
import java.util.ArrayList;
import java.util.Collections;
import java.util.List;
import java.util.stream.Collectors;

public class CloudHospitalSystem {

    public static void main(String[] args) {
        //创建患者数据集合
        List<Patient> patients = new ArrayList<>();
        patients.add(new Patient(1, "Alice", 30, 5));
        patients.add(new Patient(2, "Bob", 25, 3));
        patients.add(new Patient(3, "Charlie", 35, 7));
        patients.add(new Patient(4, "David", 28, 2));

        //使用 Collections 工具类进行排序
        Collections.sort(patients); //按年龄排序，因为 Patient 类实现了 Comparable 接口
        System.out.println("Sorted patients by age:");
        printPatients(patients);

        //使用 Collections 工具类进行过滤（这里使用 Java 8 的 Stream API 作为替代演示）
        List<Patient> patientsWithMoreThanThreeVisits = patients.stream()
                .filter(patient -> patient.getVisitCount() > 3)
                .collect(Collectors.toList());
        System.out.println("Patients with more than three visits:");
        printPatients(patientsWithMoreThanThreeVisits);

        //使用 Collections 工具类统计患者数量（这里直接使用 List.size 方法）
        int totalPatients = patients.size();
        System.out.println("Total number of patients: " + totalPatients);

        //假设需要找到年龄最大的患者，可以使用 Collections.max
        Patient oldestPatient = Collections.max(patients);
        System.out.println("Oldest patient:");
```

```
        System.out.println(oldestPatient);
    }

    private static void printPatients(List<Patient> patients) {
        for (Patient patient : patients) {
            System.out.println(patient);
        }
    }
}
```

接下来使用这些方法来完成一个案例。

在上述案例中，展示了如何使用 Collections 工具类以及 Java 8 的 Stream API 来处理云医院系统中的患者数据集合。通过排序、过滤和统计等操作，可以方便地获取所需的患者信息，提高数据处理的效率和准确性。

排序：使用 Collections.sort 方法对患者列表按年龄进行排序，以便快速找到年龄最大或最小的患者。

过滤：虽然 Collections 工具类本身没有直接的过滤方法，但使用了 Java 8 的 Stream API 中的 filter 方法来过滤出满足特定条件的患者，如就诊次数超过三次的患者。

统计：使用 List.size 方法来统计患者的总数，但同样可以通过 Collections 工具类中的其他方法（如 Collections.frequency）来统计特定元素在集合中出现的次数，在这个案例中没有直接用到它，这是因为在统计患者总数时，更关心的是整个集合的大小。

查找极值：使用 Collections.max 方法找到年龄最大的患者。另外，使用 Collections.min 方法找到年龄最小的患者。

8.6　Map 集合

8.6.1　Map 集合概述

所谓双列集合，就是指集合中的元素是一对儿一对儿的。Map 集合中的每一个元素是以 key=value 的形式存在的，一个 key=value 就称之为一个键值对，而且在 Java 中有一个类叫作 Entry 类，Entry 类的对象用来表示键值对对象。

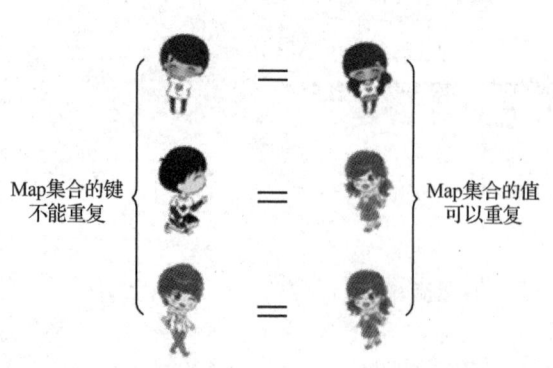

Map集合的键不能重复　　　Map集合的值可以重复

图 8-28　Map 集合

如图 8-28 所示，所有的 Map 集合都有如下特点：键不能重复，值可以重复，每一个键只能找到自己对应的值。

Map 集合也有很多种，在 Java 中使用不同的类来表示，每一种 Map 集合的键的特点是有差异的，值是键的一个附属值，所以只需要关注键的特点就可以了。

8.6.2　Map 集合常用方法及实例分析

8.6.1 节已经认识了 Map 集合，接下来学习 Map 集合提供了哪些方法供用户使用。由于 Map 是所有双列集合的父接口，所以只需要学习 Map 集合接口中每一个方法的含义，那么所有的 Map 集合接口方法就都会用了。Map 集合方法说明如表 8-6 所示。

表 8-6　Map 集合方法说明

方 法 名 称	说　　　明
public V put(K key,V value)	添加元素
public int size()	获取集合的大小
public void clear()	清空集合
public boolean isEmpty	判断集合是否为空，为空返回 true，反之返回 false
public V get(Object key)	根据键获取对应值
public V remove(Object key)	根据键删除整个元素
public boolean containsKey(Object key)	判断是否包含某个键
public boolean containsValue(Object value)	判断是否包含某个值
public Set<K>　keySet()	获取全部键的集合
public Collection<> values()	获取 Map 集合的全部值

8.6.3　Map 集合常用遍历方法一

Map 集合共有三种遍历方法，首先来学习第一种，它需要用到图 8-29 所示的两个方法。

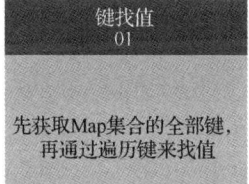

Map集合的遍历方法一

键找值 01
先获取Map集合的全部键，再通过遍历键来找值

需要用到Map集合的如下方法:

方法名称	说明
public Set<K> keySet ()	获取所有键的集合
public V get (Object key)	根据键获取其对应的值

图 8-29　Map 集合的两个方法

【例 8-15】Map 集合中的 keySet 与 get 方法的使用。

```java
public class MapTest4 {
    public static void main(String[] args){
        //准备一个 Map 集合
        Map<String,Double>map = new HashMap<>();
        map.put("张三", 188.8);
        map.put("张三", 99.9);
        map.put("李四", 18.8);
        map.put("王五", 68.8);
        map.put("赵六", 128.8);
        System.out.println(map);
        //1.获取 Map 集合的全部键
```

```
                Set<String> keys = map.keySet();
                //System.out.println(keys);
                //2.遍历全部键，根据键获取其对应的值
                for (String key : keys) {
                    //根据键获取对应的值
                    double value = map.get(key);
                    System.out.println(key + "====>" + value);
                }
            }
        }
```

例 8-15 程序运行结果如图 8-30 所示。

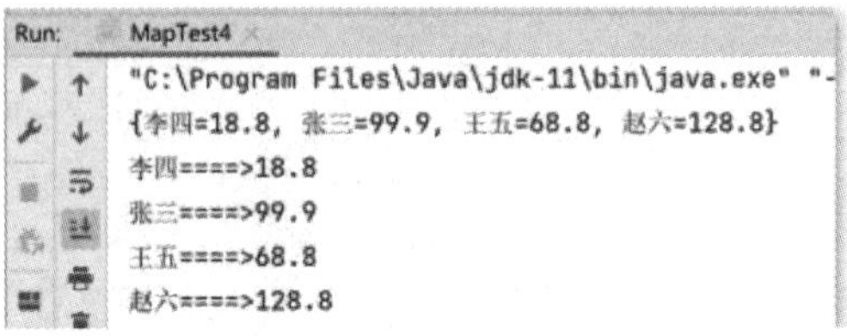

图 8-30　例 8-15 程序运行结果

8.6.4　Map 集合常用遍历方法二

接下来学习 Map 集合的第二种遍历方法，这种遍历方法更加符合面向对象的思维。

前面介绍过，Map 集合是用来存储键值对的，而每一个键值对实际上是一个 Entry 对象。

Map 集合的第二种遍历方法如图 8-31 所示，它直接获取每一个 Entry 对象，再通过 Entry 对象获取键和值。

Map提供的方法	说明
Set<Map. Entry<K,V>> entrySet()	获取所有"键值对"的集合

图 8-31　Map 集合的第二种遍历方法

【例 8-16】Map 集合中 entrySet 方法的使用。

```
public class MapTest5 {
    public static void main(String[] args){
        //准备一个 Map 集合
        Map<String,Double>map = new HashMap<>();
        map.put("张三", 188.8);
        map.put("张三", 99.9);
        map.put("李四", 18.8);
        map.put("王五", 68.8);
        map.put("赵六", 128.8);
        System.out.println(map);
        //调用 Map 集合提供的 entrySet 方法，把 Map 集合转换成键值对类型的 Set 集合
        Set<Map.Entry<String, Double>>entries = map.entrySet();
        for (Map.Entry<String, Double>entry : entries){
            String key = entry.getKey();
```

```
                Double value = entry.getValue();
                System.out.println(key+"---->"+value);
            }
        }
    }
```

例 8-16 程序运行结果如图 8-32 所示。

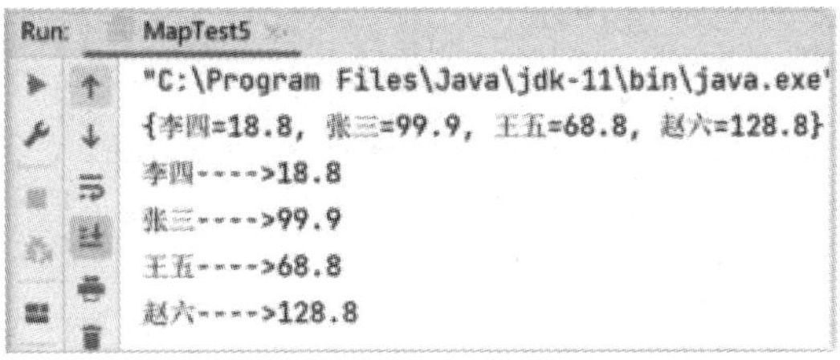

图 8-32　例 8-16 程序运行结果

8.6.5　Map 集合常用遍历方法三

Map 集合的第三种遍历方法，需要用到下面的一个方法 forEach，而这个方法是 JDK 1.8 版本以后才有的，如图 8-33 所示。它调用起来非常简单，最好是结合 lambda 表达式一起使用。

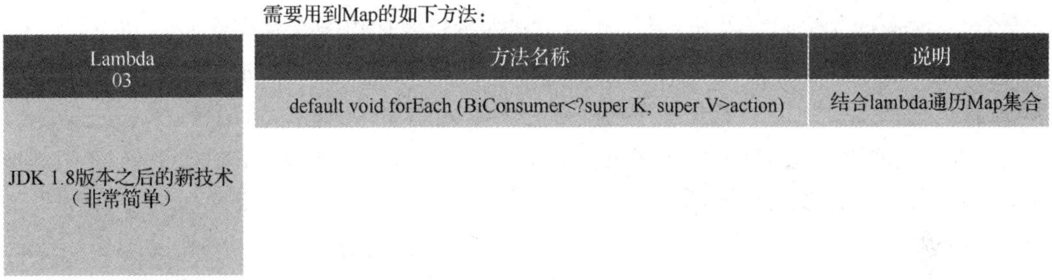

需要用到Map的如下方法：

Lambda 03	方法名称	说明
	default void forEach (BiConsumer<?super K, super V>action)	结合lambda通历Map集合
JDK 1.8版本之后的新技术（非常简单）		

图 8-33　Map 集合的第三种遍历方法

【例 8-17】使用 forEach 遍历 Map 集合。

```java
public class MapTest6 {
    public static void main(String[] args) {
        //准备一个 Map 集合
        Map<String, Double> map = new HashMap<>();
        map.put("猪猪侠", 188.8);
        map.put("猪猪侠", 99.9);
        map.put("小菲菲", 18.8);
        map.put("超人强", 68.8);
        map.put("迷糊老师", 128.8);
        System.out.println(map);
        //遍历 Map 集合，传递匿名内部类
        map.forEach(new BiConsumer<String, Double>() {
            @Override
            public void accept(String k, Double v) {
                System.out.println(k + "------>" + v);
            }
```

```
    });
    //遍历 Map 集合，传递 Lambda 表达式
    map.forEach((k, v) -> {
        System.out.println(k + "----->" + v);
    });
    }
}
```

例 8-17 程序运行结果如图 8-34 所示。

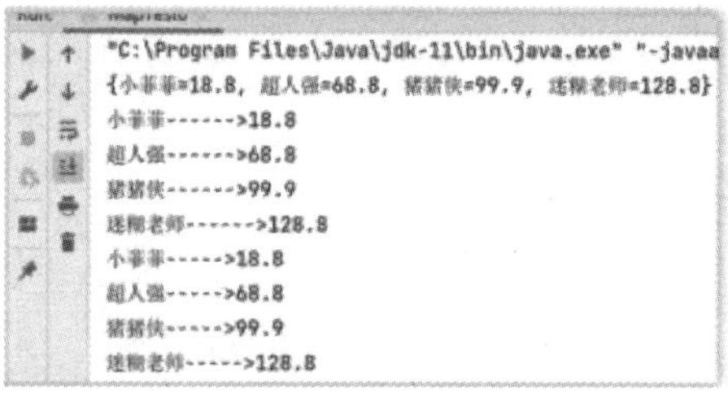

图 8-34　例 8-17 程序运行结果

小　　结

　　集合框架是 Java 中一个极其重要的部分，它为开发者提供了一套丰富而强大的接口和类，用于存储和操作对象集合。这一框架的设计基于一系列抽象接口，如 Collection、List、Set 和 Map 等，这些接口定义了集合操作的基本行为，如添加、删除、遍历等。

　　通过实现这些接口，Java 提供了多种具体的集合实现类，如 ArrayList、LinkedList、HashSet、TreeSet、HashMap 和 TreeMap 等。每种实现都有其特定的用途和性能特点，如 ArrayList 适用于需要频繁访问元素的场景，而 LinkedList 更适用于元素的频繁插入和删除操作。HashSet 和 TreeSet 分别提供了无序和有序的集合实现，而 HashMap 和 TreeMap 分别提供了基于哈希表和红黑树的映射实现。

　　Java 中还引入了一系列重要的辅助类，如 Iterator、Spliterator 和 Stream 等，它们提供了遍历和操作集合的灵活方式。特别是 JDK 1.8 版本引入的 Stream API，极大地增强了集合的操作能力，使得开发者能够以声明的方式处理集合数据，编写出更加简洁、易读和高效的代码。

　　此外，Java 集合框架还注重集合的线程安全性。虽然大多数集合实现都不是线程安全的，但 Java 提供了如 Vector、Hashtable 等线程安全的集合类，以及 Collections 工具类中的同步包装器方法，用于将非线程安全的集合转换为线程安全的集合。

　　总之，Java 集合框架是 Java 中不可或缺的一部分，它为开发者提供了丰富的集合操作接口和类，以及灵活的遍历和操作方式。通过学习和掌握 Java 集合框架，开发者可以更加高效地处理集合数据，编写出更加健壮、可维护和可扩展的 Java 应用程序。

习　　题

　　8-1　实现一个自定义的链表（LinkedList）类，包含添加元素、删除元素、获取元素等基本操作。

8-2　创建一个 TreeMap，并实现一个自定义的 Comparator，以确保按照字符串长度降序排列。

8-3　编写一个程序，将两个有序的集合合并为一个新的有序集合，不允许使用 JDK 1.8 版本提供的 Stream API。

8-4　实现一个 LRU（Least Recently Used）缓存，要求在元素达到一定数量时删除最近最少使用的元素。

8-5　编写一个程序，检查一个字符串中的括号是否匹配，使用 Stack 来实现。

8-6　创建一个自定义的 HashMap，实现基本的插入、删除、获取操作，并处理碰撞冲突。

8-7　实现一个优先队列（PriorityQueue），并使用自定义对象作为元素，要求按照对象的某个属性进行排序。

8-8　编写一个程序，使用 BitSet 判断两个集合的交集。

8-9　实现一个循环链表，包含添加元素、删除元素、获取元素等基本操作。

8-10　创建一个 ConcurrentHashMap，并实现一个自定义的锁策略，以确保线程安全的插入和获取操作。

实验七　餐饮后台管理系统——集合框架

实验目标

深入理解 Java 集合框架的各类接口和实现类，包括 List、Set、Map 等，明确它们各自的特点、用途和使用场景，能够准确选择合适的集合类型来满足餐饮后台管理系统的不同需求。掌握集合框架中常用的操作方法，如添加、删除、遍历、查询等，能够熟练运用这些方法对餐饮管理系统中的数据进行高效的管理和操作。理解集合框架中的泛型机制，学会在餐饮后台管理系统中使用泛型来确保集合中存储的数据类型安全，避免类型转换错误。

实验任务

1. 实验任务 1

实验内容：

创建一个 ArrayList 来存储菜品对象，每个菜品对象包含名称、价格、类别等属性。

实现添加新菜品的方法，将新菜品对象添加到集合中。实现删除菜品的方法，根据菜品名称从集合中移除相应的菜品对象。实现查询菜品的方法，根据特定条件（如价格范围、类别等）从集合中筛选出符合条件的菜品。

实验难点：

确保菜品对象在集合中的唯一性，避免重复添加。高效地实现查询方法，尤其是处理复杂的查询条件。

实验提示：

可以考虑重写菜品对象的 equals 和 hashCode 方法来确保唯一性。对于查询方法，可以使用迭代器遍历集合进行筛选。

2. 实验 2

实验内容：

使用 HashMap 存储员工信息，键为员工编号，值为员工对象，员工对象包含姓名、职位、工资等属性。

实现添加员工的方法，将新员工的编号和对象添加到 Map 集合中。实现修改员工信息的方法，根据员工编号更新员工对象的属性。遍历员工集合，输出所有员工的信息。

实验难点：

处理员工编号的唯一性，避免重复添加。确保在修改员工信息时正确地更新对应的值。

实验提示：

添加员工时，先检查编号是否已存在于 Map 集合中。修改信息时，通过编号获取对应的员工对象进行修改。

3. 实验 3

实验内容：

创建一个 LinkedList 来存储订单对象，订单对象包含订单编号、菜品列表、总价等属性。

实现添加订单的方法，将新的订单对象添加到链表中。统计一段时间内的订单总数和总销售额。分析最畅销的菜品（根据菜品在订单中的出现次数）。

实验难点：

准确地统计订单总数和总销售额，避免数据错误。高效地分析最畅销菜品，尤其是当订单数量较多时。

实验提示：

在添加订单时，及时更新订单总数和总销售额的变量。可以使用另一个集合来记录菜品的出现次数，以便分析最畅销的菜品。

第9章 文件操作——云医院数据的备份与恢复

【知识要点】

- 文件（File）类的使用
- 流的分类及层次结构
- 常用的字节流和字符流的使用
- 对象序列化
- 文件的随机访问

【简介】

在 Java 中，输入/输出流（I/O 流）是数据在程序与外部世界之间传输的桥梁。通过输入/输出流，程序可以读取存储在文件、网络等外部源中的数据，也可以将程序中的数据输出到文件、屏幕等外部目标。

文件操作是 Java 输入/输出流体系中的一个重要组成部分。通过 File 类及其相关方法，程序可以方便地进行文件的创建、读写、删除等操作。同时，Java 还提供了丰富的流类来支持文件的字节和字符读写，使得文件操作更加灵活和高效。

【场景】

在医院管理系统中，经常需要读取大量的文件并记录对应的信息，其中包含医护人员、患者等，那么应该如何实现对这一系列数据的采集呢？此外，当医院的组织架构调整时，众多部门的职位会发生变动，如何实现文件的读写和存储以及合并就变得尤为重要了。

9.1 文件处理

File 类是磁盘文件和目录的抽象表示。为了便于对文件和目录进行统一管理，Java 把目录也作为一种特殊的文件处理。File 类是一个与流无关的类，它提供了一些方法来操作文件和获取文件的基本信息，File 类对象可以方便地对文件或目录进行管理。但是，它不能读写文件。

9.1.1 File 类简介

1. File 的构造方法

（1）File(String pathname)

根据给定的路径名字符串构造一个 File 实例，如果给定的字符串是空字符串，那么创建的 File 类对象将不代表任何文件或目录。

例如：File f1=new File ("e:\\java")

（2）File(String parent, String filename)

根据 parent 路径名字符串和 filename 字符串构造一个 File 实例。

例如：File f2=new File ("e:\\java", "e:\\example1.java")

（3）File(File parent, String child)

根据 parent 抽象路径名和 filename 字符串构造一个新的 File 实例。

例如：File f3=new File (f1,"example2.java")

2．File 类成员方法

File 类包含了文件和文件夹的多种属性和操作方法，常用方法如表 9-1 所示。

表 9-1   File 类中的常用方法

方 法 声 明	功　　能
String getName()	返回由此抽象路径名表示的文件或目录的名称
String getParent()	返回此抽象路径名的父路径名的路径名字符串，如果此路径名没有指定父目录，则返回 null
File getParentFile()	返回此抽象路径名的父路径名的抽象路径名，如果此路径名没有指定父目录，则返回 null
String getPath()	将此抽象路径名转换为一个路径名字符串
boolean isAbsolute()	测试此抽象路径名是否为绝对路径名。如果此抽象路径名是绝对路径名，则返回 true；否则返回 false
String getAbsolutePath()	返回抽象路径名的绝对路径名字符串
boolean canRead()	测试应用程序是否可以读取此抽象路径名表示的文件。当且仅当此抽象路径名指定的文件存在且可由应用程序读取时，返回 true；否则返回 false
boolean canWrite()	测试应用程序是否可以修改此抽象路径名表示的文件。当且仅当文件系统实际包含此抽象路径名表示的文件且允许应用程序对该文件进行写入时，返回 true；否则返回 false
boolean exists()	测试此抽象路径名表示的文件或目录是否存在。当且仅当此抽象路径名表示的文件或目录存在时，返回 true；否则返回 false
boolean isDirectory()	测试此抽象路径名表示的文件是否是一个目录。当且仅当此抽象路径名表示的文件存在且是一个目录时，返回 true；否则返回 false
boolean isFile()	测试此抽象路径名表示的文件是否是一个标准文件。当且仅当此抽象路径名表示的文件存在且是一个标准文件时，返回 true；否则返回 false
long length()	返回由此抽象路径名表示的文件的长度。此抽象路径名表示的文件的长度，以字节为单位，如果文件不存在，则返回 0L
boolean delete()	删除此抽象路径名表示的文件或目录。当且仅当成功删除文件或目录时，返回 true；否则返回 false
boolean exists()	测试此抽象路径名表示的文件或目录是否存在。当且仅当此抽象路径名表示的文件或目录存在时，返回 true；否则返回 false
Boolean　createNewFile()	若 File 对象表示的文件不存在，则调用此方法创建一个空文件。若创建成功，则返回 true；否则返回 false

在 File 类中还有许多方法，读者没有必要去死记，只要记住在需要的时候去查阅 Java 的 API 手册就可以了。

9.1.2 使用 File 类

通过上面的介绍，我们对 File 类有了大体的了解。下面就通过一个具体的例子进一步阐述 File 类的具体使用。

【例 9-1】创建一个 File 类对象，输出该文件对象的相关信息。

```java
import java.io.File;
public class FileTest {
    public static void main(String[] args) {
        File f=new File("e:\\1.txt");
        if(f.exists()){
            f.delete();
        }else{
            try{
                f.createNewFile();
            }
            catch(Exception e){
                System.out.println(e.getMessage());
            }
            System.out.println("文件名："+f.getName());
            System.out.println("文件路径："+f.getPath());
            System.out.println("绝对路径："+f.getAbsolutePath());
            System.out.println("父文件夹名称："+f.getParent());
            System.out.println(f.exists()?"文件存在":"文件不存在");
            System.out.println(f.canWrite()?"文件可写":"文件不可写");
            System.out.println(f.canRead()?"文件可读":"文件不可读");
            System.out.println(f.isDirectory()?"是目录":"不是目录");
            System.out.println(f.isFile()?"是文件":"不是文件");
            System.out.println(f.isAbsolute()?"是绝对路径":"不是绝对路径");
            System.out.println("文件大小："+f.length()+"字节");
        }
    }
}
```

例 9-1 程序运行结果如图 9-1 所示。

```
"C:\Program Files\Java\jdk-17.0.11\bin\java.exe" "-javaagent
文件名：1.txt
文件路径：e:\1.txt
绝对路径：e:\1.txt
父文件夹名称：e:\
文件存在
文件可写
文件可读
不是目录
是文件
是绝对路径
文件大小：0字节
```

图 9-1　例 9-1 程序运行结果

从例 9-1 中可以看出，通过使用 java.io 包中提供的 File 类可以方便地对文件、目录进行管理。

9.2　流的基本概念

流（Stream）是一组有序的数据序列。根据操作的类型，流分为输入流和输出流两种。输入流是指从某种数据源（如键盘、磁盘文件等）到程序的一个流，程序可以从这个流中读取数据；输出流是从程序到某种目的地（如磁盘文件、终端设备等）的一个流，程序可以将信息写入这个流。

9.2.1　输入/输出流

Java 的输入/输出类都包含在 java.io 包中，有不同的流类满足不同性质的输入/输出需要。Java 的输入/输出流一般分为字节输入流、字节输出流、字符输入流和字符输出流 4 种。Java 针对这 4 种流的分类为每个系列的类设计了一个父类，而实现具体操作的类都作为该系列类的子类，对应的这 4 个抽象父类分别是：InputStream、OutputStream、Reader 和 Writer。

1. 字节输入流

InputStream 类是字节输入流的抽象类，它是所有字节输入流的父类。图 9-2 所示是字节输入流类层次结构图。

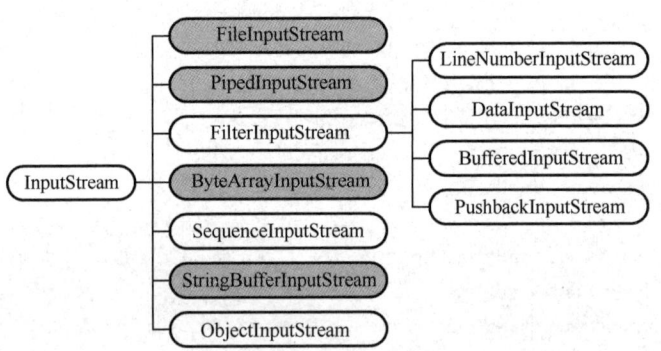

图 9-2　字节输入流类层次结构图

InputStream 类定义了操作字节输入流的各种方法。InputStream 类的常用成员方法如表 9-2 所示。

表 9-2　InputStream 类的常用成员方法

方 法 名 称	功 能 描 述
int available()	返回此输入流方法的下一个调用方可以不受阻塞地从此输入流读取（或跳过）的字节数
void close()	关闭此输入流并释放与该流关联的所有系统资源
void mark(int readlimit)	在此输入流中标记当前的位置
abstract int read()	从输入流中读取下一个数据字节
int read(byte[] b)	从输入流中读取一定数量的字节并将其存储在缓冲区数组 b 中
Int read(byte[] b, int off, int len)	将输入流中最多 len 个数据字节读入字节数组
void reset()	将此流重新定位到对此输入流最后调用 mark 方法时的位置
long skip(long n)	跳过和放弃此输入流中的 n 个数据字节

2．字节输出流

OutputStream 类是字节输出流的抽象类，它是所有字节输出流的父类。图 9-3 所示是字节输出流类层次结构图。

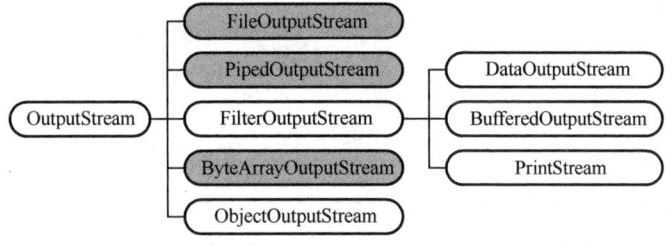

图 9-3　字节输出流类层次结构图

OutputStream 类定义了操作字节输出流的各种方法。OutputStream 类的常用成员方法如表 9-3 所示。

表 9-3　OutputStream 类的常用成员方法

方 法 名 称	功 能 描 述
void close()	关闭此输出流并释放与此流有关的所有系统资源
void flush()	刷新此输出流并强制写出所有缓冲的输出字节
void write(byte[] b)	将 b.length 个字节从指定的字节数组写入此输出流
void write(byte[] b, int off, int len)	将指定字节数组中从偏移量 off 开始的 len 个数据字节写入此输出流
abstract void write(int b)	将指定的字节写入此输出流

3．字符输入流

Reader 类是所有字符输入流的抽象类，所有字符输入流的实现都是它的子类。图 9-4 所示是字符输入流类层次结构图。

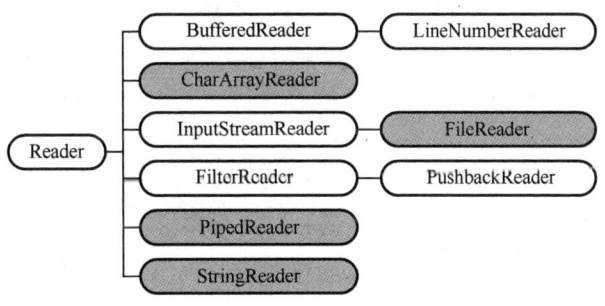

图 9-4　字符输入流类层次结构图

Reader 类定义了操作字符输入流的各种方法。Reader 类的常用成员方法如表 9-4 所示。

表 9-4　Reader 类的常用成员方法

方 法 名 称	功 能 描 述
abstract void close()	关闭该流
oid mark(int readAheadLimit)	标记流中的当前位置

续表

方 法 名 称	功 能 描 述
boolean markSupported()	判断此流是否支持 mark()操作
int read()	读取单个字符
int read(char[] cbuf)	将字符读入数组
abstract int read(char[] cbuf, int off, int len)	将字符读入数组的某一部分
read(CharBuffer target)	试图将字符读入指定的字符缓冲区
boolean ready()	判断是否准备读取此流
void reset()	重置该流
long skip(long n)	跳过字符

4. 字符输出流

Writer 类是所有字符输出流的抽象类,所有字符输出流的实现都是它的子类。图 9-5 所示是字符输出流类层次结构图。

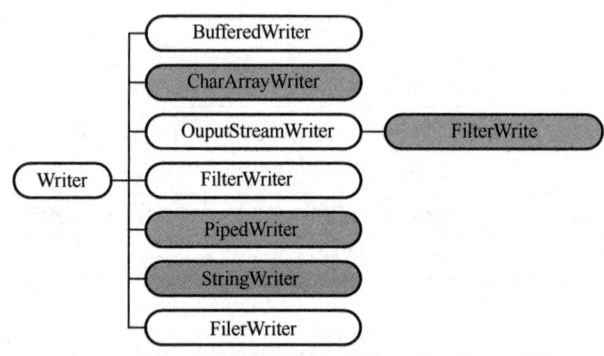

图 9-5 字符输出流类层次结构图

Writer 类定义了操作字符输出流的各种方法。Writer 类的常用成员方法如表 9-5 所示。

表 9-5 Writer 类的常用成员方法

方 法 名 称	功 能 描 述
Writer append(char c)	将指定字符追加到此 writer
Writer append(CharSequence csq)	将指定字符序列追加到此 writer
Writer append(CharSequence csq, int start, int end)	将指定字符序列的子序列追加到此 writer.Appendable
abstract void close()	关闭此流,但要先刷新它
abstract void flush()	刷新此流
void write(char[] cbuf)	写入字符数组
abstract void write(char[] cbuf, int off, int len)	写入字符数组的某一部分
void write(String str)	写入字符串
void write(String str,　int off, int len)	写入字符串的某一部分
void write(int c)	写入单个字符

9.2.2　Java 的标准输入/输出流

在计算机系统中，标准输入是从键盘等外部设备中获得数据，标准输出是向显示器等外部设备发送数据。在 Java 中，键盘用 stdin 表示，监视器用 stdout 表示。它们均被封装在 System 类的类常量 in 和 out 中，分别对应 System.in 和 System.out，用于实现标准输入和输出功能，声明如下：

```
public final static InputStream in;
public final static PrintStream out;
```

Java 的标准输入 System.in 是 BufferedInputStream 类的对象，当程序需要从键盘读入数据时，只需调用 System.in 的 read( )即可。一般情况下，系统的输入流都会连接键盘设备，也就是可以接收键盘的输入。如果程序在运行时需要在命令行窗口接收输入，则可以通过使用系统输入流来实现。

Java 的标准输出 System.out 是打印输出流 PrintStream 类的对象。PrintStream 类是过滤输出流类 FilterOutputStream 的一个子类，其中定义了向屏幕输送不同类型数据的方法 print( )和 println( )。

【例 9-2】Java 的标准输入/输出。本例演示如何从键盘输入数据，以及向显示器输出数据的标准输入/输出操作。

```java
import java.io.IOException;
public class Stdio {
    int count=0;
    byte buffer[];
    public Stdio() throws IOException{
        do{
            System.out.print("请输入：");
            buffer=new byte[512];
            count=System.in.read(buffer);
            System.out.print("输入的字节是：");
            for (int i=0;i<count;i++){
                System.out.print(buffer[i]);
                System.out.print(" ");
            }
            System.out.println();
            System.out.println("输入"+count+"个字节");
        }while(count!=2);
    }
    public static void main(String args[]) throws IOException{
        new Stdio();
    }
}
```

例 9-2 程序运行结果如图 9-6 所示。

注意：在例 9-2 中，count 变量保存的实际读入字节数比输入字符多 2 个，它包含了回车符和换行符两个字节。

```
"C:\Program Files\Java\jdk-17.0.11\bin\java.exe"
请输入：abcd
输入的字节是：97 98 99 100 10
输入5个字节
请输入：14 ac
输入的字节是：49 52 32 97 99 10
输入6个字节
请输入：
```

图 9-6　例 9-2 程序运行结果

9.3　流的分类

9.3.1　文件字节流

文件系统在输入/输出中处于重要的地位，Java 提供了基于字节的文件流 FileInputStream 和 FileOutputStream 对文件进行处理。

1. FileInputStream

使用 FileInputStream 可以访问文件的一个字节、几个字节或整个文件。

FileInputStream 的构造方法有两个。

（1）FileInputStream(File file)：创建一个从指定的 File 类对象读取数据的文件输入流。

（2）FileInputStream(String)：创建一个从指定名称的文件读取数据的文件输入流。

在创建 FileInputStream 对象时，若指定文件找不到，则抛出 FileNotFoundException 异常，该异常必须捕获或者声明抛出。FileInputStream 继承并覆盖了父类 InputStream 中 read( )、close( ) 等方法。

【例 9-3】创建一个 File 类对象，然后创建一个 FileInputStream 对象，从输入流中读取文件 1.txt 的信息并输出（1.txt 的内容为"This is a Java program！"）。

```java
import java.io.File;
import java.io.FileInputStream;
import java.io.IOException;
public class FileExample01 {
    public static void main(String[] args) {
    //创建一个 File 类对象
File f=new File("c:\\","1.txt");
        try{
            byte b[]=new byte[512];
            //创建文件字节输入流
FileInputStream fis =new FileInputStream(f);
            int rs=0;
            System.out.println("The content of 1.txt:");
            while((rs=fis.read(b,0,512))>0){
                String s=new String(b,0,rs);
                System.out.println(s);
            }
```

```
            fis.close( );
        }catch(IOException e){
            e.printStackTrace();
        }
    }
}
```

例 9-3 程序运行结果如图 9-7 所示。

```
"C:\Program Files\Java\jdk-17.0.11\bin\java.exe" ".
The content of 1.txt:
This is a java Program!
```

图 9-7　例 9-3 程序运行结果

2. FileOutputStream

通过使用 FileOutputStream 可以向文件中写一个字节或一批字节。

FileOutputStream 的构造方法有 4 种。

（1）FileOutputStream(File file)：创建一个向指定 File 类对象表示的文件中写入数据的文件输出流。

（2）FileOutputStream(File file,boolean append)：创建一个向指定 File 类对象表示的文件中写入数据的文件输出流，并指定是否为添加方式。

（3）FileOutputStream(String name)：创建一个向具有指定名称的文件中写入数据的文件输出流。

（4）FileOutputStream(String name,boolean append)：创建一个向具有指定 name 的文件中写入数据的文件输出流，并指定是否为添加方式。

在生成 FileOutputStream 对象时，若指定的文件不存在，则创建一个新的文件；若已存在，则清除源文件内容。在进行文件的读写操作时会产生 IOException 异常，该异常必须捕获或声明抛出。

【例 9-4】创建一个 File 类对象，从键盘输入字符存入数组中，创建一个 FileOutputStream 对象，把数组中的字符通过文件输出流写入文件 2.txt 中。

```java
import java.io.File;
import java.io.FileOutputStream;
import java.io.IOException;

public class FileExample02 {
    public static void main(String[] args) {
        int b;
        File file=new File("c://","2.txt");
        byte bytes[]=new byte[512];
        System.out.println("请输入你想存入文本的内容：");
        try{
            //判断文件是否存在
if(!file.exists())
                file.createNewFile();
```

```
                        //从键盘输入字符存入 bytes 字节数组中
    b=System.in.read(bytes);
//创建文件输出流
                        FileOutputStream fos=new FileOutputStream(file,true);
                        //把 bytes 写入指定文件中
                        fos.write(bytes,0,b);
                        //关闭输出流
                        fos.close();
                }
        catch(IOException e){
                e.printStackTrace();
        }
    }
    }
```

例 9-4 程序运行结果如图 9-8 所示。

```
"C:\Program Files\Java\jdk-17.0.11\bin\java.exe"
请输入你想存入文本的内容:
Hello Java!!
```

图 9-8　例 9-4 程序运行结果

查看 2.txt 文件的内容为"Hello Java！！"。

9.3.2　文件字符流

文件系统在输入/输出中处于重要的地位，Java 还提供了基于字符的文件流 FileReader 和 FileWriter 对文件进行处理。

1．FileReader

FileReader 是一个文件读字符流类，它是 InputStreamReader 的子类。

FileReader 常用的构造方法如下。

（1）FileReader(File file)：根据 File 类对象创建一个新的 FileReader 类对象。

（2）FileReader(String filename)：根据给定的文件名创建 FileReader 类对象。

例 9-5 是使用 FileReader 类访问文件的程序。程序运行的结果是显示 FileReaderExample01. java 的内容。

【例 9-5】使用 FileReader 类访问文件。

```
import java.io.FileNotFoundException;
import java.io.FileReader;
import java.io.IOException;
public class FileReaderExample01 {
        public static void main(String[] args) {
                int c=0;
                try{
                FileReader  fr=new  FileReader("./src/第八章/FileReaderExample01.javasrc/main/java/org/example/
chapter9/FileReaderExample01.java");
                        //按字符读取文件内容并显示出来
```

```
                    while((c=fr.read())!=-1){
                        System.out.print((char)c);
                    }
                    fr.close();
                }
                catch(FileNotFoundException e){
                    System.out.println("Can't find file!");
                }
                catch(IOException e){
                    System.out.println("File read error!");
                }
            }
        }
```

例 9-5 程序运行结果如图 9-9 所示。

```
"C:\Program Files\Java\jdk-17.0.11\bin\java.exe" "-javaagent:D:\JetBrains\IntelliJ IDEA 2024.2.3\lib\idea_
package org.example.chapter9;

import java.io.FileNotFoundException;
import java.io.FileReader;
import java.io.IOException;
public class FileReaderExample01 {
    public static void main(String[] args) {
        int c=0;
        try{
            FileReader fr=new FileReader("src/main/java/org/example/chapter9/FileReaderExample01.java");
            //按字符读取文件内容并显示出来
            while((c=fr.read())!=-1){
```

图 9-9　例 9-5 程序运行结果

2. FileWriter

FileWriter 是一个文件写字符流类，它是 OutputStreamWriter 的子类。

FileWriter 常用的构造方法如下。

（1）FileWriter(File file)：根据 File 类对象创建 FileWriter 类对象。

（2）FileWriter(File file, boolean append)：根据 File 类对象创建 FileWriter 类对象，并指定是否为添加方式。

（3）FileWriter(String filename)：根据给定的文件名创建 FileWriter 类对象。

（4）FileWriter(String filename, boolean append)：根据给定的文件名创建 FileWriter 类对象。

【例 9-6】使用 FileWriter 类访问文件。

```
import java.io.FileWriter;
import java.io.IOException;
public class FileWriterExample02 {
    public static void main(String[] args) {
        FileWriter fw;
        int num=0;
        try{
            fw=new FileWriter("./unicode.dat");
            //把大写字母 A~Z 写入文件
```

```
        for(int c=65;c<=90;c++){
            fw.write(c);
            num++;
        }
        //把小写字母 a~z 也写入文件
        for(int c=97;c<=122;c++){
            fw.write(c);
            num++;
        }
        fw.close();
        //输出文件里的字符个数
        System.out.println(num);
    }catch(IOException e){
        e.printStackTrace();
        System.out.println("File write error");
        System.exit(-1);
    }
  }
}
```

例 9-6 程序运行结果如图 9-10 所示。

```
"C:\Program Files\Java\jdk-17.0.11\bin\java.exe"
52
```

图 9-10　例 9-6 程序运行结果

打开文件 unicode.dat 查看它的内容，发现已被写入了 A~Z 和 a~z 共 52 个字符。

9.3.3　过滤器流

过滤器流（FilterStream）是为某种目的过滤字节或字符的数据流。基本输入流提供的方法只能用来读取字节或字符。而过滤器流能够读取整数值、双精度值或字符串。但需要一个过滤器类来包装输入流。从前面的类层次结构图中可以知道，FilterInputStream 和 FilterOutputStream 分别是 InputStream 类和 OutputStream 类的子类，其重写了父类的方法，而且它们本身也都是抽象类。

DataInputStream 和 DataOutputStream 作为 FilterInputStream 和 FilterOutputStream 的子类，又进一步实现了其父类为处理数据的过滤器流定义的接口和方法。DataInputStream 和 DataOutputStream 类对象使用与机器无关的方式读取或写入 Java 的简单数据类型和 String，在一般的输入/输出和网络通信中使用较多。它们的功能就是把二进制的字节流转换成 Java 的基本数据类型，同时还提供了从数据中使用 UTF-8 编码构建 String 的功能。

这两个流要在底层流基础上建立，构造方法如下。

DataInputStream(InputStream in)：创建一个指向底层输入流的数据输入流。

DataOutputStream(OutputStream out)：创建一个指向底层输出流的数据输出流。

【例 9-7】创建一个文件输入流和文件输出流，在文件流的基础上建立数据流，先向文件中写入不同类型的数据，然后按不同的类型读取数据并输出。

```java
import java.io.DataInputStream;
import java.io.DataOutputStream;
import java.io.FileInputStream;
import java.io.FileOutputStream;
import java.io.IOException;
public class DataIOExample01 {
    public static void main(String[] args) {
        try{
            FileOutputStream out=new FileOutputStream("c://3.txt");
            DataOutputStream dout=new DataOutputStream(out);
            dout.writeByte(-25);
            dout.writeLong(11);
            dout.writeChar('a');
            dout.writeFloat(3.56f);
            dout.writeUTF("大家好");
            dout.close();
        }catch(IOException e){
            e.printStackTrace();
        }
        try{
            FileInputStream in=new FileInputStream("c://3.txt");
            DataInputStream din=new DataInputStream(in);
            System.out.println(din.readByte());
            System.out.println(din.readLong());
            System.out.println(din.readChar());
            System.out.println(din.readFloat());
            System.out.println(din.readUTF());
        }catch(IOException e){
            e.printStackTrace();
        }
    }
}
```

例 9-7 程序运行结果如图 9-11 所示。

```
"C:\Program Files\Java\jdk-17.0.11\bin\java.exe"
-25
11
a
3.56
大家好
```

图 9-11 例 9-7 程序运行结果

9.3.4 字符缓冲流

没有缓冲的输入/输出流，直接读写效率就低，为了解决这个缺点，Java 提供了基于缓冲的输入/输出流。带缓冲的输入流从一个类似于缓冲区的内存区域中读取数据，当缓冲区为空时，调用基本的输入 API 完成输入操作；同样，带缓冲的输出流首先向缓冲区中写数据，当缓冲区已满时调用基本的输出 API 完成输出操作。缓冲流链接在其他节点流之上,对读写数据提供缓冲功能,提高了读写效率,并增加了一些新的方法。JDK 引入了 BufferedReader 类和 BufferedWriter 类,用来对字符流进行成批处理。

1. BufferedReader 类

BufferedReader 类是 Reader 类的子类,使用该类可以以行为单位读取数据。BufferedReader 的主要构造方法如下。

BufferedReader(Reader in):使用 Reader 类对象创建一个 BufferedReader 类对象。

BufferedReader 类中提供了一个 Reader 类中没有的 ReaderLine()方法,该方法能够读取文本行,其声明如下。

public String readLine():读取一行字符串,输入流结束时返回 null。

2. BufferedWriter 类

BufferWriter 类是 Writer 类的子类,该类可以以行为单位写入数据。BufferWriter 类的主要构造方法如下。

BufferWriter(Writer out):使用 Writer 类对象创建一个 BufferWriter 类对象。

BufferWriter 类中提供了一个 Writer 类中没有的 newLine()方法,该方法是换行标记,其声明如下。

public void newLine():写入一个换行符。

【例 9-8】使用字符缓冲流实现文本文件的输入/输出操作。

```java
import java.io.BufferedReader;
import java.io.BufferedWriter;
import java.io.FileReader;
import java.io.FileWriter;
import java.io.IOException;
public class CharacterStream {
    private String filename;
    //构造方法,指定文件名
    public CharacterStream(String filename){
        this.filename=filename;
    }
    //将缓冲区中的数据写入指定文件
    public void writeFile(int[] buffer){
        try{
            //为指定文件创建文件输出流对象
            FileWriter fout=new FileWriter(this.filename);
            BufferedWriter dout=new BufferedWriter(fout);
            for(int i=0;i<buffer.length;i++){
                dout.write(buffer[i]+" ");
                if((i+1)%10==0)
                    //写入一个换行符
                    dout.newLine();
            }
            dout.close();
            fout.close();
            System.out.println("成功写入文件: "+this.filename);
        }
```

```
            catch(IOException e){
                    e.getStackTrace();
            }
    }
    //将指定文件中的数据读至缓冲区
    public void readFileContent(){
            try{
                    //为指定文件创建文件输入流对象
                    FileReader fin=new FileReader(this.filename);
                    BufferedReader din=new BufferedReader(fin);
                    int count=0;
                    String aline=null;
                    do{
                            aline=din.readLine();
                            if(aline!=null){
                            System.out.println(aline);
                            count++;
                            }
                    }while(aline!=null);
                    System.out.println("本次读入"+count+"行数据");
                    din.close();
                    fin.close();
            }catch(IOException e){
                    e.getStackTrace();
            }
    }
    public static void main(String[] args) {
            int []buffer=new int[100];
            for(int i=0;i<100;i++){
                    buffer[i]=(int)(Math.random()*100);
            }
            CharacterStream fileStrem =new CharacterStream("CharFile.dat");
            fileStrem.writeFile(buffer);
            fileStrem.readFileContent();
    }
}
```

例 9-8 程序运行结果如图 9-12 所示。

```
"C:\Program Files\Java\jdk-17.0.11\bin\java.exe"
成功写入文件：CharFile.dat
85 38 33 61 63 31 21 56 60 35
83 15 4 49 70 31 30 94 81 90
9 3 77 49 14 79 29 3 58 43
22 29 37 45 47 35 92 75 23 91
74 13 98 27 37 88 96 47 90 44
28 39 62 52 35 15 77 21 70 58
7 28 9 0 20 98 94 32 93 35
39 83 27 48 0 71 89 41 94 15
3 33 92 27 17 94 27 13 58 71
76 63 99 8 34 89 81 77 72 65
本次读入10行数据
```

图 9-12　例 9-8 程序运行结果

例 9-8 中的程序首先创建了一个文本文件，以字符方式写入了一组数据，然后再读取该
文件并将该文件的内容显示在屏幕上。

9.3.5　转换流

InputStreamReader 类和 OutputStreamWriter 类是字节通向字符流的桥梁。它们可以根据指
定的编码方式，将字节输入流转换为字符输入流；或者根据指定的编码方式，将之转换为字
符流。

InputStreamReader 类的构造方法如下。

InputStreamReader(InputStream in)：使用默认字符集创建 InputStreamReader 类的实例对象。

InputStreamReader(InputStream in,String cname)：使用已命名的字符编码方式创建
InputStreamReader 类的实例对象。

OutputStreamWriter 类的构造方法如下。

OutputStreamWriter(OutputStream out)：使用默认字符集创建 OutputStreamWriter 类的实例
对象。

OutputStreamWriter(OutputStream out,String cname)：使用已命名的字符编码方式创建
OutputStreamWriter 类的实例对象。

【例 9-9】创建一个 FileOutputStream 类对象，将之转换为默认编码的字符输出流，向文
件 demo.txt 中写入数据，再创建一个 FileInputStream 类对象，将之转换为默认编码的字符输
入流，从文件中读取数据并打印到控制台上。

```java
import java.io.FileInputStream;
import java.io.FileOutputStream;
import java.io.IOException;
import java.io.InputStream;
import java.io.InputStreamReader;
import java.io.OutputStream;
import java.io.OutputStreamWriter;
public class TransStreamtest {
    public static void transWriteNoBuf() throws IOException {
            //创建一个文件字节输出流对象
        OutputStream out = new FileOutputStream("D:\\demo.txt");
            //使用默认字符编码创建一个 OutputStreamWriter 类对象
        OutputStreamWriter osr = new OutputStreamWriter(out);
        int ch = 97;
        osr.write(ch);
        String str = "你好吗？ ";
        osr.write(str);
        osr.flush();
        osr.close();
    }

    public static void transReadNoBuf() throws IOException {
            //读取字节流
        InputStream in = new FileInputStream("D:\\demo.txt");
```

```
            //将字节流向字符流的转换
            InputStreamReader isr = new InputStreamReader(in);
            char []cha = new char[1024];
            int len = isr.read(cha);
            System.out.println(new String(cha,0,len));
            isr.close();
        }
    public static void main(String[] args) throws IOException {
        transWriteNoBuf();
        transReadNoBuf();
    }
}
```

例 9-9 程序运行结果如图 9-13 所示。

```
"C:\Program Files\Java\jdk-17.0.11\bin\java.exe"
a你好吗?
```

图 9-13　例 9-9 程序运行结果

9.3.6　对象流

1．序列化

Java 对于基本数据类型的数据可以保存到文件中，也可以对文件中的数据进行读取。但是对于复杂的对象类型，Java 使用对象输入/输出流实现对象序列化可以直接存取对象。将对象存入一个流称作序列化，而从一个流将对象读出称作反序列化。

只有支持 java.io.Serializable 接口的对象才能写入流中或从流中读出，也就是说，被序列化的对象必须实现 java.io.Serializable 接口，否则不能实现序列化，可序列化类的所有子类都是可序列化的。需要注意的是，该结构什么方法也没有，实现该类只是简单地标记该类准备支持序列化功能。

【例 9-10】定义一个 Student 类，实现 Serializable 接口。

```
import java.io.Serializable;
public class Student implements Serializable{
    String sno;
    String sname;
    int sage;
    String sdepartment;
    public Student(String sno, String sname, int sage, String sdepartment) {
        super();
        this.sno = sno;
        this.sname = sname;
        this.sage = sage;
        this.sdepartment = sdepartment;
    }
}
```

2. ObjectInputStream 类和 ObjectOutputStream 类

Java 提供了对象输入流 ObjectInputStream 和对象输出流 ObjectOutputStream，用来读取和保存对象，它们分别是 InputStream 类和 OutputStream 类的子类，继承了它们所有的方法。

ObjectInputStream 类和 ObjectOutputStream 类的构造方法如下。

ObjectInputStream(InputStream in)：创建从指定的 InputStream 流读取的 ObjectInputStream 对象输入流。

ObjectOutputStream(OutputStream out)：创建向指定 OutputStream 流写入的 ObjectOutputStream 对象输出流。

对象流常用的方法如下。

public final Object readObject()：从 ObjectInputStream 流读取并重构对象。

Public final void writeObject(Object obj)：将指定的对象写入 ObjectOutputStream。

ObjectInputStream 类和 ObjectOutputStream 类分别与 FileOutputStream 类和 FileInputStream 类一起使用时，可以为应用程序的对象提供持久存储功能。

【例 9-11】将例 9-10 的 Student 类对象通过对象输出流 writeObject()方法保存到文件 sdate.ser 中。之后，通过对象输入流的 readObject()方法从文件 sdate.ser 中读出 Student 类对象。

```java
import java.io.FileInputStream;
import java.io.FileNotFoundException;
import java.io.FileOutputStream;
import java.io.IOException;
import java.io.ObjectInputStream;
import java.io.ObjectOutputStream;
public class StudentObjectStream {
        public static void main(String[] args) throws IOException {
        Student s=new Student("20121018","张院长",20,"JSJ");
        FileOutputStream fout=new FileOutputStream("sdate.ser");
        ObjectOutputStream out=new ObjectOutputStream(fout);
        try{
                out.writeObject(s);
                out.close();
                fout.close();
        }catch(IOException e){
                e.printStackTrace();
        }
        FileInputStream fin=new FileInputStream("sdate.ser");
        ObjectInputStream in=new ObjectInputStream(fin);
        try{
                s=(Student)in.readObject();
                System.out.println(s.sno);
                System.out.println(s.sname);
                System.out.println(s.sage);
                System.out.println(s.sdepartment);
                in.close();
                fin.close();
        }catch(ClassNotFoundException e){
```

```
                e.printStackTrace();
        }
    }
}
```

例 9-11 程序运行结果如图 9-14 所示。

```
"C:\Program Files\Java\jdk-17.0.11\bin\java.exe"
20121018
张院长
20
JSJ
```

图 9-14 例 9-11 程序运行结果

9.4 文件的随机访问

字节流 InputStream/OutputStream 的子类和字符流 Reader/Writer 类的子类都是顺序流，在读写流中的数据时只能按顺序进行。Java 还定义了一个功能更强大，使用更方便的类：RandomAccessFile。它用于进行随意位置、任意类型的文件访问。

RandomAccessFile 类实现了 DataInput 接口和 DataOutput 接口，与数据流一样，随机访问文件中的数据也可以按基本的数据类型来读或写。也就是说，写一个整数值，就会写入文件 4 个字节；写一个双精度浮点数，就会写入文件 8 个字节。这样就可以计算出数据在文件的位置指针，然后读写指定位置的数据。

1. RandomAccessFile 类的构造方法

RandomAccessFile 类有以下两个构造方法。

（1）RandomAccessFile(String name,String mode)：创建从其中读取和向其中写入（可选）的随机访问文件流，该文件由 file 参数指定。

（2）RandomAccessFile(String name,String mode)：创建从其中读取和向其中写入（可选）的随机访问文件流，该文件由 name 指定。

参数 mode 指明文件使用模式，允许的值及其含义如表 9-6 所示。

表 9-6 mode 允许的值及其含义

mode 值	含　义
"r"	以只读方式打开。调用结果对象的任何 write 方法都将导致抛出 IOException
"rw"	以读写方式打开。如果指定的文件不存在，则尝试创建该文件
"rws"	以读写方式打开。同时对文件内容或元数据的每个更新都同步写入底层存储设备
"rwd"	以读写方式打开。同时对文件内容的每个更新都同步写入底层存储设备

2. RandomAccessFile 类的主要方法

RandomAccessFile 类常用的方法如表 9-7 所示。

表 9-7　RandomAccessFile 类常用的方法

方 法 名 称	功 能 描 述
void seek(long　pos)	设置文件指针位置
long getFilePointer()	获取文件指针位置
long length()	返回文件长度

【例 9-12】使用 RandomAccessFile 类访问文件。向指定文件写入若干整数，要求写入的整数非降序排列。因此需要在文件中查找合适的位置，然后写入数字。

```java
import java.io.EOFException;
import java.io.File;
import java.io.IOException;
import java.io.RandomAccessFile;
public class FileSort {
    private RandomAccessFile rafile;
    public FileSort(String filename)throws IOException{
        File file=new File(filename);
        if(file.exists())
            file.delete();
        this.rafile=new RandomAccessFile(filename,"rw");
    }

    //把 k 按顺序写入文件
    public void sort(int k,long pos)throws IOException{              //从 pos 位置开始排序 k
        this.rafile.seek(pos);                                       //设置文件读指针
        boolean insert=false;
        while(true){
            try{
                int temp=this.rafile.readInt();                      //读取一个整数
                if(temp>k){
                    long currPos=this.rafile.getFilePointer();//获得当前位置
                    this.rafile.seek(currPos-4);                     //后退 4 个字节
                    this.rafile.writeInt(k);                         //将 k 插入当前位置
                    this.sort(temp, currPos);                        //从当前位置开始，对 temp 排序
                    insert=true;
                }
            }catch(EOFException ioe){
                if(insert==false){
                    this.rafile.writeInt(k);                         //写入 k
                }
                break;
            }
        }
    }

    //在文件中添加数据
```

```
public void append (int[]table)throws IOException{
    for(int i=0;i<table.length;i++){
        this.sort(table[i],0);
    }
    System.out.println();
}
//从指定文件中读取数据
public void readFromFile()throws IOException{
    this.rafile.seek(0);
    while(true)
        try{
            System.out.print(this.rafile.readInt()+" ");
        }catch(EOFException ioe){
            System.out.println();
            this.rafile.close();
            break;
        }
}
public static void main(String[] args) throws IOException{
    int[]table={5,3,1,2,7,8,10,32,25,10};
    FileSort fileSort=new FileSort("Random.dat");
    fileSort.append(table);
    fileSort.readFromFile();
}
}
```

例 9-12 程序运行结果如图 9-15 所示。

```
"C:\Program Files\Java\jdk-17.0.11\bin\java.exe"

1 2 3 5 7 8 10 10 25 32
```

图 9-15　例 9-12 程序运行结果

9.5　云医院的医护信息读取

【问题分析】

近期医院中新来了一批医护人员，现在需要对该批人员的基本信息进行录入，目前提供了一个对应的文本文件"医生.txt"，大致的数据格式如下所示，请编写程序完成对该组信息的录入。

```
呼吸内科  主治医生  张三有  00111001001000 123
呼吸内科  副主任医生  黎思华 10000111000011 123
呼吸内科  主任医生  王伍陆 01000111011100 123
神经内科  主治医生  马梦梅 00111000000000 123
神经内科  主治医生  张新如 00111000000000 123
神经内科  副主任医生  李欣璐 00111000000000 123
```

神经内科 副主任医生 普亮 00111000000000 123
神经内科 主任医生 杨莉莉 00111000000000 123
普外科 主治医生 王一丰 00111000110011 123
普外科 主治医生 赖雪明 11000111001100 123
普外科 副主任医生 周忠厚 00111000000011 123
普外科 主任医生 谷淑杰 00111000000011 123
儿科 主治医生 彭世义 00111000000000 123
儿科 副主任医生 李昊泽 00111000000000 123
儿科 主任医生 钟文菁 00111000000000 123
骨科 主治医生 尹华敏 00111000000000 123
骨科 主治医生 傅海源 00111000000000 123
骨科 副主任医生 唐嘉敏 00111000000000 123
··············

【例 9-13】编写文件读取工具类，读取不仅限于"医生.txt"文件的数据。

```java
public class FileUtil {

    /**
     * 从文件中读取数据
     */
    public static List<String> getFromFile(String fileName){
        Scanner scanner = null;
        try {
            scanner = new Scanner(new File("src/"+fileName));
        }catch(Exception e) {
            System.err.println("文件读取错误！！");
            e.printStackTrace();
        }
        List<String> list = new ArrayList<>();
        String temp = "";
        while(true) {
            try {
                temp = scanner.nextLine();
                list.add(temp);
            }catch(Exception e) {
                break;
            }
        }
        return list;
    }
    public static void main(String[] args) {
        List<String> list = getFromFile("医生.txt");
        for(String s:list) {
            System.out.println(s);
        }
    }
}
```

例 9-13 程序运行结果如图 9-16 所示（部分结果）。

```
呼吸内科 主治医生 张三有 00111001001000 123
呼吸内科 副主任医生 黎思华 10000111000011 123
呼吸内科 主任医生 王伍陆 01000111011100 123
神经内科 主治医生 马梦梅 00111000000000 123
神经内科 主治医生 张新如 00111000000000 123
神经内科 副主任医生 李欣璐 00111000000000 123
```

图 9-16　例 9-13 程序运行结果

在例 9-13 的程序中定义了 FileUtil 工具类，其中可使用 File 类对象进行文件的读取，并采用了 nextLine()方法对文件中的数据进行逐行读取，并将读取的数据保存到 List 集合中以便后续使用。当需要读取指定文件时，只需调用该工具类中的方法即可。

小　　结

File 类是文件管理的基础，它是文件或目录的抽象表示。File 类提供的方法可以获取文件或目录的路径、名称、大小、读写属性等基本信息，完成创建、删除、重命名文件以及获取文件目录等操作。

Java 把不同类型的输入/输出源抽象为流（Stream），用统一的接口来表示，从而使程序简单明了。

字符流以字符为基本单位来处理数据。所有字符流类都是从 Reader 或 Writer 派生而来的，这类流以 16 位的 Unicode 码表示的字符为基本处理单位。FileReader 和 FileWriter 是两个重要的字符流，用于对文本文件进行操作。

字节流以字节为基本单位来处理数据。所有字节流类都是从 InputStream 或 OutputStream 派生而来的。这些流以字节为基本处理单位。FileInputStream 和 FileOutputStream 是两个重要的字节流，用于以二进制方式对文件进行操作。

DataInputStream 和 DataOutputStream 可以按基本类型和 String 类型读写数据。BufferedReader 和 BufferedWriter 提供了基于缓冲的输入/输出流，提高了读写的效率。InputStreamReader 和 OutputStreamWriter 可以将字节流转换为字符流。使用对象流 ObjectInputStream 和 ObjectOutputStream 可以按对象读写数据。

Java 还提供了 RandomAccessFile 类，可以用来对文件进行随机读取和数据的插入。

习　　题

9-1　解释 Java 中的流（Stream），并区分字节流和字符流。

9-2　简述 Java 中缓冲流（Buffered Streams）的作用。

9-3　列出 Java 中用于文件操作的几个常用类，并简述它们的主要用途。

9-4　编写一个 Java 程序，该程序读取一个文本文件，过滤掉所有非英文字母的字符（包括空格、标点符号等），并统计过滤后文本中特定单词（如"example"）出现的次数。将统计结果打印到控制台上。

示例：

This is an example sentence.
Another example is here.

输出应为：

The word "example" (case-insensitive) appears 2 times.

9-5　编写一个 Java 程序，该程序能够读取一个大文件（如超过 1GB 的日志文件），但每次只从文件中读取一小块数据（如 1MB），直到文件末尾。将读取的数据实时显示在控制台上，以模拟实时日志查看器。

实验八　餐饮后台管理系统——输入/输出流与文件操作

实验目标

掌握使用输入/输出流将餐饮后台管理系统中的关键数据（如菜品信息、订单记录、员工数据等）持久化存储到文件中，确保数据在系统关闭后不会丢失。

实验任务

1．实验 1
实验内容：

设计菜品类，包含菜品名称、价格、描述等属性。

创建一个文本文件，用于存储菜品信息，格式为每行一个菜品，包含名称、价格和描述，用特定分隔符隔开。实现将菜品信息写入文件的方法，当添加新菜品或修改菜品信息时，同步更新文件。实现从文件中读取菜品信息的方法，在系统启动时加载菜品数据。

实验难点：

确定合适的文件格式和分隔符，确保数据的准确性和可读性。处理文件读写过程中的异常情况，如文件不存在、权限问题等。

实验提示：

可以使用逗号、制表符等作为分隔符，也可以考虑使用特定的字符序列来表示不同的字段。

使用 try-catch 语句捕获文件读写过程中的异常，并给出适当的错误提示。

2．实验 2
实验内容：

设计订单类，包含订单编号、菜品列表、总价等属性。定期将订单数据写入备份文件，可设置定时任务或在特定事件触发时进行备份。当需要恢复数据时，能够从备份文件中读取订单信息并恢复到系统中。提供手动备份和恢复的功能，方便管理员操作。

实验难点：

确定合理的备份频率和触发条件，避免过度备份影响系统性能。确保恢复过程中数据的完整性和一致性。

实验提示：

可以根据系统的业务量和重要性来确定备份频率，如每天备份一次或在一定数量的订单生成后进行备份。

在恢复数据时，进行数据校验，确保订单信息的正确性。

3．实验 3

实验内容：

设计员工操作日志类，包含员工编号、操作时间、操作内容等属性。

在员工进行重要操作（如添加菜品、处理订单等）时，将操作信息记录到日志文件中。实现查询和分析日志文件的功能，以便管理员了解员工的操作情况和系统的运行状态。对日志文件进行定期清理，避免文件过大影响系统性能。

实验难点：

确保日志记录的准确性和完整性，不遗漏重要操作。

高效地查询和分析日志文件，尤其是当日志数据量较大时。

实验提示：

在关键操作的代码段中插入日志记录的代码，确保操作被正确记录。

第10章　多线程与并发编程——提升云医院系统的响应速度

【知识要点】
- 线程的概念与创建（继承 Thread 类，实现 Runnable 接口）
- 线程的状态（新建、就绪、运行、阻塞、结束）
- 线程同步（synchronized 关键字，Lock 接口）
- 线程优先级
- 线程间通信

【简介】

本章介绍 Java 中的多线程与并发编程。读者将学习如何创建和管理线程，如何实现线程同步和线程间通信，以及如何使用并发工具类来简化并发编程。

【场景】

在医院管理系统中，可能需要同时处理多个患者请求，通过本章的学习，读者将学会如何使用多线程来提高系统的并发处理能力，确保系统在高负载下仍然能够高效运行。

10.1　线程的概念

一个程序可能包含多个并发运行的任务。线程 Thread 是指一个任务从头至尾的执行流。线程提供了运行一个任务的机制。对 Java 而言，可以在一个程序中并发地启动多个线程。这些线程可以在多处理器系统（多个 CPU）上同时运行，如图 10-1 所示。

如图 10-2 所示，在单处理器系统（单个 CPU）中，多个线程共享 CPU 时间称为时间共享，操作系统负责调度及分配资源给它们。因为 CPU 大部分时间都是空闲的，所以这种安排是切实可行的。例如，在等待用户输入数据时，CPU 什么也不做。

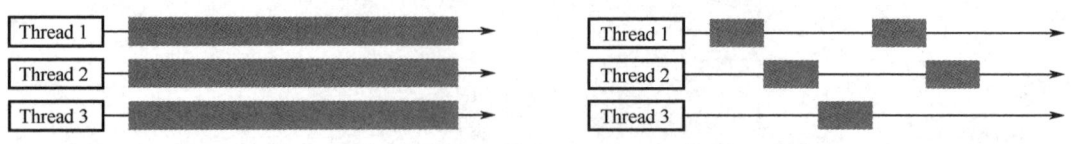

图 10-1　多个线程运行在多个 CPU 上　　　　　图 10-2　多个线程共享单个 CPU

多线程可以使程序反应更快、交互性更强、执行效率更高。例如，一个完善的文字处理程序允许一边进行文字输入，一边进行文件的打印和文件的保存。在一般情况下，即使在单处理器系统上，多线程程序的运行速度也比单线程程序要快。Java 对多线程程序的创建和运行，以及锁定资源避免冲突都提供了很好的支持。

当程序作为一个应用程序运行时，Java 解释器为 main()方法启动一个线程；当程序作为一个 applet 运行时，Web 浏览器启动一个线程运行 applet。还可以在程序中创建附加的线程来执行并发的任务。在 Java 中，每个任务都是 Runnable 接口的一个实例，也称为可运行对象。线程本质上讲就是便于任务执行的对象。

10.2　创建任务和线程

任务就是对象。要创建一个任务，首先要定义一个任务类。任务类必须实现 Runnable 接口。Runnable 接口只包含了一个 run()方法，需要实现 run()方法来告诉系统线程将如何运行。以下代码开发一个任务类。

```
public class TaskCLass{
    ...
    public TaskCLass(...){
        ...
    }
    //实现 Runnable 接口的 run 方法
    public void run(){
        //告诉系统线程将如何运行
        ...
    }
    ...
}
```

定义好一个任务类，就可以创建一个任务了。例如：

```
TaskCLass task = new TaskCLass(...);
```

任务必须在线程中运行。Thread 类包括创建线程的构造方法以及控制线程的方法。使用下面的语句创建带任务的线程：

```
Thread thread = new Thread(task);
```

然后调用 start()方法告诉 Java 虚拟机该线程准备运行，如下所示：

```
Thread.start();
```

Java 虚拟机通过调用任务的 run()方法执行任务。

以下代码概括了创建一个任务、一个线程以及启动线程的主要步骤。

```
public class Client{
    ...
    public void someMethod(){
        ...
        //创建一个任务
            TaskClass task = new TaskClass();
            //创建一个线程
            Thread thread = new Thread(task);
```

```
                    //启动线程
                    thread.start();
            ...
        }
    ...
}
```

例 10-1 向读者演示了创建三个任务，以及三个运行这些任务的线程。

第一个任务打印字母 a 100 次。

第二个任务打印字母 b 100 次。

第三个任务打印 1～100 的整数。

运行这个程序，三个线程共享 CPU，在控制台上将轮流打印字母和数字。

【例 10-1】TaskThreadDemo.java

```java
public class TaskThreadDemo {
    public static void main(String[] args) {
        //创建三个任务
        Runnable printA = new PrintChar('a', 100);
        Runnable printB = new PrintChar('b', 100);
        Runnable print100 = new PrintNum(100);
        //创建三个线程
        Thread thread1 = new Thread(printA);
        Thread thread2 = new Thread(printB);
        Thread thread3 = new Thread(print100);
        //启动线程
        thread1.start();
        thread2.start();
        thread3.start();
    }
}
//打印指定次数的字母
class PrintChar implements Runnable {
    private char charToPrint;  //要打印的字符
    private int times;          //重复的次数
    //构造一个任务，打印指定次数的字符
    public PrintChar(char c, int t) {
        charToPrint = c;
        times = t;
    }
    //重写 run()方法，指定要完成的任务
    public void run() {
        for (int i = 0; i < times; i++) {
            System.out.print(charToPrint);
        }
    }
}
//打印 1～n 的整数
```

```
class PrintNum implements Runnable {
    private int lastNum;
    //构造一个任务，打印指定次数的字符
    public PrintNum(int n) {
        lastNum = n;
    }
    //告诉线程要完成的任务
    public void run() {
        for (int i = 1; i <= lastNum; i++) {
            System.out.print(" " + i);
        }
    }
}
```

该程序创建了三个任务。为了同时运行它们，创建三个线程。调用 start()方法启动一个线程，这会导致任务中 run()方法被执行。run()方法执行完毕，线程就终止了。任务中的 run()方法指明如何完成这个任务。Java 虚拟机会自动调用该方法，无须特意调用它。

10.3　Thread 类的深入

Thread 类位于 java.lang 包中，Thread 类实现了 Runnable 接口。Thread 类包含为任务创建线程的构造方法，以及控制线程的方法，Thread 类常用方法如表 10-1。

表 10-1　Thread 类常用方法

方　　法	功　　能
public Thread()	创建一个空线程
public Thread(Runnable task)	为指定任务创建一个线程
public void start()	启动线程使方法 run()被 JVM 调用
public boolean isAlive()	测试线程当前是否正在运行
public void setPriority(int p)	设置线程的优先级，范围为 1～10
public void join()	等待线程结束
public static void sleep(long millis)	使线程睡眠指定的数
public static void yield()	使线程暂停并允许执行其他线程
public static void interrupt()	中断线程

因为 Thread 类实现了 Runnable 接口，所以可以定义一个 Thread 的扩展类，并且实现 run()方法，然后在客户端创建这个类的对象，并且调用 start()方法启动线程。

```
public class CustomThread extends Thread{
    public CustomThread(){
    }
    //重写 Runnable 接口的 run()方法
    public void run(){

    }
}
```

```
class Client{
    public void someMethod(){
        //创建线程
        CustomThread thread1 = new CustomThread();
        //启动线程
        thread1.start();
        CustomThread thread2 = new CustomThread();
        thread2.start();
    }
}
```

　　但是不推荐使用这种方法，这是因为它将任务和运行任务的机制混在一起，将任务从线程中分离出来是比较好的设计。

　　可以使用 yield()方法为其他线程临时让出 CPU 时间。例如，将例 10-1 中的 run()方法做如下修改：

```
//打印 1～n 的整数
class PrintNum implements Runnable {
    private int lastNum;
    //构造一个任务，打印指定次数的字符
    public PrintNum(int n) {
        lastNum = n;
    }
    //告诉线程要完成的任务
    public void run() {
        for (int i = 1; i <= lastNum; i++) {
            System.out.print(" " + i);
            Thread.yield();
        }
    }
}
```

　　每次打印一个数字后，就会暂停 print100 任务的线程，所以每一个数字后面都会紧跟一些字符。

```
//打印 1～n 的整数
class PrintNum implements Runnable {
    private int lastNum;
    //构造一个任务，打印指定次数的字符
    public PrintNum(int n) {
        lastNum = n;
    }
    //告诉线程要完成的任务
    public void run() {
        try{
            for (int i = 1; i <= lastNum; i++) {
                System.out.print(" " + i);
                    if(i >= 50) Thread.sleep(1);
```

```
    }//结束 for
}//结束 try
catch(InterruptedException ex){ }
    }//run()方法结束
}
```

sleep(long mills)方法可以将线程设置为休眠以确保其他线程的执行，休眠时间为指定的毫秒数。例如：

当 i >= 50 时，每打印一个数字，print100 任务的线程休眠 1ms。

sleep()方法可能抛出一个 InterruptedException，这是一个必检异常。当一个休眠线程的 interrupt()方法被调用时，就会发生这个异常。interrupt()方法极少在线程上被调用，所以不太可能发生 InterruptedException 异常。但是 Java 要求强制捕获必检异常，所以必须将它放在 try-catch 块中。如果在一个循环中调用了 sleep()方法，就应该将这个循环放在 try-catch 块中。

可以使用 join()方法让一个线程等待另一个线程结束。例如：

```
class PrintNum implements Runnable {
    private int lastNum;
    //构造一个任务，打印指定次数的字符
    public PrintNum(int n) {
        lastNum = n;
    }
    //告诉线程要完成的任务
    public void run() {
Thread thread4 = new Thread(new PrintChar('c', 40));
thread4.start();
    try{
        for (int i = 1; i <= lastNum; i++) {
            System.out.print(" " + i);
            if(i >= 50)
                thread4.join();
        }//结束 for
}//结束 try
catch(InterruptedException ex){ }
    }//run()方法结束
}
```

创建一个新线程 thread4，它打印字符 40 次。在线程 thread4 结束后打印 50～100 的数字。

Java 给每个线程指定一个优先级。在默认情况下，线程继承生成它的线程的优先级。可以使用 setPriority()方法提高或降低线程的优先级，还能使用 getPriority()方法获取线程的优先级。线程优先级为 1～10。Thread 类有 int 型常量 MIN_PRIORITY、NORM_PRIORITY 和 MAX_PRIORITY，分别代表 1、5 和 10。主线程的优先级是 Thread.NORM_PRIORITY。

10.4　线程池

前面介绍了如何通过实现 java.lang.Runnable 来定义任务类，以及如何创建一个线程，例如：

```
Runnable task = new TaskClass(task);
New Thread(task).start();
```

这个方法对单一任务的执行是很方便的，但是由于要为每个任务创建一个线程，所以对大量任务而言就不够高效了，而为每个任务启动一个新线程又会降低性能。线程池是管理并发执行任务的理想方法。Java 提供 Executor 接口来执行线程池中的任务，提供 ExecutorService 接口来管理和控制任务。ExecutorService 接口是 Executor 的子接口，如图 10-3 所示。

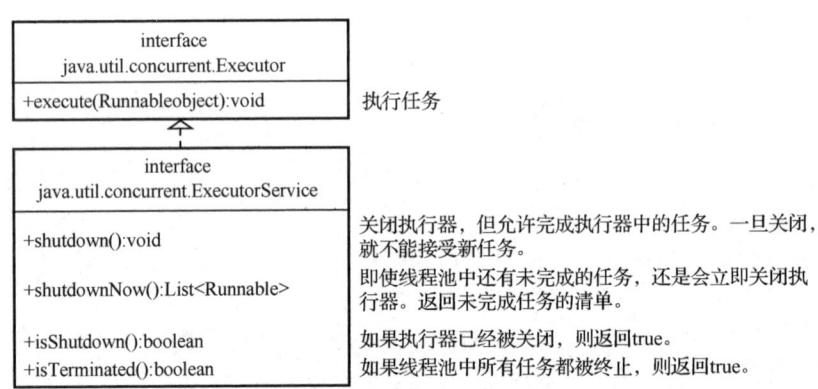

图 10-3　Executor 接口执行任务，ExecutorService 接口管理和控制任务

为了创建一个 Executor 对象，可以使用 Executors 类中的静态方法，如图 10-4 所示。newFixedThreadPool(int)方法在线程池中创建固定数目的线程。如果线程完成了任务的执行，则它可以被重新使用以执行另一个任务。当线程池中的所有线程都不处于空闲状态，并且有任务在等待执行时，在关机前，如果由于一个错误终止了一个线程，就会创建一个新线程来替代它。如果线程池中的所有任务都不是处于空闲状态，而且有任务在等待执行，那么newCachedThreadPool()方法会创建一个新线程。如果缓冲池中的线程在 60s 内都没有被使用就该终止它，对多个小任务而言，一个缓冲池就已经足够了。

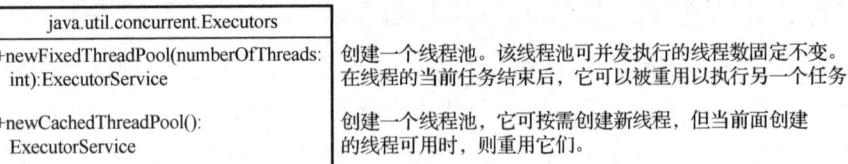

图 10-4　Executors 类中的静态方法

例 10-2 是使用线程池改写例 10-1。

【例 10-2】ExecutorDemo.java

```
import java.util.concurrent.*;
public class ExecutorDemo {
    public static void main(String[] args) {
```

```
    //创建固定数目的线程池
    ExecutorService executor = Executors.newFixedThreadPool(3);
    //给 executor 提交 3 个任务
    executor.execute(new PrintChar('a', 100));
    executor.execute(new PrintChar('b', 100));
    executor.execute(new PrintNum(100));
    //关闭 executor，现有任务继续执行，但不能接受新的任务
    executor.shutdown();
  }
}
```

该程序创建了最大线程数为 3 的线程池执行器，创建了 3 个任务并把它们添加到同一个线程池中。执行器并发执行 3 个任务。如果把 Executors.newFixedThreadPool(3)替换成 Executors. newFixedThreadPool(1)会发生什么呢？这 3 个可运行的任务将顺次执行，因为在线程池中只有一个线程。如果把 Executors.newFixedThreadPool(3)替换成 Executors. newCachdThreadPool()又会发生什么呢？这为每个等待的任务创建一个新线程，所以所有的任务都并发执行。

10.5　线程同步

程序创建时如果一个共享资源被多个线程同时访问，则可能会遭到破坏。

假设创建并启动 100 个线程，每个账户都往同一个账户存一元钱。定义一个类 Account 来模拟账户，一个用来向账户存一元钱的 AddAYuanTask 类，以及一个用于创建和启动线程的主类。这些类之间的关系如图 10-5 所示。例 10-3 给出了这个程序。

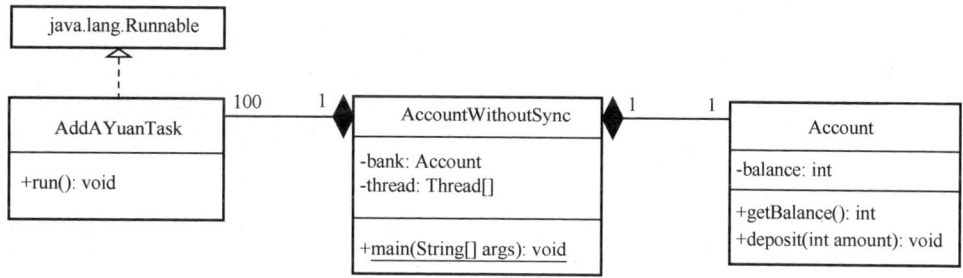

图 10-5　AccountWithoutSync 包含一个 Account 的实例和 AddAYuanTask 的 100 个线程

【例 10-3】AccountWithoutSync.java

```
import java.util.concurrent.*;
public class AccountWithoutSync {
  private static Account account = new Account();
  public static void main(String[] args) {
    //创建线程池执行器来管理线程
    ExecutorService executor = Executors.newCachedThreadPool();
    //创建 100 个线程，并添加到线程池执行器中
    for (int i = 0; i < 100; i++) {
      executor.execute(new AddAYuanTask());
    }
    executor.shutdown(); //关闭执行器
```

```
                //执行器等待所有任务完成
                while (!executor.isTerminated()) {
                }
                //输出所有线程结束后的账户余额
                System.out.println("What is balance? " + account.getBalance());
        }
        //往账户上存一元钱的任务类, 内部类
        private static class AddAYuanTask implements Runnable {
                public void run() {
                    account.deposit(1);
                }
        }
        //内部类账户
        private static class Account {
                private int balance = 0;    //账户初始余额为 0 元
                public int getBalance() {
                    return balance;
                }
                public void deposit(int amount) {
                    int newBalance = balance + amount;
                    //故意放大数据破坏程度, 使它更容易显现出来
                    try {
                        Thread.sleep(5);
                    }
                    catch (InterruptedException ex) {
                    }
                    balance = newBalance;
                }
        }
}
```

该账户的初始余额为 0 元, 当所有的线程执行完毕后余额应该为 100 元, 但是输出结果并不是可预测的。该程序演示了当所有线程同时访问同一个数据源时, 就会出现数据被破坏的情况。

那么, 究竟是什么原因导致了程序的错误呢？下面给出一个可能的情景, 见表 10-2。

表 10-2   任务 1 和任务 2 都向同一余额里加 1

步 骤	余 额	任务 1	任务 2
1	0	newBalance = balance + 1	
2	0		newBalance = balance + 1
3	1	balance = newBalance	
4	1		balance = newBalance

在步骤 1 中, 任务 1 从账户中获取余额数目。在步骤 2 中, 任务 2 从账户中获取同样数目的余额。在步骤 3 中, 任务 1 向账户写入一个新余额。在步骤 4 中, 任务 2 也向账户写入一个新余额。

这个情景的效果就是任务 1 什么也没做，因为在步骤 4 中，任务 2 覆盖了任务 1 的结果。很明显，问题是任务 1 和任务 2 以一种会引起冲突的方式访问一个公共资源。这是多线程程序的一个普遍问题，称为竞争状态。如果一个类的对象在多线程程序中没有导致竞争状态，则称这样的类为线程安全的。如例 10-3 中的 Account 类就不是线程安全的。

10.5.1　synchronized 关键字

为避免竞争状态，应该防止多个线程同时进入程序的某一特定部分，程序的这一部分称为临界区。例 10-3 中的临界区是整个 deposit()方法。可以使用 synchronized 关键字来同步方法，以便一次只有一个线程可以访问这个方法。有几种方法可以解决例 10-3 中的问题。一种方法是在 deposit()方法前面加上 synchronized 关键字，使 Account 类成为线程安全的，如下所示：

```
public synchronized void deposit(int amount)
```

一种同步方法在执行之前需要加锁。对于实例方法，要给调用该方法的对象加锁；对于静态方法，要给这个类加锁。如果一个线程调用一个对象上的同步实例方法（或静态方法），则首先给该对象（或类）加锁，然后执行该方法，最后解锁。在解锁之前，另一个调用该对象（或类）中的方法的线程将被阻塞，直到解锁。

随着 deposit()方法被同步化，前面的情景就不会再出现。如果任务 1 进入 deposit()方法，任务 2 就会被阻塞，直到任务 1 完成该方法的运行，如表 10-3 所示。

表 10-3　任务 1 和任务 2 同步

步　　骤	任务 1	任务 2
1	对 Account 类加锁	
2	执行 deposit()方法	
3	释放锁	等待加锁
4		对 Account 类加锁
5		执行 deposit()方法
6		释放锁

10.5.2　线程同步的必要性与实现方式

调用一个对象的同步实例方法要求给该对象加锁。调用一个类的同步静态方法要求对该类加锁。当执行方法中的某一个代码块时，同步语句不仅可用于对 this 对象加锁，而且可用于对任何对象加锁。这个代码块称为同步块。同步语句的一般形式如下所示：

```
synchronized（expr）{
    statements
}
```

表达式 expr 必须求出对象的引用。如果对象已经被另一个线程锁定，则在解锁之前，该线程将被阻塞。当获准对一个对象加锁时，该线程执行同步块中的语句，然后解除对对象所加的锁。

同步语句允许设置同步方法中的部分代码，而不必是整个方法。这大大增强了程序的并发能力。将例 10-3 中的 run()方法替换如下：

```
public void run() {
        synchronized(account){
            account.deposit(1);
        }
}
```

这样例 10-3 就变成了线程安全的。

10.6　利用加锁同步

同步语句在例 10-3 中，100 个线程向同一个账户并发存储一元钱，这会造成冲突。只要在 deposit 方法中使用 synchronized 关键字就可以避免这种情况发生，如下所示：

public synchronized void deposit(int amount)

同步的实例方法在执行方法之前都隐式地需要一个锁。

Java 可以显式地加锁，这给协调线程带来了更多的控制功能。一个锁是一个 Lock 接口的实例，它定义了加锁和释放锁的方法，如图 10-6 所示。锁也可以使用 newCondition()方法来创建任意个数的 Condition 对象，用来进行线程间通信。

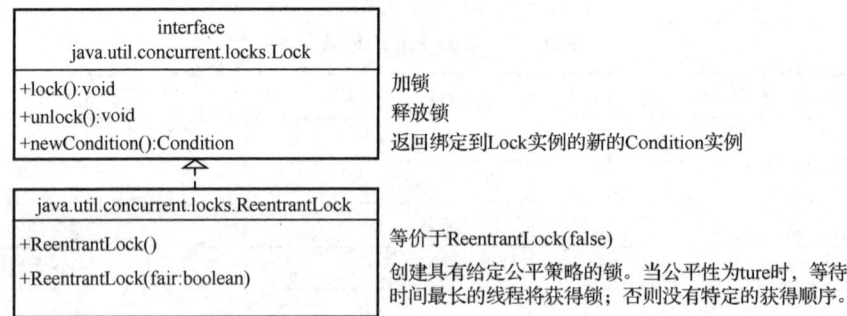

图 10-6　ReentrantLock 类实现接口来表示一个锁

ReentrantLock 是为创建相互排斥锁的 Lock 的具体实现。它可以创建具有特定的公平策略的锁。真正的公平策略确保等待时间最长的线程首先获得锁。假的公平策略将锁给任意一个正在等待的线程。被多个线程访问的使用公正锁的程序，其整体性能可能比那些使用默认设置的程序差，但是在获取锁且避免资源缺乏时表现较稳定，变化很小。

【例 10-4】使用显式锁修改例 10-3 来同步账号的修改。

```
import java.util.concurrent.*;
import java.util.concurrent.locks.*;
public class AccountWithSyncUsingLock {
    private static Account account = new Account();
    public static void main(String[] args) {
        ExecutorService executor = Executors.newCachedThreadPool();
        //创建 100 个线程，并添加到线程池执行器中
        for (int i = 0; i < 100; i++) {
```

```
        executor.execute(new AddAYuanTask());
      }
      executor.shutdown();
      //执行器等待所有的任务完成
      while (!executor.isTerminated()) {
      }
      System.out.println("What is balance ? " + account.getBalance());
    }
    //往账户上存一元钱的任务类，内部类
    public static class AddAYuanTask implements Runnable {
      public void run() {
        account.deposit(1);
      }
    }
  }

//内部类账户 account
  public static class Account {
    private static Lock lock = new ReentrantLock(); //创建锁
    private int balance = 0;
    public int getBalance() {
      return balance;
    }
    public void deposit(int amount) {
      lock.lock(); //获得锁
      try {
        int newBalance = balance + amount;
        //故意放大数据破坏程度，使它更容易显现出来
        Thread.sleep(5);
        balance = newBalance;
      }
      catch (InterruptedException ex) {
      }
      finally {
        lock.unlock(); //释放锁
      }
    }
  }
}
```

　　例 10-3 使用同步方法的例子比例 10-4 使用显式锁的例子简单。通常，使用 synchronized 关键字或语句比使用相互排斥的显式锁简单。然而，使用显式锁对具有同步状态的线程更加直观和灵活，如 10.7 节所述。

10.7　线程间协作

　　通过保证在临界区上多个线程的相互排斥，线程同步完全可以避免竞争状态的发生，但是有的时候，还需要线程之间的相互协作。使用条件能够便于线程间通信，一个线程可以

指定在某种条件下该做什么。条件是通过调用 Lock 对象的 newCondition()方法而创建的对象。一旦创建了条件，就可以使用 await()、signal()和 signalAll()方法来实现线程间的相互通信了，如图 10-7 所示。await()方法可以让当前线程都处于等待状态，直到条件发生。signal()方法唤醒一个等待线程，而 signalAll()方法唤醒所有等待线程。

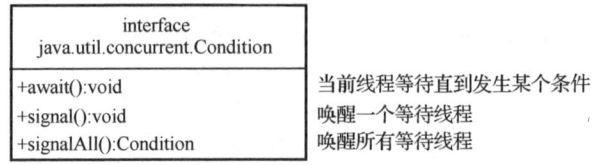

图 10-7　Condition 接口定义完成同步的方法

现在用例子来演示线程之间的通信。假设创建并启动两个任务，一个用来向账户存款，另一个从同一个账户中取款。当取款数额大于账户的当前余额时，取款线程必须等待。不管什么时候，只要向账户新存入一笔资金，存款线程就必须通知取款线程重新尝试。如果当前余额仍未达到取款数额，则取款线程必须继续等待新的存款。

为了同步这些操作，使用一个具有条件的锁 newDeposit（即增加到账户的新存款）。如果当前余额小于取款数额，则取款任务将等待 newDeposit 条件。当存款任务给账户存钱时，存款任务唤醒等待中的提款任务再次尝试。两个任务之间的交互如图 10-8 所示。

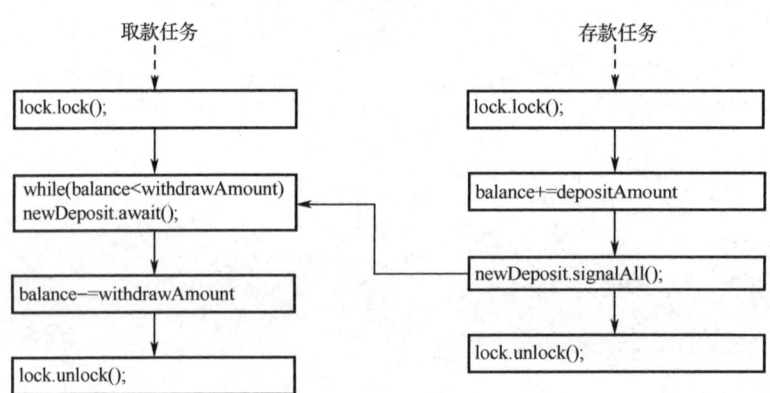

图 10-8　两个任务之间的交互

从 Lock 对象中创建条件。为了使用条件，必须首先获取 await()方法让线程等待并自动释放条件上的锁。一旦条件正确，线程重新获取锁并继续执行。

【例 10-5】假设账户初始余额为 0，存款数额和取款数额是随机产生的。

```java
import java.util.concurrent.*;
import java.util.concurrent.locks.*;
public class ThreadCooperation {
    private static Account account = new Account();
    public static void main(String[] args) {
        //创建一个线程池，池中包含两个线程：一个存款任务，一个取款任务
        ExecutorService executor = Executors.newFixedThreadPool(2);
        executor.execute(new DepositTask());
        executor.execute(new WithdrawTask());
        executor.shutdown();   //关闭线程池
```

```
        System.out.println("Thread 1\t\tThread 2\t\tBalance");
    }
    //存款任务
    public static class DepositTask implements Runnable {
        public void run() {
            try { //为让取款任务执行，特意让存款任务进入休眠状态
                while (true) {
                    account.deposit((int)(Math.random() * 10) + 1);
                    Thread.sleep(1000);
                }
            }
            catch (InterruptedException ex) {
                ex.printStackTrace();
            }
        }
    }
    //取款任务
    public static class WithdrawTask implements Runnable {
        public void run() {
            while (true) {
                account.withdraw((int)(Math.random() * 10) + 1);
            }
        }
    }
    //账户内部类 account
    private static class Account {
        //创建一个锁
        private static Lock lock = new ReentrantLock();
        //为锁创建一个条件对象，一个条件对应一个锁
        private static Condition newDeposit = lock.newCondition();
        private int balance = 0;
        public int getBalance() {
            return balance;
        }
        public void withdraw(int amount) {
            lock.lock(); //获得锁，只有先获取锁，才能由锁创建条件对象
            try {
                while (balance < amount) {
                    System.out.println("\t\t\tWait for a deposit");
                    //如果取款数额大于账户余额，则取款任务等待存款任务中余额变化的通知
                    newDeposit.await();
                }
                balance -= amount;
                System.out.println("\t\t\tWithdraw " + amount +
                    "\t\t" + getBalance());
            }
            catch (InterruptedException ex) {
                ex.printStackTrace();
```

```
      }
      finally {
         lock.unlock(); //释放锁
      }
   }
   public void deposit(int amount) {
      lock.lock(); //获得锁
      try {
         balance += amount;
         System.out.println("Deposit " + amount +
            "\t\t\t\t" + getBalance());
         //存款后通知所有 newDeposit 条件的等待线程
         newDeposit.signalAll();
      }
      finally {
         lock.unlock(); //Release the lock
      }
   }
}
}
```

例 10-5 程序运行结果如图 10-9 所示。

```
"C:\Program Files\Java\jdk-17.0.11\bin\java.exe"
Thread 1        Thread 2        Balance
Deposit 7                       7
                Withdraw 7      0
                Wait for a deposit
Deposit 1                       1
                Wait for a deposit
Deposit 4                       5
                Wait for a deposit
Deposit 7                       12
                Withdraw 9      3
                Wait for a deposit
Deposit 5                       8
                Withdraw 5      3
                Withdraw 1      2
                Wait for a deposit
```

图 10-9　例 10-5 程序运行结果

如果将

```
while (balance < amount) {
    System.out.println("\t\t\tWait for a deposit");
    newDeposit.await();
}
```

替换为

```
if(balance < amount) {
    System.out.println("\t\t\tWait for a deposit");
    newDeposit.await();
    }
```

会出现什么结果呢？

　　只要存款余额发生变化，存款任务就会通知取款任务。当唤醒取款任务时，条件（balance < amount）的判断结果可能仍然为 true。如果使用 if 语句，则取款任务有可能永久等待。如果使用循环语句，则取款任务可以有重新检验条件的机会。因此，应该在循环语句中测试条件。

10.8　线程的状态

　　任务在线程中执行。线程在执行过程中有五种状态：新建、就绪、运行、阻塞和结束，如图 10-10 所示。

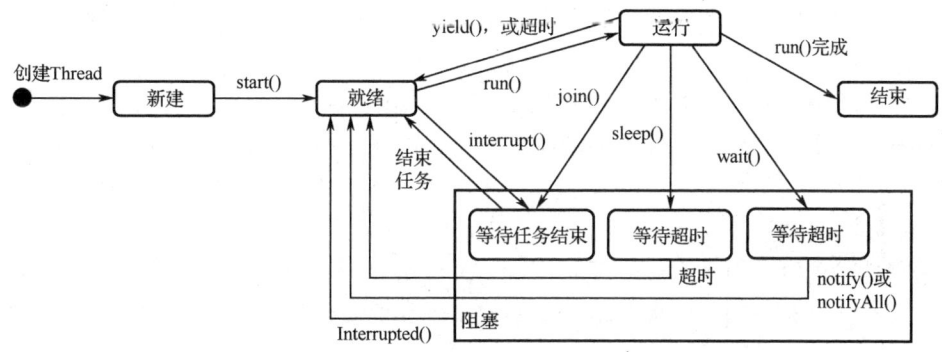

图 10-10　五种状态：新建、就绪、运行、阻塞和结束

　　新创建一个线程时，线程进入新建状态。调用线程的 start()方法启动线程后，它进入就绪状态。就绪线程是可运行的，但可能还没有开始运行。操作系统必须为它分配 CPU 时间。

　　就绪线程开始运行时，它就进入运行状态，如果给定的 CPU 时间用完或调用线程的 yield()方法，处于运行状态的线程就可能进入就绪状态。

　　有几种原因可能使线程进入阻塞状态：可能是它自己调用了 join()、sleep()或 wait()方法，也可能是其他线程调用了这些方法；可能是在等待输入/输出操作的完成。当阻塞行为不起阻塞作用时，阻塞线程可能被重新激活。例如，如果线程处于休眠状态并且休眠时间已满，线程就会被重新激活并进入就绪状态。

　　最后，如果一个线程执行完 run()方法，这个线程就结束了。

　　isAlive()方法用来判断线程状态，如果线程处于就绪、阻塞或运行状态，则 isAlive()方法返回 true；如果线程处于新建并且没有启动或者已经结束，则返回 false。

　　interrupt()方法按下列方式中断一个线程：当线程处于就绪状态或运行状态时，给它设置一个中断标志；当线程处于阻塞状态时，它将被唤醒并进入就绪状态，同时抛出异常 java.lang.InterruptedException。

10.9　云医院与线程密不可分

　　云医院与线程密不可分主要体现在云医院系统作为一个复杂、高效的医疗信息化平台，在处理大量并发请求、管理海量医疗数据以及确保系统高可用性和响应速度时，离不开多线程技术的支持。

10.9.1　线程在云医院中的作用

1．并发处理

云医院系统需要同时处理来自不同患者、医生和管理人员的大量请求，这些请求包括在线咨询、预约挂号、电子病历查询、医疗影像分析等。多线程技术使得系统能够同时运行多个线程，每个线程独立处理一个请求，从而大大提高了系统的并发处理能力和响应速度。

2．资源管理

在云医院系统中，医疗数据（如患者档案、诊疗记录、影像资料等）是核心资源。多线程技术可以用于实现数据的并发读写、备份和恢复，确保数据的完整性和可用性。同时，通过线程池等机制，可以合理管理线程资源，避免线程过多导致的系统资源耗尽问题。

3．任务调度

云医院系统中的某些任务（如定时提醒、数据同步、报告生成等）需要定时或异步执行。多线程技术可以用于实现这些任务的调度和执行，确保它们能够在合适的时间点以高效的方式完成。

4．系统高可用性

多线程技术还可以用于实现云医院系统的高可用性。例如，通过创建多个工作线程来处理用户请求，并在某个线程出现故障时自动切换到其他线程，从而确保系统的持续运行和服务的连续性。

5．性能优化

在云医院系统中，多线程技术还可以用于性能优化。例如，通过并发执行多个计算任务（如医疗影像分析、药物配伍检查等），可以缩短处理时间，提高系统性能。同时，通过线程同步和锁机制，可以确保数据的一致性和安全性。

10.9.2　线程在云医院中的实现

尽管多线程技术在云医院系统中发挥着重要作用，但其实现也面临着一些挑战。

（1）线程安全问题：需要确保多个线程在访问共享资源时不会发生竞态条件和数据不一致等问题。

（2）性能开销：线程的创建、切换和销毁都会带来一定的性能开销，需要合理控制线程数量和管理线程生命周期。

（3）死锁和活锁：需要避免线程之间的死锁和活锁现象，确保系统的正常运行。

综上所述，云医院与线程密不可分。多线程技术是云医院系统实现高效并发处理、合理资源管理、灵活任务调度、系统高可用性和性能优化的关键。然而，在实现过程中也需要关注线程安全问题、性能开销以及死锁和活锁等的挑战，并采取相应的措施解决和优化。

小　　结

每个任务都是 Runnable 接口的实例。线程就是一个便于任务执行的对象。可以通过实现 Runnable 接口来定义任务类，通过使用 Thread 类常用方法封装一个任务来创建线程。

一个线程对象被创建后，可以使用 start()方法启动线程，可以使用 sleep(long)方法将线程转入休眠状态，以便其他线程获得运行机会。

　　线程对象从来不会直接调用 run()方法。当执行某个线程时，Java 虚拟机调用 run()方法。线程类必须覆盖 run()方法，告诉系统线程运行时将会做什么。

　　为了避免线程破坏共享资源，可以使用同步方法或块。同步方法在执行前需要获得一个锁。当同步方法是实例方法时，锁是在调用方法的对象上；当同步方法是静态方法时，锁是在方法所在的类上。

　　可以使用显式锁和条件来进行线程间通信。

习　　题

　　10-1　编写一个类，类名为 SubThread，是 Thread 类的子类。在该类中定义含一个字符串参数的构造方法和 run()方法，其方法中有一个 for 循环，循环一共进行 5 次，循环体先在命令行显示该线程循环了第几次，然后随机休眠小于 1s 的时间，循环结束后显示线程结束信息：线程名+finished。编写一个应用程序，并在其中创建 SubThread 类的三个线程对象 T1、T2、T3，它们的名称分别为 First、Second、Third，并启动这三个线程。

　　10-2　应用 Java 中线程的概念，编写一个 Java 程序（包括一个主程序类、一个 Thread 类的子类）。在主程序中创建两个线程（用子类），将其中一个线程的优先级设为 10，另一个线程的优先级设为 6。让优先级为 10 的线程打印 200 次"线程 1 正在运行"，优先级为 6 的线程打印 200 次"线程 2 正在运行"。（提示：设置线程优先级 setPriority()方法。）

　　10-3　编写程序，启动 1000 个线程。每个线程给初始值为 0 的变量 sum 加 1。需要通过引用传递，将 sum 传递给每个线程。为了能够进行引用传递，需要定义一个 Integer 包装对象来保存 sum。使用同步和不使用同步来运行这个程序，看看它们的效果。

实验九　餐饮后台管理系统——多线程和并发

实验目标

　　通过并发处理多个任务，充分利用系统资源，提高餐饮后台管理系统在高负载情况下的吞吐量，确保系统能够同时处理大量的用户请求和业务操作。

实验任务

1. 实验 1

实验内容：

　　设计订单处理模块，当有新订单生成时，将订单放入待处理队列。创建多个线程用于处理订单，每个线程从队列中取出订单进行处理，如确认订单、安排配送等操作。实时显示正在处理的订单数量和已处理的订单数量。

实验难点：

　　确保订单队列的线程安全，避免多个线程同时访问时出现数据不一致问题。处理线程之间的协调和同步，防止出现重复处理或漏处理订单的情况。

实验提示：

可以使用线程安全的队列数据结构，如 ConcurrentLinkedQueue。考虑使用信号量或锁机制来控制线程对订单队列的访问。

2. 实验 2

实验内容：

假设餐饮后台管理系统需要与外部系统进行数据同步，如更新菜品库存信息。设计一个数据同步模块，使用多线程定期从外部系统获取数据并更新本地数据库。确保数据同步过程中的一致性和准确性，避免出现数据冲突。

实验难点：

处理数据同步过程中的并发访问冲突，特别是当多个线程同时更新同一数据时。

确保数据同步的及时性和可靠性，避免因网络问题或其他异常情况导致数据不一致。

实验提示：

可以使用数据库的事务机制来保证数据更新的原子性。设置合理的同步频率和超时时间，以应对网络不稳定等情况。

3. 实验 3

实验内容：

餐饮后台管理系统需要生成各种报表，如销售报表、库存报表等。设计报表生成模块，使用多线程分别处理不同类型的报表生成任务。允许用户在报表生成过程中进行其他操作，而不被报表生成任务阻塞。

实验难点：

协调多个报表生成线程的执行顺序和进度，确保报表的完整性和准确性。处理报表生成过程中的资源竞争问题，如数据库连接、文件读写等。

实验提示：

可以使用线程池来管理报表生成线程，以提高资源利用率。对资源进行合理的分配和管理，避免出现资源耗尽的情况。

第 11 章　Java 的新特性

【知识要点】
- Java 各版本的更迭及其主要目标
- Java 语法层面的新特性
- 安全性和其他性能优化

【简介】

随着技术的不断进步和开发者需求的日益多样化，Java 作为一门历史悠久且广泛应用的编程语言，持续引入新的特性，以支持更高效、更灵活、更安全的软件开发。本章将深入探讨 Java 近年来引入的一些关键新特性，这些特性不仅提升了 Java 的表达能力，还极大地改善了开发者的编程体验和应用程序的性能。

11.1　Java 各版本特性

11.1.1　各版本新特性概述

JDK（Java Development Kit）是 Java 开发的核心工具包，随着版本的不断迭代，持续引入了新的特性和改进。以下是对 JDK 各版本主要特性的简要说明。

1. JDK 5

JDK 5 引入了多项重大改进，包括自动装箱和拆箱，使得基本数据类型与其包装类型之间的转换更加便捷；泛型的引入增强了编译时类型安全，减少了运行时的错误；可变参数允许方法接受可变数量的参数；枚举类型提供了类型安全的常量集合。此外，JDK 5 还引入了遍历循环（for-each 循环）和并发包（java.util.concurrent），提高了 Java 的并发编程能力。

2. JDK 6

JDK 6 在 JDK 5 的基础上进一步增强了 Java 平台的功能和性能。它引入了注解处理器，允许开发者自定义注解处理逻辑；提供了对动态语言的支持，通过内置的 Mozilla Rhino JavaScript 引擎，可以在 Java 应用程序中嵌入和执行 JavaScript 脚本；JDBC 4.0 的增强包括自动资源管理和更好的异常处理。此外，JDK 6 还引入了 Java Compiler API，允许在运行时动态编译 Java 代码。

3. JDK 7

JDK 7 带来了多项语言、库和虚拟机的改进。它允许在 switch 语句中使用字符串作为条件表达式，使得基于字符串的条件判断更加直观；Diamond 语法简化了泛型集合的创建过程；

try-with-resources 语句自动管理资源，减少了资源泄露的风险；二进制字面量和下画线在数字中的使用提高了代码的可读性。G1 垃圾收集器的引入提高了垃圾回收的效率和性能。

4．JDK 8（LTS）

JDK 8 是自 JDK 5 以来最具革命性的版本之一。它引入了 Lambda 表达式和 Stream API，使得函数式编程在 Java 中成为可能，极大地提高了代码的可读性和简洁性。

新的日期时间 API（java.time）提供了更好的日期和时间处理功能；接口的默认方法和静态方法允许在接口中定义具有实现的方法，增强了接口的灵活性；Optional 类用于更优雅地处理空值情况。

Nashorn JavaScript 引擎允许在 JVM 上更好地运行 JavaScript 代码；新增的 HTTP 客户端 API（java.net.http）支持 HTTP/2 协议和 WebSocket。

5．JDK 9

JDK 9 引入了模块系统，将 JDK 划分为一组模块，这些模块可以在编译、构建和运行时组合成各种配置。这一特性提高了代码的组织性、可维护性和安全性，同时也为 Java 平台带来了更好的性能和可扩展性。

JDK 9 允许在接口中定义私有方法，这些私有方法只能在接口内部被调用，从而提高了代码的复用性和可读性。此外，钻石操作符（<>）的使用范围得到了扩展，现在可以在匿名内部类中使用，进一步简化了泛型代码的编写。

JDK 9 提供了对 HTTP/2 客户端的支持，这是 Java 标准库中的第一个 HTTP/2 客户端实现，提供了更高效的网络通信能力。

6．JDK 11（LTS）

JDK 11 中增加了一系列实用的 String 操作方法，如 isBlank()、strip()、stripLeading()、stripTrailing()等，使得字符串处理更加方便。

该版本将 HTTP Client API 标准化，支持 HTTP/1.1 和 HTTP/2，以及 WebSockets，为 Java 应用提供了统一的 HTTP 客户端编程接口。

该版本在原先的基础上引入了一个新的垃圾回收器——Epsilon，这是一个完全消极的 GC 实现，主要用于测试或内存受限的环境。

7．JDK 14

JDK 14 引入了 Record 类，作为一种新的数据载体，用于不可变数据的封装。Record 类通过隐式地声明 final 字段，以及 equals()、hashCode()和 toString()方法，简化了代码编写。

此外，JDK 14 对 switch 语句进行了增强，引入了 switch 表达式（预览特性），允许将 switch 语句用作表达式，并返回结果。

8．JDK 17（LTS）

JDK 17 正式引入了密封类（Sealed Classes），用于限制类的继承结构，增强了类型系统的安全性和可维护性。

增强了 instanceof 操作符，允许在判断类型的同时进行类型转换，简化了类型检查和类型转换的代码。

引入了外部函数和内存 API（预览特性），允许 Java 程序与 Java 运行之外的代码和数据进行交互，提高了 Java 程序的灵活性和扩展性。

9．JDK 21（LTS）

JDK 21 于 2023 年 9 月 19 日发布，这是一个非常重要的版本，具有里程碑式的意义。到此为止，目前有 JDK 8、JDK 11、JDK 17 和 JDK 21 这四个长期支持版本。

JDK 21 通过引入虚拟线程（Virtual Threads）、顺序集合（Sequenced Collection）、字符串模板（String Templates）、预览功能、模式匹配增强、结构化并发（Structured Concurrency）、作用域值（Scoped Values）等新特性，以及优化垃圾回收和动态加载代理等功能，显著提升了 Java 语言的性能和开发效率。这些特性为 Java 开发者提供了更多的选择性和可能性，使他们能够更轻松地编写高效、可靠的应用程序。

11.1.2　常用特性说明

在 JDK 的发展历史中，有多个特性被广泛使用并成为 Java 开发中的标准实践，下面介绍使用率较高的几大特性。

1．自动装箱与拆箱（JDK 5）

核心特性：自动装箱中允许自动将基本数据类型转换为对应的包装类型（如从 int 到 Integer），自动拆箱则是反过程。

【例 11-1】使用自动装箱与拆箱特性完成将 Integer 类型转换为 int 类型。

```java
import java.util.ArrayList;
import java.util.List;

public class AutoboxingExample {
    public static void main(String[] args) {
        List<Integer> list = new ArrayList<>();

        //自动装箱
        list.add(5);

        //自动拆箱
        int secondElement = list.get(0);

        System.out.println(secondElement); //输出 5
    }
}
```

例 11-1 程序运行结果如图 11-1 所示。

5

图 11-1　例 11-1 程序运行结果

2．泛型（Generics JDK 5）

核心特性：泛型提供了编译时类型安全检测机制，允许在类、接口、方法中使用类型参数（Type Parameters）。

【例 11-2】创建一个字符串类型的集合，测试当向该集合中添加其他类型数据时，是否会发生异常。

```java
import java.util.ArrayList;
import java.util.List;
public class GenericExample {
    public static void main(String[] args) {
        //使用泛型创建 ArrayList
        List<String> stringList = new ArrayList<>();
        stringList.add("Hello");
        stringList.add("World");

        //尝试添加非 String 类型元素将导致编译错误
        //stringList.add(123); //编译错误

        for (String str : stringList) {
            System.out.println(str);
        }
    }
}
```

例 11-2 程序运行结果如图 11-2 所示。

```
java: 不兼容的类型: int无法转换为java.lang.String
```

图 11-2　例 11-2 程序运行结果

3. 枚举（JDK 5）

核心特性：枚举（Enum）是一种特殊的类，它用于表示一组固定的常量。枚举类型使得代码清晰、类型安全，并且易于维护。枚举类型提供了丰富的特性，如构造函数、方法、实现接口等。

【例 11-3】使用枚举类型保存一周的七天，并根据需要进行调用。

```java
public enum Weekday {
    MONDAY, TUESDAY, WEDNESDAY,
    THURSDAY, FRIDAY, SATURDAY, SUNDAY
}

public class EnumDemo {
    public static void main(String[] args) {
        Weekday day = Weekday.MONDAY;
        System.out.println(day); //输出  MONDAY

        switch (day) {
            case MONDAY:
                System.out.println("Mondays are bad.");
                break;
            case FRIDAY:
```

```
                System.out.println("Fridays are better.");
                break;
            case SATURDAY:
            case SUNDAY:
                System.out.println("Weekends are best.");
                break;
            default:
                System.out.println("Midweek days are so-so.");
                break;
        }
    }
}
```

例 11-3 程序运行结果如图 11-3 所示。

```
MONDAY
Mondays are bad.
```

图 11-3　例 11-3 程序运行结果

4．Stream API（JDK 8）

核心特性：Stream API 提供了一种高效、灵活的方式来处理数据集合（包括数组、集合等），支持顺序和并行流操作。

【例 11-4】使用 Stream API 来过滤一个整数列表，找出其中所有的偶数，并将它们转换成一个新的列表。

```java
import java.util.Arrays;
import java.util.List;
import java.util.stream.Collectors;

public class StreamExample {
    public static void main(String[] args) {
        //创建一个包含整数的列表
        List<Integer> numbers = Arrays.asList(1, 2, 3, 4, 5, 6, 7, 8, 9, 10);

        //使用 Stream API 过滤偶数，并将结果收集到一个新的列表中
        List<Integer> evenNumbers = numbers.stream() //将列表转换为 Stream
                .filter(n -> n % 2 == 0) //过滤出偶数
                .collect(Collectors.toList()); //收集结果到新的列表中
        System.out.println(evenNumbers);
    }
}
```

例 11-4 程序运行结果如图 11-4 所示。

```
[2, 4, 6, 8, 10]
```

图 11-4　例 11-4 程序运行结果

5. Lambda 表达式（JDK 8）

核心特性：Lambda 表达式提供了一种简洁的方式来表示匿名方法（即没有名称的方法），它允许将函数作为参数传递给方法或存储在变量中。

【例 11-5】使用 Lambda 表达式实现对集合中指定格式数据的过滤。

```java
import java.util.Arrays;
import java.util.List;
import java.util.stream.Collectors;

public class LambdaExample {
    public static void main(String[] args) {
        List<String> names = Arrays.asList("Alice", "Bob", "Charlie");

        //使用 Lambda 表达式作为 filter 的参数
        List<String> filteredNames = names.stream()
                .filter(name -> name.startsWith("A"))
                .collect(Collectors.toList());

        filteredNames.forEach(System.out::println);
    }
}
```

例 11-5 程序运行结果如图 11-5 所示。

```
Alice
```

图 11-5　例 11-5 程序运行结果

11.2　云医院对 Java 新特性的应用

云医院作为医疗信息化领域的先进平台，积极采用 Java 及其新特性来构建高效、稳定、可扩展的系统。Java 作为一种广泛使用的编程语言，其不断更新的新特性为云医院系统的开发和维护提供了强大的支持。以下是一些云医院对 Java 新特性的应用介绍。

1. Lambda 表达式与函数式编程

简化代码：Lambda 表达式使得代码更加简洁和易读，云医院利用这一特性来简化事件处理、回调函数等场景的代码。

并行处理：结合 Java 的并行流（Parallel Streams），云医院能够更高效地处理大数据集，提高系统性能。

2. Stream API

数据操作：Stream API 提供了一套丰富的数据操作工具，云医院利用这些工具进行复杂的数据过滤、映射、排序等操作。

懒加载：Stream API 的懒加载特性使得云医院在处理大规模数据时能够节省资源，只在需要时才进行计算。

3．新的日期和时间 API（java.time）

时间处理：云医院使用新的日期和时间 API 来处理患者的预约时间、就诊时间等，提高了时间处理的准确性和可读性。

时区支持：该 API 提供了强大的时区支持，使得云医院能够轻松处理跨时区的时间问题。

4．模块化系统（Java 9+）

依赖管理：云医院利用 Java 的模块化系统来更好地管理依赖关系，降低模块之间的耦合度。

可维护性：模块化使得系统更加易于维护和扩展，云医院可以根据需要轻松地添加或删除模块。

5．变量类型推断（var 关键字，Java 10+）

代码简洁：在局部变量声明中，云医院使用 var 关键字来避免重复的类型声明，使代码更加简洁。

可读性：虽然使用 var 关键字需要谨慎以确保代码的可读性，但在某些情况下，它确实能够简化代码并减少冗余。

6．switch 表达式（Java 12+）

增强 switch：云医院利用增强的 switch 表达式来简化条件分支的代码，提高代码的可读性和可维护性。

返回值：新的 switch 表达式可以返回值，这使得云医院在处理复杂的条件逻辑时更加灵活。

7．异步编程与 CompletableFuture

非阻塞输入/输出：云医院使用 CompletableFuture 等异步编程工具来处理网络请求、数据库查询等输入/输出操作，避免阻塞主线程。

并发性能：异步编程提高了系统的并发性能，使得云医院能够更高效地处理大量并发请求。

云医院通过积极应用 Java 的新特性，不断提升系统的开发效率、运行性能和可维护性。这些新特性的应用不仅简化了代码、提高了性能，还为云医院系统的未来扩展和升级奠定了坚实的基础。随着 Java 的不断发展，云医院将继续关注并采用新的特性来进一步优化系统。

小　结

本章深入探讨了 Java 近年来引入的一系列令人振奋的新特性，这些特性不仅丰富了 Java 的内涵，也为开发者带来了更加高效、灵活和安全的编程体验。

Lambda 表达式与函数式接口的引入，标志着 Java 向函数式编程迈出了一大步，使得以更简洁、更直观的方式处理数据集合和事件成为可能。Stream API 的加入，则为处理复杂的数据流提供了强大的工具，让数据处理的逻辑更加清晰、易于维护。

Java 模块化系统的引入，是 Java 发展历程中的一个重要里程碑。它彻底改变了 Java 应用程序的组织方式，使得模块间的依赖关系更加明确，代码更加模块化、可重用和可维护。这一特性对构建大型、复杂的应用程序来说尤为重要。

此外，本章还简要提及了 Java 后续版本中引入的其他重要特性，如记录（Records）和模式匹配（Pattern Matching）的增强。这些特性进一步提升了 Java 的表达力和灵活性，使得 Java 在软件开发领域中的地位更加稳固。

综上所述，Java 的新特性为开发者提供了更多的选择性和可能性，让 Java 更加适应现代软件开发的需求。随着技术的不断进步和开发者社区的持续贡献，我们有理由相信，Java 将会在未来继续保持其领先地位，为软件开发领域带来更多的创新和突破。

习　　题

11-1　在 JDK 8 中，Lambda 表达式主要用于实现什么？

11-2　Stream API 在 JDK 8 中引入的主要优势是什么？

11-3　Optional 类的主要作用是什么？

11-4　JDK 8 中日期和时间 API 的改进包括哪些新特性？

11-5　JDK 9 中引入的模块化系统的主要目的是什么？

第12章 综合项目——餐饮后台管理系统

【知识要点】
- 项目需求分析与功能设计
- 系统架构设计
- 数据库设计
- 数据库连接与操作（JDBC）
- 综合运用前面 11 章的知识点（类与对象、继承与多态、异常处理、集合框架、多线程等）

【简介】

本章将深入探讨热门餐饮行业背后不可或缺的后台管理系统构建过程。随着餐饮行业的蓬勃发展，高效、智能的后台管理系统成为提升运营效率、优化顾客体验的关键。本章将围绕管理员与商家两大核心角色，详细解析如何将一个复杂的餐饮后台管理系统拆解成若干关键部分，并通过逐步引导，帮助读者理解并掌握从需求分析、系统设计到实施部署的完整流程。

【场景一】管理员

在一个繁忙的餐饮管理后台，管理员李先生登录系统后，首先进入商家管理界面。他需要审核所有的商家资料，确保所有信息真实有效；同时，他还要监控现有商家的经营状况，价格是否符合市场行情，对违规或业绩不佳的商家进行相应处理，并添加新的商家，完善其信息。在这个过程中，后台管理系统的用户友好性、数据处理能力和安全性显得尤为重要。

【场景二】商家

某商家正在使用后台管理系统更新自己的餐品信息。她可以轻松添加新菜品，包括名称、价格、描述等详细信息。此外，商家还可以利用系统提供的分析工具，查看哪些菜品最受欢迎，哪些时段订单量最多，从而调整自己的经营策略。在这个过程中，后台管理系统的灵活性、实时性和数据分析能力为商家提供了极大的便利。

12.1 餐饮后台管理系统概述

12.1.1 功能设计

（1）高效管理商家信息：为管理员提供便捷的商家信息管理工具，包括商家的增删改查功能，确保商家信息的准确性和时效性。

（2）灵活管理商品信息：为商家提供强大的商品信息管理平台，支持商品的增删改查操作，帮助商家快速调整商品信息，满足市场需求。

（3）提升运营效率：通过自动化和标准化的信息管理流程，减少人工干预，提升餐饮企业和商家的运营效率。

（4）增强数据安全性：确保商家和商品信息的安全存储与传输，防止数据泄露和非法访问。

12.1.2　角色设计

（1）管理员：负责整个后台管理系统的维护与运营。其主要职责包括审核并管理商家信息（如增删改查商家资料、审核商家资质等），监控商家行为，确保系统的正常运行和数据的准确性。管理员需要具备较强的管理能力和数据分析能力，以维护系统的稳定性和数据的安全性。

（2）商家：作为餐饮服务的提供者，商家需要使用后台管理系统来管理自己的商品信息。商家需要能够方便地添加新商品、编辑商品信息（如价格、库存、描述等）、删除不再销售的商品，并查看商品的销售情况。此外，商家还需要通过系统接收管理员的通知和指导，确保自己的经营行为符合规范。商家需要具备基本的计算机操作能力，并且能够熟练使用后台管理系统进行日常的商品信息管理。

12.2　需求分析

12.2.1　管理员需求分析

1. 功能需求

商家信息管理如下。

增加商家：管理员能够录入新商家的基本信息，如商家名称、联系方式、地址、营业执照编号等。

修改商家：对于已存在的商家信息，管理员能够进行修改，如更新联系方式、地址变更等。

删除商家：当商家不再合作或信息错误时，管理员能够删除其信息。

查询商家：提供多种查询方式（如关键词搜索、按地区筛选等）帮助管理员快速定位商家信息。

2. 性能与安全需求

（1）系统应具备良好的响应速度，确保管理员在进行商家信息管理时操作流畅。

（2）商家信息在录入时应确保安全性，防止数据泄露。

（3）系统应具备访问权限控制，确保只有授权的管理员才能访问和修改商家信息。

12.2.2　商家需求分析

1. 商品信息管理

增加商品：商家能够录入新商品的基本信息，如商品名称、价格、库存、描述、图片等。

修改商品：对于已存在的商品信息，商家能够修改，如调整价格、更新库存等。

删除商品：当商品不再销售或信息错误时，商家能够删除其信息。

查询商品：提供多种查询方式（如按名称搜索、按价格范围筛选等），帮助商家快速定位商品信息。

2．性能与安全需求

系统应提供流畅的操作体验，确保商家在进行商品信息管理时不会卡顿或延迟。

系统应具备商家专属的访问权限控制，确保只有商家本人或其授权人员才能访问和修改商品信息。

12.3　系统设计与架构

12.3.1　系统设计概述

本项目旨在构建一个简单而高效的餐饮后台管理系统，通过控制台界面实现管理员对商家信息的增删改查操作，以及商家对商品信息的增删改查操作。系统采用 JDBC 技术连接 MySQL 数据库，确保数据的持久化和安全性。

12.3.2　系统架构设计

系统采用典型的 C/S（客户端/服务器）架构，但由于是控制台应用，这里的"客户端"实际上是指用户的控制台输入界面，而"服务器"是指运行 MySQL 数据库的服务器。系统整体架构可以分为以下几部分。

1．用户界面层

管理员和商家通过控制台输入命令与系统进行交互。

系统通过解析用户输入的命令来执行相应的操作。

2．业务逻辑层

封装了所有与数据库交互的业务逻辑。

包括商家信息管理（增删改查）和商品信息管理（增删改查）两个主要模块。

接收用户界面层的请求，调用数据访问层执行具体的数据操作，并将结果返回给用户界面层。

3．数据访问层

使用 JDBC 连接 MySQL 数据库。

封装了所有数据库操作，如连接数据库、执行 SQL 语句、处理结果集等。

为业务逻辑层提供数据访问接口。

4．数据层

存储系统所需的所有数据，包括商家信息和商品信息。

使用 MySQL 数据库进行数据的持久化存储。

12.3.3　系统模块设计

1．管理员模块

包含商家信息的增删改查功能。

管理员通过控制台输入命令来执行这些操作。

系统将命令解析为对应的 SQL 语句，并通过 JDBC 执行这些语句，最后将执行结果反馈给管理员。

2．商家模块

包含商品信息的增删改查功能。

商家通过控制台输入命令来执行这些操作。

系统同样将命令解析为 SQL 语句，并通过 JDBC 执行，最后将执行结果反馈给商家。

12.3.4　数据库设计

1．管理员表（假设表名为 admin）

字段包括：管理员编号（主键）、管理员名称、密码等。

2．商家表（假设表名为 business）

字段包括：商家编号（主键）、商家密码、商家名称、商家地址、商家介绍、起送费、配送费等。

3．商品表（假设表名为 food）

字段包括：食品编号（主键）、食品名称、食品介绍、食品价格、所属商家编号等。

【数据库设计代码】

```
-- 管理员表
CREATE TABLE 'admin'  (
    'adminId' int(0) NOT NULL AUTO_INCREMENT COMMENT '管理员编号',
    'adminName' varchar(20) CHARACTER SET utf8 COLLATE utf8_general_ci NOT NULL COMMENT '管理员名称',
    'password' varchar(20) CHARACTER SET utf8 COLLATE utf8_general_ci NOT NULL COMMENT '密码',
    PRIMARY KEY ('adminId') USING BTREE,
    UNIQUE INDEX 'adminName_UNIQUE'('adminName') USING BTREE
) ENGINE = InnoDB AUTO_INCREMENT = 2 CHARACTER SET = utf8 COLLATE = utf8_general_ci
ROW_FORMAT = Dynamic;

-- 商家表
CREATE TABLE 'business'  (
    'businessId' int(0) NOT NULL AUTO_INCREMENT COMMENT '商家编号',
    'password' varchar(20) CHARACTER SET utf8 COLLATE utf8_general_ci NOT NULL COMMENT '商家密码',
    'businessName' varchar(40) CHARACTER SET utf8 COLLATE utf8_general_ci NOT NULL COMMENT '商家名称',
    'businessAddress' varchar(50) CHARACTER SET utf8 COLLATE utf8_general_ci NULL DEFAULT NULL COMMENT '商家地址',
    'businessExplain' varchar(40) CHARACTER SET utf8 COLLATE utf8_general_ci NULL DEFAULT NULL COMMENT '商家介绍',
    'starPrice' decimal(5, 2) NULL DEFAULT 0.00 COMMENT '起送费',
    'deliveryPrice' decimal(5, 2) NULL DEFAULT 0.00 COMMENT '配送费',
    PRIMARY KEY ('businessId') USING BTREE
) ENGINE = InnoDB AUTO_INCREMENT = 10009 CHARACTER SET = utf8 COLLATE = utf8_general_
```

```
ci ROW_FORMAT = Dynamic;

  -- 商品表
CREATE TABLE 'food'  (
    'foodId' int(0) NOT NULL AUTO_INCREMENT COMMENT '食品编号',
    'foodName' varchar(30) CHARACTER SET utf8 COLLATE utf8_general_ci NOT NULL COMMENT '食
品名称',
    'foodExplain' varchar(30) CHARACTER SET utf8 COLLATE utf8_general_ci NULL DEFAULT NULL
COMMENT '食品介绍',
    'foodPrice' decimal(5, 2) NOT NULL DEFAULT 0.00 COMMENT '食品价格',
    'businessId' int(0) NOT NULL COMMENT '所属商家编号',
    PRIMARY KEY ('foodId') USING BTREE
) ENGINE = InnoDB AUTO_INCREMENT = 7 CHARACTER SET = utf8 COLLATE = utf8_general_ci
ROW_FORMAT = Dynamic;
```

12.3.5　系统交互流程

（1）用户（管理员或商家）通过控制台输入命令。

（2）系统解析命令，确定要执行的操作（如查询商家信息、添加商品等）。

（3）系统调用数据访问层执行相应的数据库操作。

（4）数据访问层通过 JDBC 连接 MySQL 数据库，执行 SQL 语句，并处理结果集。

（5）系统将数据库操作的结果返回给用户，并通过控制台显示出来。

12.4　餐饮后台管理系统的具体功能

在完成了系统设计与架构之后，本节将详细阐述如何根据前面的设计实现餐饮后台管理系统的具体功能。由于本项目是一个基于 JDBC 的纯控制台应用，所以我们将重点放在业务逻辑层和数据访问层的实现上。

12.4.1　JDBC 与数据库连接工具类实现

1．JDBC 简介

JDBC 是 Java Database Connectivity 的缩写，它是 Java 语言中用来连接数据库的一种标准 API。JDBC 允许 Java 程序与数据库进行交互，包括执行 SQL 语句、处理查询结果等。JDBC API 定义在 java.sql 包中，它提供了一系列类和接口，用于连接数据库、执行 SQL 语句、处理结果集等。

2．引入 JDBC 驱动包

如果使用 JDBC 连接数据库，则首先需要引入对应数据库的 JDBC 驱动包。JDBC 驱动包通常由数据库厂商提供，以 JAR 文件的形式存在。对于 MySQL 数据库，常用的 JDBC 驱动是 mysql-connector-java。

（1）Maven 项目：如果项目是基于 Maven 的，则可以在 pom.xml 文件中添加 JDBC 驱动的依赖。例如，对于 MySQL 8.x 版本，可以添加如下依赖。

```
<dependency>
```

```
    <groupId>mysql</groupId>
    <artifactId>mysql-connector-java</artifactId>
    <version>8.0.xx</version> <!-- 请替换为实际版本号 -->
</dependency>
```

（2）非 Maven 项目：如果项目不是基于 Maven 的，则需要手动下载 JDBC 驱动的 JAR 文件，并将其添加到项目的类路径中。

3．构建数据库连接工具类

为了方便地在项目中复用数据库连接，通常会构建一个数据库连接工具类。这个工具类负责加载 JDBC 驱动、建立数据库连接、关闭数据库连接等操作。以下是一个简单的数据库连接工具类示例。

```java
package com.neusoft.elm.util;

import java.sql.Connection;
import java.sql.DriverManager;
import java.sql.PreparedStatement;
import java.sql.ResultSet;
import java.sql.SQLException;

public class DBUtil {

    private static final String URL = "jdbc:mysql://localhost:3306/elm_demo? serverTimezone=UTC&characterEncoding=utf-8";
    private static final String DRIVER = "com.mysql.cj.jdbc.Driver";
    private static final String USERNAME = "root";
    private static final String PASSWORD = "root";

    //获取 Connection
    public static Connection getConnection() {
        Connection con = null;
        try {
            Class.forName(DRIVER);
            con = DriverManager.getConnection(URL,USERNAME,PASSWORD);
        } catch (Exception e) {
            e.printStackTrace();
        }
        return con;
    }

    //关闭资源
    public static void close(ResultSet rs,PreparedStatement pst,Connection con) {
        if(rs!=null) {
            try {
                rs.close();
            } catch (SQLException e) {
                e.printStackTrace();
```

```
                }
                rs = null;
            }
            if(pst!=null) {
                try {
                    pst.close();
                } catch (SQLException e) {
                    e.printStackTrace();
                }
                pst = null;
            }
            if(con!=null) {
                try {
                    con.close();
                } catch (SQLException e) {
                    e.printStackTrace();
                }
                con = null;
            }
        }
    }
```

【注意】

在实际项目中，数据库 URL、用户名和密码等敏感信息通常不会硬编码在代码中，而是会放在配置文件或环境变量中。

上述示例中的 serverTimezone=UTC 是为了解决 MySQL 8.x 版本与 JDBC 连接时可能出现的时区问题。如果用户的数据库服务器和应用程序服务器位于同一时区，或者已经配置了正确的时区，这个参数就可以省略。

关闭数据库连接时，除了关闭 Connection 对象外，还需要确保关闭与之关联的 Statement 和 ResultSet 对象，以避免资源泄露。

12.4.2　实体类设计

在本小节中，将根据 12.3.4 节中的数据库表的设计来创建对应的 Java 实体类。实体类是对数据库表的抽象表示，它包含表中的字段并作为类的属性，而且通常包括 getter 和 setter 方法来访问和修改这些属性。

1. 商家实体类（Business）

```
public class Business {

    private Integer businessId;
    private String password;
    private String businessName;
    private String businessAddress;
    private String businessExplain;
    private Double starPrice;
```

```java
        private Double deliveryPrice;

        @Override
        public String toString() {
            return "\n 商家编号："+this.businessId+
                    "\n 商家名称："+this.businessName+
                    "\n 商家地址："+this.businessAddress+
                    "\n 商家介绍："+this.businessExplain+
                    "\n 起送费："+this.starPrice+
                    "\n 配送费："+this.deliveryPrice;
        }
        ……
//构造方法、getter 和 setter 方法省略
}
```

2．商品实体类（Food）

```java
public class Food {

        private Integer foodId;
        private String foodName;
        private String foodExplain;
        private Double foodPrice;
        private Integer businessId;

        @Override
        public String toString() {
            return "\n 食品编号："+this.foodId+
                    "\n 食品名称："+this.foodName+
                    "\n 食品介绍："+this.foodExplain+
                    "\n 食品价格："+this.foodPrice+
                    "\n 所属商家编号："+this.businessId;
        }
        ……
//构造方法、getter 和 setter 方法省略
}
```

3．管理员实体类（Admin）

```java
public class Admin {

        private Integer adminId;
        private String adminName;
        private String password;
        ……
//构造方法、getter 和 setter 方法省略

}
```

根据数据库表的设计创建了对应的 Java 实体类，这是 Java 开发中与数据库交互的基础步

骤之一，为后续的数据操作提供了清晰的对象模型。

12.4.3　接口与实现方法

接下来，将为商家和管理员分别设计接口和对应的实现方法。这些接口将定义商家和管理员可以进行的一系列操作，而实现方法则具体实现了这些操作。

1．商家功能

1.1　商家功能接口（**BusinessDao**）

```java
package com.neusoft.elm.dao;
import java.util.List;
import com.neusoft.elm.po.Business;

public interface BusinessDao {
        List<Business> listBusiness(String businessName,String businessAddress);
        int saveBusiness(String businessName);
        int removeBusiness(int businessId);
        Business getBusinessByIdByPass(Integer businessId,String password);
        Business getBusinessById(Integer businessId);
        int updateBusiness(Business business);
        int updateBusinessByPassword(Integer businessId,String password);
}
```

1.2　商家功能实现（**BusinessDaoImpl**）

```java
package com.neusoft.elm.dao.impl;

import java.sql.Connection;
import java.sql.PreparedStatement;
import java.sql.ResultSet;
import java.sql.SQLException;
import java.util.ArrayList;
import java.util.List;

import com.neusoft.elm.dao.BusinessDao;
import com.neusoft.elm.po.Admin;
import com.neusoft.elm.po.Business;
import com.neusoft.elm.util.DBUtil;

public class BusinessDaoImpl implements BusinessDao{

    private Connection con = null;
    private PreparedStatement pst = null;
    private ResultSet rs = null;

    @Override
    public List<Business> listBusiness(String businessName,String businessAddress) {
        List<Business> list = new ArrayList<>();
```

```
        StringBuffer sql = new StringBuffer("select * from business where 1=1 ");
        if(businessName!=null&&!businessName.equals("")) {
            sql.append(" and businessName like '%"+businessName+"%' ");
        }
        if(businessAddress!=null&&!businessAddress.equals("")) {
            sql.append(" and businessAddress like '%"+businessAddress+"%' ");
        }
        try {
            con = DBUtil.getConnection();
            pst = con.prepareStatement(sql.toString());
            rs = pst.executeQuery();
            while(rs.next()) {
                Business business = new Business();
                business.setBusinessId(rs.getInt("businessId"));
                business.setPassword(rs.getString("password"));
                business.setBusinessName(rs.getString("businessName"));
                business.setBusinessAddress(rs.getString("businessAddress"));
                business.setBusinessExplain(rs.getString("businessExplain"));
                business.setStarPrice(rs.getDouble("starPrice"));
                business.setDeliveryPrice(rs.getDouble("deliveryPrice"));
                list.add(business);
            }
        } catch (SQLException e) {
            e.printStackTrace();
        } finally {
            DBUtil.close(rs, pst, con);
        }
        return list;
    }
    ……
//对商家管理的其他可以执行的功能，这里就不全部展示了
}
```

2. 管理员功能

2.1 管理员功能接口（AdminDao）

```
package com.neusoft.elm.dao;
import com.neusoft.elm.po.Admin;
public interface AdminDao {

    Admin getAdminByNameByPass(String adminName,String password);

}
```

2.2 管理员功能实现（AdminDaoImpl）

```
package com.neusoft.elm.dao.impl;
import java.sql.Connection;
import java.sql.PreparedStatement;
import java.sql.ResultSet;
```

```java
import java.sql.SQLException;
import com.neusoft.elm.dao.AdminDao;
import com.neusoft.elm.po.Admin;
import com.neusoft.elm.util.DBUtil;

public class AdminDaoImpl implements AdminDao{

    private Connection con = null;
    private PreparedStatement pst = null;
    private ResultSet rs = null;

    @Override
    public Admin getAdminByNameByPass(String adminName, String password) {
        Admin admin = null;
        String sql = "select * from admin where adminName=? and password=?";
        try {
            con = DBUtil.getConnection();
            pst = con.prepareStatement(sql);
            pst.setString(1, adminName);
            pst.setString(2, password);
            rs = pst.executeQuery();
            while(rs.next()) {
                admin = new Admin();
                admin.setAdminId(rs.getInt("adminId"));
                admin.setAdminName(rs.getString("adminName"));
                admin.setPassword(rs.getString("password"));
            }
        } catch (SQLException e) {
            e.printStackTrace();
        } finally {
            DBUtil.close(rs, pst, con);
        }
        return admin;
    }
}
```

3．商品功能

3.1　商品功能接口（FoodDao）

```java
package com.neusoft.elm.dao;

import java.util.List;
import com.neusoft.elm.po.Food;

public interface FoodDao {

    List<Food> listFoodByBusinessId(Integer businessId);
    int saveFood(Food food);
```

```
        Food getFoodById(Integer foodId);
        int updateFood(Food food);
        int removeFood(Integer foodId);
}
```

3.2 商品功能实现（FoodDaoImpl）

```java
package com.neusoft.elm.dao.impl;

import java.sql.Connection;
import java.sql.PreparedStatement;
import java.sql.ResultSet;
import java.sql.SQLException;
import java.util.ArrayList;
import java.util.List;

import com.neusoft.elm.dao.FoodDao;
import com.neusoft.elm.po.Food;
import com.neusoft.elm.util.DBUtil;

public class FoodDaoImpl implements FoodDao{

    private Connection con = null;
    private PreparedStatement pst = null;
    private ResultSet rs = null;

    @Override
    public List<Food> listFoodByBusinessId(Integer businessId) {
        List<Food> list = new ArrayList<>();
        String sql = "select * from food where businessId=?";
        try {
            con = DBUtil.getConnection();
            pst = con.prepareStatement(sql);
            pst.setInt(1, businessId);
            rs = pst.executeQuery();
            while(rs.next()) {
                Food food = new Food();
                food.setFoodId(rs.getInt("foodId"));
                food.setFoodName(rs.getString("foodName"));
                food.setFoodExplain(rs.getString("foodExplain"));
                food.setFoodPrice(rs.getDouble("foodPrice"));
                food.setBusinessId(rs.getInt("businessId"));
                list.add(food);
            }
        } catch (SQLException e) {
            e.printStackTrace();
        } finally {
            DBUtil.close(rs, pst, con);
        }
```

```
        return list;
    }

    @Override
    public int saveFood(Food food) {
        int result = 0;
        String sql = "insert into food values(null,?,?,?,?)";
        try {
            con = DBUtil.getConnection();
            pst = con.prepareStatement(sql);
            pst.setString(1, food.getFoodName());
            pst.setString(2, food.getFoodExplain());
            pst.setDouble(3, food.getFoodPrice());
            pst.setInt(4, food.getBusinessId());
            result = pst.executeUpdate();
        } catch (SQLException e) {
            e.printStackTrace();
        } finally {
            DBUtil.close(null, pst, con);
        }
        return result;
    }

    //对商品管理的其他可以执行的功能，这里就不全部展示了
}
```

在上述程序中，为商家和管理员分别设计了接口和对应管理内容的实现方法。商家功能接口定义了管理员可以进行的操作，如添加、更新、删除、查询等；商品功能接口则定义了商家的可操作功能。实现类则通过注入 DAO 等组件来具体实现这些操作，完成与数据库的交互。这样的设计使得系统更加模块化，易于维护和扩展。

12.4.4 主程序实现

最后需要编写主程序来启动整个系统，并根据用户输入（管理员或商家）调用相应的模块功能。主程序的实现类包括解析不同角色输入的用户名和密码、进行身份识别、识别成功后调用管理员或商家模块的方法，并将结果显示在控制台上。根据操作角色的划分，设计了两个入口程序，分别提供给商家和管理员进行操作。

1. 管理员操作入口

```
package com.neusoft.elm;

import java.util.Scanner;

import com.neusoft.elm.po.Admin;
import com.neusoft.elm.view.AdminView;
import com.neusoft.elm.view.BusinessView;
import com.neusoft.elm.view.impl.AdminViewImpl;
```

```java
import com.neusoft.elm.view.impl.BusinessViewImpl;

public class ElmAdminEntry {

    public void work() {
        Scanner input = new Scanner(System.in);

        System.out.println("-----------------------------------------------------");
        System.out.println("|\t\t\t 饿了么后台管理系统   \t\t\t|");
        System.out.println("-----------------------------------------------------");

        AdminView adminView = new AdminViewImpl();
        BusinessView businessView = new BusinessViewImpl();
        Admin admin = adminView.login();

        //登录
        if(admin!=null) {
            int menu = 0;
            while(menu!=5) {
                //输出主菜单
                System.out.println("\n========= 1.所有商家列表=2.搜索商家=3.新建商家=4.删除商家=5.退出系统 =========");
                System.out.println("请输入你的选择：");
                menu = input.nextInt();
                switch(menu) {
                    case 1:
                        //具体的实现内容，这里省略
                        businessView.listBusinessAll();
                        break;
                    case 2:
                        businessView.listBusiness();
                        break;
                    case 3:
                        businessView.saveBusiness();
                        break;
                    case 4:
                        businessView.removeBusiness();
                        break;
                    case 5:
                        System.out.println("-----------------------欢迎下次光临饿了么后台管理系统----------------------");
                        break;
                    default:
                        System.out.println("没有这个选项！\n");
                        break;
                }
            }
```

```
            }else {
                System.out.println("\n 管理员名称或密码输入错误!\n");
            }
        }

        public static void main(String[] args) {
            new ElmAdminEntry().work();
        }
    }
```

2．商家操作入口

```
package com.neusoft.elm;

import java.util.Scanner;

import com.neusoft.elm.po.Business;
import com.neusoft.elm.view.BusinessView;
import com.neusoft.elm.view.FoodView;
import com.neusoft.elm.view.impl.BusinessViewImpl;
import com.neusoft.elm.view.impl.FoodViewImpl;

public class ElmBusinessEntry {

    public void work() {
        Scanner input = new Scanner(System.in);

        System.out.println("--------------------------------------------------------");
        System.out.println("|\t\t\t 饿了么后台管理系统    \t\t\t|");
        System.out.println("--------------------------------------------------------");

        BusinessView businessView = new BusinessViewImpl();

        //商家登录
        Business business = businessView.login();

        if(business!=null) {
            int menu = 0;
            while(menu!=5) {
                //输出一级菜单
                System.out.println("\n======== 一级菜单（商家管理）1.查看商家信息=2.修改商家
信息=3.更新密码=4.所属商品管理=5.退出系统========");
                System.out.println("请输入你的选择：");
                menu = input.nextInt();

                switch(menu) {
                    case 1:
                        businessView.showBusiness(business.getBusinessId());
                        break;
```

```
                    case 2:
                        businessView.editBusiness(business.getBusinessId());
                        break;
                    case 3:
                        businessView.updateBusinessByPassword(business.getBusinessId());
                        break;
                    case 4:
                        foodManager(business.getBusinessId());
                        break;
                    case 5:
                        System.out.println("-----------------------欢迎下次光临饿了么后台管理系
统----------------------");
                        break;
                    default:
                        System.out.println("没有这个选项！\n");
                        break;
                    }
                }
            }else {
                System.out.println("商家编号或密码输入错误！");
            }

        }

    private void foodManager(int businessId) {
        Scanner input = new Scanner(System.in);

        FoodView foodView = new FoodViewImpl();

        int menu = 0;
        while(menu!=5) {
            //输出二级菜单
            System.out.println("\n======= 二级菜单（食品管理）1.查看食品列表=2.新增食品=3.
修改食品=4.删除食品=5.返回一级菜单 =======");
            System.out.println("请输入你的选择：");
            menu = input.nextInt();

            switch(menu) {
                case 1:
                    foodView.showFoodList(businessId);
                    break;
                case 2:
                    foodView.saveFood(businessId);
                    break;
                case 3:
                    foodView.updateFood(businessId);
                    break;
                case 4:
```

```
                            foodView.removeFood(businessId);
                            break;
                        case 5:
                            break;
                        default:
                            System.out.println("没有这个选项！\n");
                            break;
                    }
                }
            }

    public static void main(String[] args) {
        new ElmBusinessEntry().work();
    }
}
```

12.4.5　系统测试与部署

1．单元测试与集成测试

1.1　单元测试

在餐饮后台管理系统的单元测试中，主要关注数据库操作和业务逻辑的正确性。以下是单元测试的具体方法和内容。

（1）数据库访问层（DAO）测试。

测试方法：使用 JUnit 框架编写测试类，针对每个 DAO 方法编写测试用例；使用 Mockito 或 H2 等内存数据库模拟实际数据库操作，以避免对真实数据库的依赖。

测试内容：

插入测试：验证是否能够成功插入商家或食品信息到数据库中，并检查插入后的数据是否准确。

更新测试：选择一条已存在的记录进行更新，验证更新操作是否成功，并检查更新后的数据是否正确。

删除测试：选择一条记录进行删除，验证删除操作是否成功，并检查数据库中是否已删除该记录。

查询测试：根据不同的查询条件（如商家编号、食品名称等）执行查询操作，验证查询结果是否符合预期。

（2）业务逻辑层（Service）测试。

测试方法：同样使用 JUnit 框架，并模拟 DAO 层的依赖。

测试内容：

验证业务逻辑是否正确处理 DAO 层返回的数据。

测试边界条件和异常情况的处理，如空指针异常、数据不存在等。

1.2　集成测试

集成测试旨在验证系统的各个组件是否能够协同工作，以下是集成测试的具体方法和内容。

测试方法：编写集成测试类，模拟管理员和商家的交互流程；使用 Mockito 等工具模拟外部依赖，如数据库连接、第三方服务等。

测试内容：

管理员功能测试：验证管理员是否能够正确添加、删除、修改商家信息，以及查询商家和商家的食品信息。

商家功能测试：验证商家是否能够正确添加、删除、修改食品信息，以及查询自己的食品信息。

交互测试：验证管理员和商家之间的操作是否相互影响，如管理员修改商家信息后，商家查询到的信息是否已更新。

2．系统部署

系统部署涉及将应用程序及其依赖项部署到服务器上，并确保其能够正常运行，以下是系统部署的具体步骤。

（1）准备服务器环境：确保服务器已安装 Java 运行环境（JDK 和 JRE）和 MySQL 数据库。配置数据库连接参数，如 IP 地址、端口、用户名和密码。

（2）打包应用程序：将 Java 源代码编译成字节码文件，并打包成 JAR 文件或 WAR 文件（如果使用了 Web 框架）。

（3）部署应用程序：将打包好的应用程序文件上传到服务器，并配置启动脚本或将其部署到 Web 服务器（如 Tomcat）中。

（4）配置环境变量：设置必要的环境变量，如 JAVA_HOME 等，以确保系统能够找到 Java 运行环境和应用程序的依赖项。

（5）启动应用程序：运行启动脚本或访问 Web 服务器的相应端口，以启动应用程序。

（6）性能调优：根据系统实际运行情况，对数据库查询、JVM 参数等进行调优，以提高系统性能和稳定性。

12.4.6 维护与优化

1．系统维护

系统维护是确保系统长期稳定运行的重要工作，以下是系统维护的具体内容。

定期备份数据：定期备份数据和重要文件，以防数据丢失。

监控系统性能：使用监控工具（如 Zabbix、Prometheus 等）监控系统性能，及时发现并处理潜在问题。

日志管理：记录系统运行过程中的日志信息，定期分析日志文件，发现潜在的性能瓶颈或安全漏洞。

安全更新：及时更新系统、数据库和 Java 环境的安全补丁，防止被黑客攻击。

用户支持：提供技术支持，解答用户在使用过程中遇到的问题。

2．性能优化

为了提高系统性能，可以采取以下优化方案。

SQL 优化：优化数据库查询语句，减少不必要的全表扫描，使用索引提高查询效率。

代码优化：对代码进行审查，去除冗余和不必要的计算，提高程序执行效率。

3. 后期规划与升级扩展

功能扩展：

增加新模块：根据业务需求，增加新的功能模块，如订单管理、库存管理、用户管理等。

提升用户体验：增加用户交互界面（如基于 Java Swing 或 JavaFX 的图形用户界面），提高用户操作的便捷性和直观性。

技术升级：

框架整合：考虑将 JDBC 与 ORM 框架（如 IIibernate、MyBatis）整合，简化数据库操作并提升开发效率。

微服务架构：随着业务的发展，可以考虑将系统拆分为多个微服务，每个微服务负责一个独立的业务功能，提高系统的可维护性和可扩展性。

安全性加强：

数据加密：对敏感数据（如用户密码、支付信息等）进行加密存储和传输。

访问控制：实现细粒度的访问控制机制，确保不同用户只能访问其权限范围内的数据和功能。

持续集成与部署：

自动化测试：引入自动化测试工具（如 Jenkins、GitLab CI/CD），实现代码提交后的自动测试，确保新代码不会引入已知问题。

持续部署：将自动化部署流程集成到持续集成工具中，实现代码通过测试后自动部署到生产环境。

通过这些规划与扩展，本餐饮后台管理系统将能够不断适应业务发展的需求，提升用户体验和系统性能。

本章深入探讨了餐饮后台管理系统的开发全过程，从项目的初始构想到最终的系统实现与部署，经历了一次全面而深入的软件开发实践。本章开篇明确了项目的背景与意义，指出了餐饮行业对于高效、可靠的后台管理系统的迫切需求。随后，通过细致的需求分析，确定了系统的核心功能模块与关键性能指标，为后续的系统设计奠定了坚实基础。

小　　结

在系统设计阶段，采用了先进的软件设计思想，将系统划分为清晰的层次结构，并精心设计了数据库模型与接口规范，确保了系统的可扩展性与可维护性。在编码实现过程中，严格遵循编码规范，注重代码质量与可读性，利用 Java 与 JDBC 技术高效完成了各项功能的开发。系统测试环节则通过构建全面的测试用例集，对系统进行了严格的质量把关，确保了系统的稳定性与可靠性。

本章的后半部分，对系统进行了深入的优化与性能调优，通过 SQL 优化、JVM 参数调整等手段，进一步提升了系统的运行效率与响应速度。同时，也对系统的未来升级与扩展进行了规划，提出了引入新技术、构建微服务架构等前瞻性方案，以应对未来业务发展的挑战。

回顾整个章节，不仅成功开发了一款功能丰富、性能优异的餐饮后台管理系统，更在开发过程中积累了宝贵的软件开发经验。这次实践不仅让读者加深了对 Java 与 JDBC 技术的理解，也让读者深刻体会到了软件开发过程中的团队协作、需求分析、系统设计、编码实现、测试验证以及后期维护等各个环节的重要性。相信这些经验将对读者未来的学习与工作产生深远影响。

习　　题

12-1　设计题

假设你是一家新成立的在线外卖平台的技术负责人，请设计一个简化的后台管理系统，该系统需要支持商家信息管理、菜品信息管理、订单处理等功能。请详细阐述你的系统架构设计，包括数据库设计、主要模块划分以及关键技术选型。

12-2　编码题

使用 Java 和 JDBC 技术，编写一个程序片段，实现从数据库中查询并显示所有商家的名称和联系方式。请确保你的代码包含数据库连接、SQL 查询、结果集处理以及资源释放等完整流程。

12-3　性能优化题

针对上述查询所有商家的功能，请分析可能的性能瓶颈，并提出至少两种优化策略。然后，选择其中一种策略进行实现，并说明你的实现方式及预期效果。

12-4　安全题

在餐饮后台管理系统中，用户密码的存储是一个重要的安全问题。请阐述为什么直接以明文形式存储密码是不安全的，并说明如何使用 Java 中的加密库（如 Jasypt、Bouncy Castle 等）对用户密码进行加密存储。

12-5　扩展规划题

考虑到未来业务的发展，餐饮后台管理系统可能需要支持更多的功能，如会员管理、营销活动策划等。请结合本章所学的系统设计与升级扩展规划知识，为该系统设计一个扩展方案。该方案中应包括新功能模块的概述、对现有系统架构的影响，以及实施该方案所需的技术和资源等。

反侵权盗版声明

电子工业出版社依法对本作品享有专有出版权。任何未经权利人书面许可,复制、销售或通过信息网络传播本作品的行为,歪曲、篡改、剽窃本作品的行为,均违反《中华人民共和国著作权法》,其行为人应承担相应的民事责任和行政责任,构成犯罪的,将被依法追究刑事责任。

为了维护市场秩序,保护权利人的合法权益,我社将依法查处和打击侵权盗版的单位和个人。欢迎社会各界人士积极举报侵权盗版行为,本社将奖励举报有功人员,并保证举报人的信息不被泄露。

举报电话:(010)88254396;(010)88258888
传　　真:(010)88254397
E-mail: dbqq@phei.com.cn
通信地址:北京市海淀区万寿路 173 信箱
　　　　　电子工业出版社总编办公室
邮　　编:100036